世界心理学经典

荣格自传

〔瑞士〕卡尔·荣格 著
张小燕 译

吉林出版集团股份有限公司

图书在版编目（CIP）数据

荣格自传 /（瑞士）卡尔·荣格著；张小燕译 . —长春：吉林出版集团股份有限公司，2018.1

ISBN 978-7-5581-4110-2

Ⅰ . ①荣… Ⅱ . ①卡… ②张… Ⅲ . ①荣格（Jung, Carl Gustav 1875-1961）— 自传 Ⅳ . ① K835.226.2

中国版本图书馆 CIP 数据核字（2017）第 305276 号

荣格自传

著　者	〔瑞士〕卡尔·荣格
译　者	张小燕
责任编辑	齐　琳　史俊南
封面设计	鸿羽设计
开　本	660mm×960mm　1/16
字　数	254 千
印　张	16
版　次	2019 年 8 月第 1 版
印　次	2019 年 8 月第 1 次印刷
出　版	吉林出版集团股份有限公司
电　话	总编办：010-63109269
	发行部：010-69584388
印　刷	三河市东兴印刷有限公司

ISBN 978-7-5581-4110-2　　　　　　　　定价：42.00 元

如出现印装质量问题，调换联系电话：010-82865588

版权所有　侵权必究

序　言

　　我的一生是潜意识自我实现的故事。潜意识里的一切竭力做出各种外在性的展现，而人格也强烈要求从潜意识状态中成长起来，逐渐形成一个可以体现自我的整体。我无法用科学的语言来追溯自己的成长历程，因为我无法将自己作为一个科学问题进行研究。

　　我们想象中的自己是什么样的，永生的人又是什么样的，或许只能通过神话的方式来表述。神话充满个性，比科学更能精确地表现生活。而科学的概念太过普通化，无法对个人生活的多样性做出公正的判断。

　　现在，在我83岁高龄之时，我便承担起讲述我个人神话的责任。我只能做些客观的描述，"讲讲故事"。问题的关键不在于这些故事是真的还是假的，而在于我所讲的是否是我的寓言，我的神话。

　　自传的写作很难，因为没有标准或者客观基础作为判断自己的依据，也没有什么可供比较的参照物。我知道，自己在许多事情上与别人不同，但是我并不知道自己到底是一个什么样的人。人无法拿自己来与任何东西进行比较；他不是猴子，不是牛，也不是树木，而是一个人。但是人又是怎样的呢？像其他所有生命的存在那样，每个人都是无穷的神性的一小部分，但是我不能把自己与任何动物、任何植物或石头进行比较。只有神灵才能做到这一点。一个人如何形成对自身的确定看法呢？

　　我们的精神过程无法控制，最多只能部分控制并加以引导。因此，我们无法对自己或自己的生命做出任何最终判断。一旦拥有，那我们就无所不知了——这只不过是一种自以为是的借口而已。在内心，我们不知道这一切到底是怎么回事。一个人生命的故事从何处开始？是始于某个我们碰巧记得的特定一点吗？就在那时，它就已经是一个复杂的问题了。我们并不知道生命的归宿所在。因此，这个故事没有开头，结局也不过是含含糊糊的暗示而已。

人生是一个探索性的实验。它从数字上说是一种宏观的现象；从个人来说，生命则稍纵即逝，如此的短暂，在这种情况下，它竟然能够存在和发展，不得不承认这是一种奇迹。这一事实很早以前，也就是在我还是医科大学学生时，就给我留下了深刻的印象，而我竟逃过了早夭的厄运，这真是个奇迹。

我一直觉得，生命就像以根茎来维持生存的植物。真正的生命看不见，深藏于根茎之中。露出地面的那部分生命只能延续一个夏季，然后便凋谢——非常短暂。面对生命与文明生长和衰败的永无休止，我们难免会生出人生如梦之感。然而，我却从来没有失去在那永恒的循环中存在着的某些永不消逝的事物的意识。我们能看见的花会消逝，但根茎却仍然存在。

我一生中唯一值得讲述的事，就是那亘古不变的世界闯进了这个变化的世界的那些事。这就是我主要谈内心体验的原因之所在，其中包括我的各种梦境及幻觉。这些因素构成了我科学研究的主要材料。它们就像火红的岩浆，而要加工的石头在其中被赋予了形状。

相比这些内心体验，我对所有其他的回忆如旅行、遇见过的人及我周围的环境都记不住多少了。许多人经历了我这个时代，并将这些故事写下来；读者如果想知道这方面的事情，可以读他们的故事或找其中的某人讲一下。关于我一生外在性事件的记忆我大都模糊了或遗忘了。但另一种现实，即我与潜意识的较量，却深深刻在我的记忆里，无法磨灭。在内心世界里，总是藏着丰富的宝藏，其他的一切与之相比都不重要。

与此相似，有些人的名字从一开始便进入我的生活之中，并一直留存在我的记忆里，因此，遇见他们时也就开启了另一扇记忆之门。

内心体验给我所遇到的外在性事件打上烙印，并在青年时代及以后都有着很深的影响。我很早就领悟到：对于生活的各种问题及复杂性，如果不能从内心找到答案，那么它们所具有的意义就微乎其微。外在性事件终究无法代替内心体验。因此，我的一生关于外在性事件的记忆相当贫乏。对此我没有多少话可说，因为它们使我觉得空洞和抽象。我只根据内心体验理解自己。正是这些事件，造就了我独特的一生，而我这本自传所讲述的，也正是它们。

目　录

一　童年时光 / 001

二　中学时代 / 013

三　大学时代 / 054

四　精神病治疗活动 / 078

五　西格蒙德·弗洛伊德 / 104

六　正视潜意识 / 122

七　著述 / 145

八　塔楼生活 / 162

九　旅行 / 174

十　幻象 / 206

十一　论死后的生活 / 212

十二　后期思想 / 229

回　顾 / 247

一　童年时光

在我6个月大的时候，也就是1875年，父母从康斯坦茨湖边的凯斯威尔移居到莱茵瀑布边上的洛封城堡，住进一所牧师的宅邸。

我开始记事大概是在两三岁时。至今我还依稀记得那房屋、花园、洗衣房、教堂、城堡、瀑布，还有那个叫沃思的小城堡和教堂司事的农场。这些记忆就像茫茫大海中漂浮的孤岛，彼此孤立，互不关联。

有一个非常迷离的情景常常浮现在我脑海中，那也许是我能记得的、生活中最早的回忆。那是一个明媚温暖的夏日，我躺在树荫下的童车里，天空湛蓝，金色的阳光透过绿色的树叶，童车的顶篷敞开着，我刚刚睡醒，看到这光辉灿烂的美景，一种无法形容的舒适感油然而生。我看见树叶和花丛中光芒闪烁，一切都是那么神奇、多彩、美妙。

我还记得另一个情景：我蹲在房子西侧餐厅里的一把高高的椅子上，用小勺子舀热牛奶喝，牛奶里泡着碎面包块，味道好极了，气味也很特别。那是我第一次闻到牛奶的香味，可以说，从那一刻起，我有了嗅觉意识。这一记忆同样非常遥远。

我还记得：一个美好的夏日傍晚，姨妈对我说，"我带你去看一样东西"。说着就领我出了门，走在前往达申的大路上。远处的阿尔卑斯山沐浴在夕阳的红色光芒之中。那天傍晚，阿尔卑斯山格外清晰。

"看那里，"她操着瑞士方言说，"山全红了。"那一次，我明白自己看见了阿尔卑斯山。随后她告诉我，在村里上学的孩子明天要去郊游，爬苏黎世附近的干特里峰，我也想去。可是她说像我这样小的孩子不能去。没有任何商量的余地，我很伤心。从那时起，在白雪皑皑的大山旁的干特里峰和苏黎世就成了我梦寐以求却不可企及的一方土地。

过了一些时候，我记得母亲带我去图尔高拜访朋友，他们在康斯坦茨湖边有一座城堡。我瞬间被湖水迷住了，渡船激起的浪花冲击着堤岸，水面波光粼粼，水下的沙子被浪花冲成一道道小堰。湖水向无垠的远方延伸开去，那广阔的水面在我看来就是心旷神怡的喜悦、无比的瑰丽。就在那时,一个想法深植于我的脑海:这辈子我一定要生活在湖边。我觉得,没有水,人无法活下去。

我还想起另一件事:有许多陌生人聚在一起,看上去特别激动。女仆飞奔叫嚷着:"渔民们发现了一具从瀑布上冲下来的尸体,他们要抬进洗衣房。"我父亲说:"好吧,好吧。"我当时就要去看看那具尸体。但母亲拉住了我,严厉禁止我到花园去。不过等所有人都走了以后,我立即溜进花园,来到洗衣房,可是门上了锁。我绕着洗衣房转了一圈,发现房子后面有一个排水槽,一直通到斜坡的下面,槽里流着血水。我觉得这件事非常有趣,我那时还不到4岁。

我还记得:我发着烧,哭闹着,无法入睡。父亲抱着我,在屋里走来走去,哼唱着他学生时代的老歌。其中一首我特别喜欢,记忆中总是这首歌使我很快平静下来。它的开头是这样的:"四周静悄悄,人人都入眠……"直到今天,在静谧的夜晚,我还记得父亲给我吟唱的歌声。

后来母亲告诉我,那时我得了湿疹。当时,我的心里隐隐感到父母的婚姻出了问题。我1878年得的那场病一定与父母分居有关系。母亲在巴塞尔的医院住了几个月,她的病大概是婚姻问题引起的。母亲的离去让我深感痛苦,她离开后由姨妈照顾我。这位姨妈终身未嫁,比母亲大20多岁。从那时起,每当有人提到"爱"这个字,我就会产生不信任感。在相当长的一段时间里,我都将"女人"这个词与不可靠联系在一起。而"父亲"则意味着可靠和没有权力。我的人生就是带着这样的精神创伤开始的。后来,这些早期的印象发生了改变:我信任男人,但他们却让我失望;我怀疑女人,但她们并不曾让我失望。

母亲离开后,女仆也来照顾我。现在我依然记得她把我抱起来,将我的头靠在她肩上的情景。她有一头黑发和橄榄色的皮肤,和母亲完全不同。如今我仿佛还看得见她的发型轮廓、她的脖子,以及她那深深的肤色和耳朵。她的一切在我眼里是那样奇特,又是那样熟悉。好像她不属于我家,而只属于我一个人。好像她和一些我不能理解的神秘事物联系在一起。后来,这一类女孩成了我潜意识中异性人格的构成部分。她所传达的那种既陌生又熟悉的感觉,成为我心中女性特质的一种象征。

父母分居以后,我的记忆中还有这样一个场景:一个年轻漂亮的姑娘,她有一双蓝色的眼睛,秀丽的头发。在蓝色的秋天,瀑布下面沃思城堡附近，她带我沿着莱茵河，漫步在金色的枫树和栗树下。阳光穿过疏朗的树枝，黄色的叶子飘落满地。这个姑娘后来成了我的继母，她崇拜我的父亲。后来直到我21岁时才再次见到她。

上面都是一些印象清楚的记忆。下面我要说的是另一些影响更大、更深的印象，但我只模糊记得其中一部分。例如，有一次我摔下楼梯，撞在火炉腿的一个角上，我记得疼痛、流血和医生给我缝头部伤口的情形，直到大学预科最后一年，头上那块疤痕仍然清晰可见。母亲还告诉我，一次在去诺伊豪森的路上，过莱茵瀑布桥时我差点儿掉下去，我的一条腿已经滑出栏杆，幸亏女仆及时抓住我。这些事投射出我潜意识中自杀的冲动，或者说，对现实世界的一种极力反抗。

那段时间，我每到夜晚都有一种莫名的恐惧，常常听到有什么东西在房间里走动。听到莱茵瀑布沉闷的咆哮声，我便觉得四周充满危险。经常有人淹死，尸体从岩石上冲下来。在附近的墓地里，总有教堂司事在挖坑，挖出一堆堆棕色的土。一身黑色、满脸严肃的男人们穿着长礼服，戴着高高的帽子，踏着黑色锃亮发光的靴子，抬着一个黑色的木箱。这时，父亲通常穿着牧师的长袍，声音洪亮地发表讲话。女人们哭泣着。听说，有人正被埋进那个坑里。有些人原本在我们中间，现在突然不在了，后来便听说他们被埋掉了，被上帝召到他那里去了。

母亲教我做祈祷，每天晚上都要做。我很喜欢祈祷，因为它能使我在面对不安的暗夜时，产生一种舒服的感觉：

张开您的翅膀，慈祥的耶稣，

请咽下您的小鸡、您的孩子。

如果魔鬼要吞食他，那将徒劳。

请让天使这样歌唱吧！

耶稣能给人以慰藉，他是位和蔼仁慈的先生，像城堡里的维根斯坦先生，富有、威严、庄重，对黑暗中的小孩特别关心。至于他为什么长着像鸟一样的翅膀，却是一个谜，不过我并没有过多注意这个。我觉得更有趣、更想弄清楚的是，为什么小孩被比作小鸡，耶稣还要很不情愿、像吃药一样"吃了"他们。这很难理解。后来听说，魔鬼也喜欢小鸡，为了避免小鸡被魔鬼吃掉，耶稣才这样做的，我才恍然大悟。虽然耶稣并不乐意，可他还是把孩子们吃了，于是，魔鬼就抓不着他们了。这样的理由让我心里觉得安宁。可是我又听说，耶稣还要"吃"别的人，况且，这"吃"是把他们埋在坑里。

这种类比造成了不良的后果，我开始怀疑上帝。他失去了那安心的、慈祥的、大鸟般的形象，却和那些身穿礼服、头戴高帽、脚踏黑靴、抬着黑箱子埋葬死人的黑衣人们联系在一起。

这些思索第一次给我的精神造成了创伤。一个炎热的夏天，我像往常一样，坐在屋前的大路上玩沙子。大路在屋子旁边，一直通向山冈，消失在山坡上的树林中。因此，从房子旁可以看到一段长长的路向远方伸展。我抬头看到一个身穿黑色长袍、头戴宽大帽子的人从树林里走来，好像是个穿着女人衣服的男人。那人慢慢走近了，我逐渐看清，他穿着黑色的垂到脚的长袍。这使我害怕起来，一种难以抑制的恐惧迅速传遍全身，我脑子里闪现出一个可怕的念头："这是一个耶稣会会士。"不久前，我偷偷听到父亲和一个来访同事的聊天，当他们谈到耶稣会会士们恶毒的活动时。父亲的语气半是恼恨、半是恐惧。我猜测，"耶稣会会士"特别危险，甚至父亲也感到害怕。事实上，我并不明白耶稣会会士是什么样的人，但我对祈祷词中的那个"耶稣"还是熟悉的。

我想，从山上下来的那个人一定伪装过，要不他为什么要穿女人的衣服呢？他可能怀有不可告人的目的。我非常害怕，慌慌张张地跑进屋里，冲上楼梯，躲在阁楼一个最黑暗的角落里。我不知道自己藏了有多久，不过一定很久，因为当我壮着胆子下楼，小心翼翼地探出头四处张望时，那个黑衣人已消失得无影无踪。在随后的许多天，恐惧一直笼罩着我，我甚至不敢走出家门。即使后来再去路上玩，我也始终对那树林前的山坡感到不安和警觉。很久以后，我才知道，那黑衣人只不过是个天主教神父，对我没有丝毫恶意。

那时我大概年仅三四岁，也许就在同时，我不确定，也可能更早些，我有了最早的梦的记忆。这个梦后来一直盘踞在我的心中。

我们的房子孤零零地立在洛封城堡附近，教堂司事农场的后面有一大片草地。梦中，我站在这片草地上。突然，我发现了一个黑色的、长方形的石洞，此前我从没见过这样的洞。我好奇地走过去朝里看，有一排石阶一直通到地下深处。我犹豫了好一会儿，还是忐忑不安地走了下去。洞底，有一个圆拱门，门上挂着一块又大又沉的绿幕布，那幕布的面料好像是加工过的锦缎，非常气派。好奇心诱使我去看看幕布后边究竟是什么，于是我掀开了它。在暗弱的光线下，一个长约30英尺（约9米）的长方形屋子出现在我面前，拱形的屋顶，由石头砌成，地上铺着大石板，中间铺着一条红地毯，从门

一　童年时光

口一直铺到一个很低的平台下，平台上有一个金碧辉煌的宝座，座上好像还有一块红色的垫子，那豪华的派头就像童话中的国王宝座。宝座上有一个东西，十分高大，几乎顶到了屋顶。最初我以为是个树桩，高约12～15英尺（约3.7～4.6米），厚约1.5～2英尺（约0.5～0.6米）。后来才看清，它有皮有肉不是木头，它的顶端有一个圆形的像脑袋的东西，但没有脸和头发，只有一只眼睛，一动不动地盯着屋顶。

屋子里没有窗户，也没有其他光源，可是很亮，头顶金光灿烂。座上的那个东西没有动，可我总觉得它随时可能像虫子那样向我爬过来。我害怕得不能动弹，这时我听见从外面和顶端传来了母亲的声音："看看它吧，这就是吃人的怪物！"母亲的喊声让我感到更加恐怖，使我被吓醒，冒出一身冷汗。此后很久，我都不敢睡觉，害怕再做这样的噩梦。

多年来，这个梦一直纠缠着我。直到很久以后，我才意识到，那个巨大的东西其实是男性生殖器。几十年后，我才明白那是一种古老的祭仪中的生殖器。我一直不理解母亲那句话是什么意思：那个东西是吃人的怪物，还是说它象征的东西会吃人？如果是前者，那就意味着吃小孩的不是耶稣或者耶稣会会士，而是那个生殖器；如果是后者，吃人的怪物就是男性生殖器的象征，阴沉沉的耶稣、耶稣会会士和生殖器就是同一种东西。

这个生殖器的抽象意义可以这样解释，即它坚挺地竖立着，自尊为王。草地上的洞穴可能代表一座坟墓，坟墓是地下的一座神庙，绿色的幕布象征草地，或者说是象征绿色植物覆盖的大地的神秘。地毯血红色。圆形拱顶代表什么？难道我已经去过姆诺，看见过沙夫豪森的圆形城堡？但这不可能，谁也不会带一个3岁的孩子去那里，因此无法从记忆中找到线索。同样，我完全不清楚解剖学意义上的生殖器从何而来。把排尿口解释为一只眼睛，上面还发光，它指明了"生殖器"（Phallus）的词源意思：即"发光""明亮"。

无论如何，这个梦里的生殖器就是地下的"说不出名字"的神，它一直留在我青少年时代的记忆里，只要有人特别强调耶稣，它就浮现在我脑海中。我从不认为耶稣是真实的存在，从来没有接受过，也从来没有喜欢过，因为我总是反复想到它那地下的象征物。那个耶稣会会士的"伪装"给我的基督教教义留下了阴影。它就像一场隆重的假面舞会，或者说是一场葬礼，送葬的人表情阴沉，满面悲伤，不过转眼间就偷偷笑起来，毫无悲伤之意。

我眼中的耶稣似乎是一尊死神，他可以帮助我驱散暗夜的恐惧，可他自己却是一具被钉在十字架上的、令人害怕的、血淋淋的尸体。人们常常赞颂他的慈爱和善良，可我却在心里表示怀疑，主要是因为，那些经常把"亲爱的耶稣"挂在嘴边的人，总是穿着黑色的礼服和锃亮的黑靴，这总让我想起葬礼的场景。他们是父亲和我八个牧师叔叔的同事。多年来，他们在我心中引发恐惧，偶然见到的天主教神父更是如此，他们让我想起了可怕的耶稣会会士，曾让父亲感到恐惧和警惕的耶稣会会士。直到后来行坚信礼时，我一直都在想方设法强迫自己对基督采取人们所谓的正确态度，但最终我还是做不到，我无论如何都无法克服心中隐隐的不信任感。

每个孩子都会对"黑衣人"产生恐惧，但那不是我童年经历的关键；关键是我的头脑中形成了这样一种认知：那就是耶稣。这种意识深深地印在我童年的脑海中。那梦里具有象征意义的场景和令人惊骇的含义非常重要。"那就是吃人的怪物"在我深刻的印象中，它不是吓唬小孩的吃人怪物，它高踞在地下神庙的金色宝座上。而在我幼稚的想象中，只有国王才能坐在金色的宝座上；其次，只有上帝和耶稣才能戴着金冠，穿着白袍坐在遥远的蓝天上那个更漂亮、更高、更金碧辉煌的宝座上；而我梦中的这位耶稣却是"耶稣会会士"的形象，他戴着宽大的黑帽，穿着黑色的女人衣服，从长满树木的山坡上走来。我经常朝山坡张望，以免有别的危险出现。在梦里，我走进地下的洞里，发现宝座上的东西与我想象中的完全不同，它不属于人类而是阴间的东西，目不转睛地盯着上面，以人肉为食。直到50年后，我看到一篇研究弥撒象征的宗教论文，其中一段文字讲的是原始人吃人肉的习性。我才明白，童年两次经历中闪现在我意识里的思想非但不幼稚，反而相当复杂，异常复杂。我内心深处究竟是谁在讲话？是谁的意识创造了那些场景？究竟是一种怎样的超级智慧在起作用？我知道头脑简单的人都会说"黑衣人"和"吃人的怪物"，也会大谈"偶然"和"事后的解释"，这样可以驱散不快，也不会污染孩子纯真的心田。这些人多么善良、讲求实际、头脑健全！他们让我想起在雨水洼里晒太阳的泥鳅，它们挤在浅浅的水洼里，摇头摆尾，无比快乐，却从来不想第二天早上洼水干涸后，它们就没有栖身之地了。

那么，谁给我讲过这些事呢？谁提及了这些我完全不知道的问题？谁把天上和地下的世界连接在我的心里，奠定我后半生激情狂热的生活基石？除了那个既来自上天又出现在地下的陌生客人，还有谁呢？

一　童年时光

借此儿时的梦，我开始了探索大地秘密的旅程，就某种意义而言，那是在地下举行的埋葬，多年以后，我才从中解脱。现在我才明白，那是为了尽最大可能把光芒引进黑暗，是进入黑暗王国的开始。当时，我的精神生活就是以那样的潜意识开始起步的。

1879年，我家搬到巴塞尔附近的惠宁根。搬家这事我不记得了，但随后几年发生的事却记得。一天晚上，父亲把我从床上抱起，来到西边门廊。他指着黄昏的天空给我看，那里闪烁着一片耀眼的绿光。那是1883年克拉卡托火山爆发的情景。

还有一次，父亲带我去看东边地平线上出现的一颗大彗星。

当地发过一次洪水，那是流经许多村镇的维塞河泛滥成灾，冲毁了大坝和上游的一座桥，淹死了14人，尸体被混浊的黄水冲进莱茵河。洪水退后，一些尸体被埋进了泥沙里。我听说这件事后，就忍不住跑去看。我看见一个中年男子的尸体，他穿着黑色的礼服，一定是刚从教堂出来，身体的一半埋在沙子里，手臂挡住了眼睛。我还兴高采烈地看了一头猪被宰杀的情景，全神贯注地看完全程。母亲被吓坏了，她觉得那太可怕了，尽管如此，杀猪和死人对我却很有吸引力。

我对艺术的最早记忆可以追溯到惠宁根的那些年。当时我父母住的那幢房子是一座牧师住宅，建于18世纪。住宅里面有一间很暗的屋子，屋子里陈设着考究的家具，墙上挂着古画。我清楚地记得一幅画着大卫和歌利亚的意大利油画。它是基多·雷尼画室临摹的，原作保存在卢浮宫。这幅画从何而来，我不太清楚。屋子里还有另外一幅老油画，现在挂在我儿子的屋子里，画的是18世纪早期巴塞尔的风景。我经常溜进那间昏暗的屋子里，一动不动地坐在那些画前，欣赏着它们的美，那些画是我当时唯一懂得的美的东西。

大约就在那时，我还不到6岁，姨妈带我到巴塞尔博物馆去看那些用稻草填充的动物标本。我们在那里待了很久，因为我想仔细地欣赏每一件展品。下午4点，博物馆要关门。姨妈不停地抱怨，可我依然站在橱窗前不想走。这时展室已经锁门了，我们只好从另一条路，穿过古代画廊走到楼梯那里。突然，我看见一幅美得让人神魂颠倒的画，我睁大了眼睛，迈不动脚，我从未见过那么美的东西。姨妈拽着我的手，不由分说地把我拖到出口，她还一边走一边嘟囔："讨厌的孩子，闭上眼睛，讨厌的孩子，闭上眼睛！"我只好极不情愿地离开。那是我第一次看到裸体和仅遮盖着几片叶子的人像，以前我从没注意到裸体美，这就是我和美术的最早交往。但姨妈非常生气，好像被人拖到了妓院一般。

6岁的时候，父母带我到阿尔勒谢姆去旅行。那次母亲穿的衣服我终生难忘：黑色的料子，上面印满了绿色的月牙。在我的记忆中，母亲最初是个年轻苗条的女郎，后来变得衰老、肥胖了。

我们来到一座教堂，母亲说："这是一座天主教堂。"我很害怕，却又好奇，悄悄从母亲身边溜走，从开着的门往里张望，正好看见装饰一新的祭坛上点着一支巨大的蜡烛（当时是复活节）。突然，我在台阶上绊了一跤，下巴撞在一块铁板上，当父母抱起我时，我血流不止。我当时的心情很奇怪：一方面，我觉得不好意思，因为我的尖叫声引起了教堂里其他人的注意；另一方面，我又觉得自己做了违禁的事。"耶稣——绿色的帷幕——吃人怪物的秘密……这就是和那些耶稣会会士有关的天主教堂。是他们绊倒了我，让我疼得大喊大叫。"

此后多年，我一直不愿走进天主教堂，一进去就怕摔跤、流血，怕那些耶稣会会士。似乎这就是天主教堂的气氛，但这种气氛也深深地吸引着我。倘若一个天主教神父靠近我，我会很不安。直到30岁以后，我才克服了这种压抑感，那是在维也纳圣斯蒂芬大教堂。

6岁开始，父亲就教我拉丁文，同时我开始上学了。我喜欢上学，因为上学之前我就学会了阅读，在学校里我总是名列前茅，上学对我来说很轻松。有一次，有一本儿童读物我读不懂，就缠着母亲给我读，里面有许多插图，讲了很多外国宗教，特别是印度教，还有婆罗门教、毗湿奴、湿婆等，给我带来了无穷无尽的乐趣。后来母亲告诉我，我经常翻看这些插图。每当我看这些插图时，总有一种感觉，隐约觉得它们和我那"原始的启示"密切相关；我从未对人讲起过它，也永远不打算道破这秘密。母亲间接证实了我的感觉，我注意到每当讲起"异教徒"时，她的语调中总是会流露出淡淡的鄙夷。我知道，如果我告诉她我自己的"启示"，她一定会惊慌失措，并会严厉指责我。我当然不会去自讨没趣，自取其辱。

这些行为并不幼稚，因为这一方面和我内心过于敏感和易受伤害有关，另一方面和我早年的强烈孤独感有关（妹妹在我9岁才出生，我只能一个人独自玩耍）。可惜的是，我记不清自己究竟玩了什么，但我记得，我玩的时候，不喜欢别人来打扰。我玩得很投入，既不愿别人看见，也不愿别人评价。我清楚地记得自己七八岁时玩的是什么。那时我特别喜欢玩砖头，用砖造塔，然后制造"地震"摧毁它。当时，我不断地画关于战役、包围、轰击和海战的画。我会用墨水涂满整个笔记本，还兴致勃勃地对这些涂鸦做出离奇的解释。我之所以喜欢上学，是因为长期没有玩伴的我在学校里找到了玩耍的伙伴。

在学校，我也有所发现。不过在谈学校的事以前，我得先谈谈晚上发生的事。晚上的气氛变得凝重，各种事都会在晚上发生，令人难以理解，感到害怕。父母分房而睡，我睡在父亲的房间里。一到晚上，母亲就显得古怪、神秘。母亲的卧室里还会传出可怕的声音。有一天晚上，我迷迷糊糊地看见一个影子从她的房间里出来，那影子的头不在脖子上，在身子的前面浮动，就像一个小月亮。突然，又出现了另一个头，那头也离开了脖子。这种情形反复出现了六七次。我还经常做些让人感到忐忑的梦，梦中的事物，一会儿小，一会儿大。例如，我看见老远的地方有一个小小的球，那个球渐渐地朝我滚来，越来越大，最后变成一个可怕的、令人窒息的东西。还有一次，我梦见了一根电线，上面落着许多鸟，突然，电线变得越来越粗，最后，我被吓醒了。

这些梦是我生理变化的序幕，预示着青春发育已经开始，那时我7岁左右。我患了假性哮喘病，伴有间歇性窒息。有一天晚上我突然发病，站在床脚那里，无精打采地趴在床栏杆上。然后父亲抱住了我。我看见自己头上有一个蓝色的像满月那么大的光圈，里面有许多来来往往的金色小人，大概是天使吧。各种幻象不断出现，每次都能减轻我对窒息的恐惧。可是每次我做焦虑的梦，就感到窒息。我认为这里面有一种潜在的心理因素：屋子里的空气让我无法呼吸了。

我讨厌去教堂，但圣诞节那天除外。圣诞颂歌《上帝创造了这一天》使我格外高兴。当然，晚上的圣诞树就更令人兴奋了。只有圣诞节能够让我热烈地去庆祝，其余的节日我都很冷淡。虽然一年中最后一夜也有类似圣诞节的魅力，但毕竟不如圣诞节。基督降临节也有特色，不过也无法跟随后的圣诞节相比。圣诞节总是和夜、暴风雪、大风、黑暗紧密相连，那时总能听到微细的嘀咕声，也总有离奇古怪的事发生。

现在来说说和我乡村同学有关的事。我发现和他们交往改变了我，和他们在一起时，我变得和在家里时大不一样。我和他们一起嬉闹，玩各种各样的恶作剧，做些在家里永远不会去做的游戏。当然，我心里明白，这些游戏我独自一人完全能想出来。我自身的变化主要受同学们的影响，他们无形中引导了我，让我做了与原来想法不同的事情。在这个广阔的世界，不是父母，却是别人，对我产生了影响，即使这些影响不是完全可疑的，或隐含敌对的，至少也是含混不清的。尽管我越来越能感受到白日世界的美，感受到"金色的阳光透过绿色的树叶"的美好，但同时也预感到那个影子世界的无法回避，那里令人战栗、恐惧。当然，做晚祷给我以仪式上的保护，因为它意味着白天的结束，夜和睡眠的开始。然而白天也潜伏着新的危险。我仿佛觉得自己分裂了，并为此害怕。我内心的安全受到威胁。

还记得7~9岁的时候，我喜欢玩火。我们家花园里有一堵老墙，用大石头砌成的，石头间有一些洞，我常在洞里生一堆火，让其他的孩子帮我四处找木头，不断添柴火。这堆火只有我一个人可以照管，其他孩子可以在别的洞里生火，不过我觉得他们的火不圣洁。我的火烧得很旺，上面笼罩一圈圣洁的光芒。

这堵墙的前面有一道斜坡，斜坡里埋着一块突出的石头，这是我的。当独自一人时，我常常坐在上面，漫无目的地幻想："现在我坐在石头上，石头在我下面。"石头应该也能说"我"，也能想："我躺在斜坡上，他正坐在我上面。"于是问题出现了："我是那个坐在石头上的我呢，还是上面坐着他的石头呢？"这个问题使我困惑，我站起来，弄不清我是谁。这个问题我一直没有弄清，一种奇特的、有趣的黑暗感伴随着我的疑惑。但有一点是确定的，这块石头和我有某种神秘的联系，我可以在上面一坐好几个小时，沉迷于它所提出的问题。

30年后，再次站到那斜坡上，我已结婚生子，有了房子和地位，头脑中充满各种思想和计划。但突然我又变成了那个孩子，点着神秘的火堆、坐在石头上冥思苦想究竟石头是我，还是我是石头。我不知不觉想到自己在苏黎世的生活，那段岁月如此陌生，仿佛是从遥远时空中传来的消息。这让我心惊胆战，因为我沉湎于其中的童年世界是永恒的，然而我已被强拉出这个世界，在时间的洪流中，越走越远。那个世界的力量如此强大，为了避免失去对未来的控制，我只能强行把自己拽走。

我永远也不会忘记那一刻，它像闪电一般将我的童年照亮，使其成为永恒。其中的含义直到我10岁那年才被揭示出来。因为自身的分裂和对世界

一 童年时光

的把握不定,我做出了连自己也无法理解的事。当时我有一个小学生都用的涂着黄漆的铅笔盒,还有一个小锁和一把普通的尺子。在尺子的一头,我刻了一个大约2英寸高的小矮人,身穿礼服,戴着高帽,脚蹬一双锃亮的黑靴。我用墨水把他染成黑色,然后从尺子上锯下来,放进铅笔盒;然后在铅笔盒里做了一张小床,用羊毛做了件大衣;从莱茵河边找了一块光滑的长方形的黑石头,涂上水彩,分成上下两半,装在裤兜里很长时间,最后,也放进了铅笔盒。那是他的石头。这一切都是秘密。我悄悄地把铅笔盒藏在房顶那个禁止人上去的阁楼(因为楼板已经腐朽了)的一根大梁上,没人能发现,对此我感到极大的满足和快慰。没有人能发现这一秘密,这样由于内心矛盾而出现的苦恼也烟消云散了。每当我做错了事,或者感情受到伤害,或者父亲对我大发雷霆,或者母亲的病情使我压抑,总之,当我不顺心的时候,我就想起那个我自己小心藏着的小人,那块光滑漂亮的石头。每隔几个星期,我就趁人不注意,溜上阁楼,爬上大梁,打开铅笔盒,看看我的小人和石头,我还会在盒子里放一个小纸片,上面是我在学校写的、只有我自己明白的话。这个小纸片有着一种严肃的仪式感,遗憾的是,我想不起自己对小人说过什么。我只知道,我的这些"信件"对小人来说就是一个图书馆,这些信件一定写着让我特别高兴的话。

我不在乎这些行为的意义,以及对此的解释。我只满足于由此而来的安全感,满足于占有某种别人不知道且无法获得的东西。这是一种永远不能背叛的秘密,因为它掌握着我生命的安全。事情就是这样,我没有问过自己为什么。

心中藏有秘密对我性格的形成有着巨大的影响,这是我童年时代的本质特征。我没有向任何人提起过那个与生殖器有关的梦,耶稣会会士的事也是只有我自己知道的秘密。小木人和他的石头是我力图将这一秘密外现的首次尝试,尽管这种尝试是潜意识的、幼稚的。我常常沉溺在自己的秘密中,觉得应该探寻它的意义,却又不知道自己想要表达的是什么。我总是希望能够找到一些解释——也许在大自然中——以便给我提供一些线索,告诉我那秘密是什么,在哪里。在这种情况下,我对植物、动物和石头都非常感兴趣。我常常寻找某些充满神秘感的东西。我感觉自己有了某种基督教的意识,虽然我总是否认:"事情根本不那么肯定"或者"地下的那个东西是什么"。人们灌输宗教教义时,总会对我说:"这些是美好的东西。"但我心里却想:"是的,但还有其他什么东西,一些人们不明白的、非常秘密的东西。"

雕刻木头小人的事是我童年经历的一个高潮,也是终结。这事大约在我心中徘徊了1年,后来就被忘记了,直到35岁才被重新想起,但仍不减当年的清晰和真实。当时我正埋头撰写《性本能的变化和象征》,在研读阿尔勒谢姆附近窖藏的灵魂石和澳大利亚的神石,突然发现,自己心中已经有了一个真实的石头的形象,尽管我没有见过它的复制品,但我知道它是一块长方形的、微黑的石块,用颜色涂成了上下两半,这个形象还与铅笔盒和木头小人联系在一起。小人在远古时代是披着小斗篷的神灵,如同站在埃斯克勒彼阿斯碑上的泰莱斯福鲁斯在给他读一个羊皮卷轴。由于这一回忆,我第一次坚信,在没有任何直接传承关系的情况下,古代的心理因素会进入个人的心灵。后来我查阅过父亲的图书,结果没有找到一本书里有这方面的材料。父亲对此也一无所知。

1920年我在英国时,用木头雕刻了两尊人像,和儿时雕刻的很像,但当时我根本没有想起儿时的经验。后来我又按照其中一个用石头刻了较大的复制品,现在就安放在奎斯纳赫特我的花园里。不过在我雕刻这一作品时,潜意识里出现了一个名字。它把这一形象称作阿特马维图,即"生命的呼吸"的意思。这是由我儿时梦境中那可怕的树进一步演化而来的,现在看来,那可怕的树正是"生命的呼吸",它是充满着创造力的脉动。那个穿着礼服的小人最终成了一个神灵的形象,被放置在盒子里,长方形的黑石给他提供生命的能量。

这些联系都是我长大以后才明白的。当我还是个孩子时,只是自己进行一些类似于祭祀仪式的活动,就像非洲居民做的那些事情一样。他们只是在行动,却并不知道自己在做什么,直到许多年之后才明白过来。

二　中学时代

I

11岁那年,我进入巴塞尔的大学预科学习。这对我而言特别有意义。从此,我告别了乡村的伙伴,真正进入了"大世界"。

那里有许多有权有势的大人物,比我父亲的权势大得多。他们住在宽敞高大的房子里,乘坐着豪华的马车,讲着一口优雅的德语和法语。他们的孩子,衣着华丽,风度翩翩,口袋里从来不缺钱。这些富家子弟现在成了我的同学。每当听他们吹嘘在阿尔卑斯山度假的情景时,我的心头就交织着惊异和妒忌的情绪,我对这种隐蔽的情绪感到恐惧。他们甚至曾经爬上苏黎世附近银光闪闪的雪峰,还到过大海边,这让我目瞪口呆。我望着他们,好像他们来自另一个世界,来自那难以企及的、白雪覆盖的光芒耀眼的山峰,来自那遥远的、神秘的大海。我第一次意识到自己的贫穷!我的父亲不过是个乡村穷牧师,而我则是一个乡村牧师的穷儿子。他穿着破了洞的鞋子,在学校一坐就是6小时,袜子一旦湿了就没有换的。我开始用不同以往的目光来看待父母,开始懂得他们生活的不易。对父亲尤为同情。奇怪的是,对母亲却没有那么同情。我总觉得她比父亲强势。可当父亲朝她发火时,我却总是站在她那一边。明确表示支持哪一方的情形,并不利于我性格的形成。为了从他们的冲突中摆脱出来,我不得不充当仲裁人的角色,无奈地裁断父母的是非对错。这滋长了我妄自尊大的情绪;原本就不坚定的自信,现在更加飘忽不定,忽而极端膨胀,忽而极端收敛。

9岁的时候,母亲又生了一个小女孩。父亲既兴奋又高兴,告诉我:"今晚,你多了个妹妹。"我很惊讶,因为我没有看到什么异常情况。只是觉得母亲躺在床上的时候多,可我根本没有当回事,我认为,她卧床不起是一种不可原谅的软弱。父亲领我到母亲床边时,她抱出一个看起来让人失望的小人儿:一张红红的、皱巴巴的脸,像个老人,眼睛紧闭,就像一只瞎眼的小狗。背上长着一根根清晰的、长长的红毛,她是不是要长成猴子呢?我当时很困惑,有种说不出的感觉。难道刚生下的小孩就是这个样子?他们含糊其词地谈论着鹳,据说婴儿是鹳鸟送来的。那么小狗和小猫的崽儿们又是怎么来的呢?在那一窝崽儿生完之前,鹳鸟得来回飞多少趟呢?母牛呢?我想象不出鹳鸟怎样用嘴叼着一整头牛犊。况且,有个农夫告诉我牛崽是母牛生的,不是由鹳鸟叼来的。显然,这个故事又是一个谎言,是人们灌输给我的众多谎言中的一个。我确信,母亲又做了件我本不该知道的事。

妹妹的出生使我产生了一种朦胧的不安全感,使我的好奇心和观察力变得更加敏锐。母亲随后的一些古怪反应证实了我的猜疑,有令人遗憾的事与这次生育有关,否则这件事就不会让我有那么多想法,它确实对我12岁的一段经历起了推波助澜的作用。

母亲有个让人讨厌的习惯,就是每当我外出的时候,她总追在我屁股后面唠叨各种忠告。在这些场合,我穿着最好的衣服,皮鞋擦得锃亮,在公开场合里保持有尊严的形象。但母亲在身后喊出的那些丢人的话,让我感到耻辱:"记得代爸爸妈妈向他们问好。记得擦鼻涕。带手帕了吗?洗过手了吗?"等诸如此类的话。出于自尊和虚荣,我小心翼翼地使自己的公众形象尽可能地无可挑剔,可是母亲的话让我那种妄自尊大的自卑暴露无遗。我觉得确实很不公平,因为这些场合对我很重要。在去做客的路上我觉得自己很高贵,在平日穿节日才穿的衣服时我就有这种感觉。然而,我一看见自己要拜访的人家的那幢房子,形势就急转直下了,那家人的豪华和权势让我心生畏惧。我感觉自己太渺小了,恨不得能找个地洞钻进去。按门铃的时候我心里就是这种感觉。房内的铃声对我而言就像丧钟一般。我胆怯畏缩,惶惶不安。母亲事先为我做的周到准备,反而使事情变得更糟。然后有个声音就会在我耳边回响:"我的鞋子不干净,手也很脏,我没有带手帕,脖子脏兮兮的。"出于一种叛逆心理,我不会转达父母的问候,或者在行为上表现出不必要的害羞和固执。如果情况变得更糟,我就会想藏在顶楼上的秘密宝贝,这样我就会平静下来。当我处于孤独无助的境地时,我就会想起那"另一个人",他有着不容侵犯的秘密、黑石头和穿着长袍戴着高帽的小人。

我无法回想起在童年时是否曾想到,耶稣或者那个穿黑长袍的耶稣会会士,那些穿着斗篷、戴着高帽子站在坟墓边的人,草地上的坟穴,有男性生殖器的地下神殿,还有铅笔盒里的小人,它们之间有着某种联系。我的第一个大秘密是关于酒神祭典游行时抬的阴茎像的神的梦,第二个则是小人。然而,我并不认为自己隐约感觉到,那块"灵魂之石"和我的那块石头之间存在着某种联系。

直到今天,在83岁写回忆录之时,我也未能将缠绕在我早期记忆上的结解开。它们就像地下的一株根茎所生发出的芽,又像一座在潜意识发展道路上的车站。尽管对耶稣的态度不明确,我却记得,从11岁时起,自己开始对有关上帝的观念感兴趣。我喜欢向上帝祷告,这多少令我感到满足,因为那种祈祷与信仰没有矛盾。上帝并不因为我的不信任而变得复杂。而且,他也不是穿黑袍的人,不是画上的耶稣,画上的耶稣衣着华丽,人们早已习惯他的举止。相反,上帝是一个独一无二的存在,据说不可能形成对他统一的任何正确的概念。虽然他相当于一个非常有权有势的老人,但令我感到非常满意的是,存在着这样一种戒律:"你将不会把你造成任何雕像或与任何事物类似。"因而人们能不能放肆地像对待耶稣那样对待他,耶稣绝非"秘密"。通过我在顶楼上的秘密类推,我开始有了某种领悟。

我开始厌烦上学。我宁愿花更多时间去描绘战役的图画和玩火。神学课有说不出的枯燥,而数学课更是一种彻底的恐惧。老师说代数是一件自然简单的事情,是理所当然能够学会的,而我甚至不知道数字实际上是什么东西。它不是鲜花,不是动物,不是化石;它不是可以被想象出来的东西,而只不过是由计算产生出来的量而已。令我困惑不解的是,这些量现在又由字母来代表,字母同时又代表着声音,因而这些量应该可以听到。奇怪的是,我的同学能够驾驭它们,完全不需要特别的解释。谁也不能告诉我数字到底是什么,而我甚至不能将这个问题很好地陈述出来。糟糕的是,谁也不理解我的困惑。我必须承认,老师不厌其烦地向我解释,这种将可理解的量化为声音的奇特运算的目的是什么。我终于明白,其目的在于达到一种简化体系,借助这种体系,许多量能够被放在一个简短的公式之中。但这一点并没有引起我的兴趣。我以为这整个事完全是强词夺理。为什么数字要由声音来表示。完全可以用苹果树代表a,用盒子代表b,用个问号代表x。a、b、c、x、y、z并不是具体的存在,它们像苹果树一样,不能解释数字的实质。最令我恼怒的还是那些定理:如果$a=b$且$b=c$,那么$a=c$,根据定义,a与b代表着两种不同的意思,既然不同,a就不应该与b相等,更不必说与c相等了。如果是一个等式的问题,就说$a=a$,$b=b$,就好了。而在我看来,$a=b$完全是个谎言或者骗局。当老师完全不顾平行线的定义,说它们在无穷远时能够相交,我也同样很气愤。这完全是愚弄农夫的愚蠢把戏。而且它既不关我的事,我也不愿与它有瓜葛。我的思想与这些反复无常的自相矛盾之处斗争着,这些矛盾的存在,使我永远也无法理解数学。这种感觉一直固执地持续到晚年,如果像我的同学那样,能够轻松接受 $a=b$、太阳=月亮或狗=猫之类的定理,那么我就会永远被数学愚弄,或许直到84岁时才会意识到被愚弄到什么程度。我的一生中始终有一个困惑,我能够正常运算,却不知为何总不能在数学中辨清方向,尤其不能理解的是对数学和我本人从道义角度上的怀疑。

我只有在用特殊的数字值替代字母,并通过实际计算来验证运算的时候,才能够理解方程式。随着数学课的学习,通过抄录并不明白的代数公式以及记忆黑板上的特殊字母组合,我多少也取得了一些进步。后来,我再也不能继续通过替换数字来取得进步了,因为老师经常会说:"我们在这儿写上某某式。"然后他就会潦草地在黑板上写几个字母。我不知道它们是从哪儿来的,不知道为何要这样写——我只能看出,他能得到令自己满意的结论。我为自己的不解感到困惑,不敢问任何问题。

数学课对我而言完全是一种恐怖和折磨。其他课程对我来说是容易的,由于我有不错的视觉记忆,因此能长期将数学课蒙混下来,还常常得高分。但是,对失败的恐惧以及面对周围世界时的渺小感,使我产生了厌恶情绪,同时伴随着一种无言的绝望,这让我对学校彻底绝望了。此外,我还以完全学不会为借口免修绘画课。这让我很高兴,因为我有了更多的自由时间;但另一方面又是个意外的失败,因为我还有点绘画天赋,尽管我当时并没有意识到那完全是自我感觉。我只能够画那些激发自己想象力的东西,却被要求临摹希腊神话中的盲人复制品。一旦临摹不好,老师便认为我需要某种更为自然的东西,于是把一幅山羊头的画放在我面前。这个作业我完全失败了,也宣告了我绘画课的结束。

除了数学和绘画的失败,还有第三个失败:我一开始就不喜欢体操。我不愿意别人告诉我怎样做动作。我上学是为了学习,而不是去练习无用且无意义的杂耍。况且,我幼年时发生过事故,因此我对某种身体方面的活动很胆怯,直到以后很长时间才克服掉。这种胆怯又与对世界的不信任感联系起来。尽管在我看来,世界虽然美丽而理想,但也充满着混沌和危险。因而我总是想知道,我到底应该信赖谁。这也许与我母亲有关,因为她曾离开我几个月?当我的神经症发作时,医生就不允许我练体操,这令我十分满意。

二 中学时代

我摆脱掉了那个负担,同时又吞下了另外一个失败的苦果。

由此获得的时间,我并没有完全用在玩耍上,而是更自由地沉溺于我已产生的迫切的阅读渴望中,不放过手边的每一本印刷品。

12岁那年对我来说是决定命运的一年。1887年初夏的一天,12点,上午的课已经结束了。我在大教堂广场等一位与我同路回家的同学。突然有个男孩猛地推了我一下,使我倒了下来,头重重地撞在路旁的石头上,几乎失去知觉。在接下来的半个小时里,我头晕目眩。在被撞击的一瞬间,一个念头掠过我的头脑:"现在你再也不用上学了。"我只是半失去知觉,但我确实在地上多躺了一会儿,主要是为了对我的袭击者进行报复。然后有人把我抱了起来,送到附近的一户人家里休息,那儿住着两位上了年纪的未婚阿姨。

从那时起,每当我必须返回学校,或者父母让我做功课时,我的昏厥就开始发作。于是我6个多月没有上学,那段时间对我来说无限美好。我自由自在,能够整天幻想,想去哪里就去哪里,到树林里、水边或者去画画。我又开始画战斗场景,或者画战争的狂暴场面,古老的城堡遭到攻击和焚烧,或者一页页地画着漫画。直到现在,类似的漫画还会在入睡之前浮现在我的脑海中,那些狰狞的面具来回移动变幻,其中还有一些死去不久的熟人的面孔。

尤其值得一提的是,我能够沉浸在自己的神秘世界之中。那里有树木、水塘、沼泽、石头和动物,还有父亲的图书室。但我离现实世界越来越远,这使我良心上隐隐约约有些难过。我四处游荡、收藏、阅读、玩耍、消磨时光,但这些并未使我更愉快。我有着一种莫名的感觉,我是在自我逃离。

我完全忘了事情是如何发生的,但我理解父母的忧虑。他们找了许多医生来诊治,但医生们束手无策,只能建议我去温特图尔的亲戚家度假。那里有个火车站,给我带来了无穷的乐趣,但回家之后,一切又恢复了原样。有个医生认为我得了癫痫,我知道癫痫病发作是怎么回事儿,心中暗笑这种胡扯,父母却更加忧虑了。一天一位朋友来看父亲,他们坐在花园里。我因为好奇,偷偷地躲在灌木丛后面,听见客人问父亲说:"你儿子怎么样了?""唉,糟透了,"父亲说,"医生也不知道他到底得的是什么病。他们认为可能是癫痫病。如果治不好就太可怕了。我已经一无所有了,可这孩子要是不能自谋其生,该怎么办呢?"

我如遭到晴天霹雳一般。这是与现实的冲突。我突然意识到:我必须用功了。

从那一刻起,我变得严肃认真。我爬到一边,来到父亲的书房,取出我的拉丁文法书，全神贯注地背起来。10分钟后，我的昏厥似乎要发作，我几乎要从椅子上摔下去了，可是几分钟后就觉得好些了，又继续背书。"该死，我不要再晕倒。"我对自己说道，又坚持下去。这一次大约过了15分钟才再次发作。这次也像第一次那样过去了。"现在你必须真的用功。"我继续坚持，1个小时后，第三次发作，但我仍然没有放弃，又学了1个小时，最后我觉得自己已战胜了它。突然我觉得状况前所未有得好，而且事实上昏厥也再没有发生。从那一天起，我每天我都看拉丁文法和其他教科书。几个星期以后我重回学校，病情也没有发作，在学校里也一样。一大堆鬼把戏都结束了。我就是在这时明白了什么是神经症。

　　我逐渐回忆起这一切是如何发生的，清晰地看到这整个不光彩的局面是自己一手安排的。我没有真正生那个把我推倒的同学的气，其原因也就在于此。我知道，他只不过起了推波助澜的作用而已，其实整个事件只是我的一个可恶的阴谋。再也不会发生这种事了。我对自己感到愤怒，同时也感到羞耻，我知道，我伤害了自己，愚弄了自己。怪不得别人，我就是那个该诅咒的叛徒！从那一刻起，我再也不能忍受父母对我的担忧，不能忍受他们用同情的口吻和我说话。

　　这次神经症成了我的又一个秘密，却是个可耻的秘密，而且很失败。然而，它却在我身上诱发出一种执着的认真和非同寻常的勤奋。从那时起，我开始认真负责，且那种认真负责并不是做做样子，而是为了自己成才认真起来的。我每天5点钟按时起床学习，有时从凌晨3点一直学到7点，然后再去上学。

　　导致我误入歧途的，是我对孤独的热情，对寂寞的嗜好。大自然充满奇迹，我想沉浸其中。每一块石头、每一株植物、每一件东西都似乎有生命，妙不可言。深入其中，好像进入自然的精髓之中，脱离了整个人类世界。

　　大约在同一时期，还有一段重要的经历。我从居住的克莱恩—亨宁金的上学路上出发，前往巴塞尔，途中的一瞬间，我突然有一种不可言喻的感觉，觉得自己刚从浓密的云层中探出头来。我如醍醐灌顶：现在我找到自己了！就好像身后有一堵雾墙，而那堵墙后没有"我"。就在这一刻，我遇见了自己。在此之前我也存在着，但一切只是客观地发生在我身上，而现在则是主观地发生在我身上。我知道我现在是我自己，现在我存在着。在此之前我是按照别人的意志去做这做那，从这一刻起，我是按照自己的意志去做。在我看来，这个经历极其重要而新奇：我身上有了"权威"。奇怪的是，在这期

二 中学时代

间以及我的昏厥的神经症发作的那几个月,我忘记了顶楼上的秘密,否则,那时我就有可能会意识到,我的权威感和那个秘密在我身上激起的价值感之间有着某种类似。但实际情况却并不是这样,那时我对铅笔盒的所有记忆都消失了。

大约在这个时期,我应邀去朋友家度假,他家在卢塞恩湖边有一栋房子。令我欣喜的是,那房子就在湖畔,还有一个船库和一只划艇。主人允许我和他儿子使用这条船,不过严厉警告我们要小心行事。不幸的是,我不知道怎样驾驶威德令船(一种平底船)——这种船要站着划。我们家里有一条类似的方头平底船,我们在上面玩各种能想得到的花样。上船后我做的第一件事,就是站在船的尾座上,用一支桨划进湖水中。房主人认为这太过分了。他吹口哨把我们喊回来,狠狠地责骂了我一顿。我万分沮丧,又不得不承认,我所做的恰恰是他禁止我们做的,他教训得没错。同时我又抑制不住自己的愤怒,因为这个肥胖、无知的乡下佬居然如此侮辱我。当时那个时候我认为自己已经长大了,而且是一种权威,应该受到尊重,是一个有尊严的老人。现实却并非如此,我的狂怒消失了,因为有个问题冒出来:"不管你究竟是谁,你的反应好像在说,只有鬼才知道你多么重要!可是你也知道他没错。你还不到12岁,是个学生,而他是位父亲,有钱有势。而且,他还拥有两栋房和几匹骏马。"

这时,我意识到自己实际上是两个不同的人。这让我困惑不已。其中一个我是学生,他无法理解代数学,缺乏自信;另一个我则是一个极具权威、不可小觑的人,就像制造商一样有势力有影响。这另一个我是一位生活在18世纪的老人,他穿着扣形装饰鞋,戴着一头白色假发,驾着一辆带有凹面后轮的轻便马车,车厢四周挂着羽毛和装饰带。

这个念头与我以前一个奇特体验有关。当时我们住在克莱恩-亨宁金,有一天,一辆绿色的旧马车从黑树林驶过我们家。那真是个古董,就像是从18世纪来的。我一见到它就激动异常:"就是它!我敢肯定,它来自我的时代。"就好像我真的认出它一样,因为它与我想象中的一样。接着又产生了一种奇特的厌烦感,就好像有人偷了我的东西,或者说我像被骗了一样,欺骗了我那可爱的过去。这马车就是过去时代的一件文物!我无法描述自己身上发生了什么,或者如此强烈触动我的是什么。是一种渴望,一种怀旧,还是一种认同,它不住地说道:"是的,就是这个样子!是的,就是这个样子!"

我还有一个体验,也是回到18世纪。在我的一个姨妈家里,我曾见到一个18世纪的陶质小雕像，由两个彩色小人构成。其中一位是老斯塔克伯格医生，他是18世纪末巴塞尔市的一位名人。另一个是他的一个病人：她闭着眼睛，伸着舌头。据说老斯塔克伯格经过莱茵桥时，这位令人厌烦的病人突然不知从何处冒出来，喋喋不休地向他抱怨。老医生烦躁地说："是的，是的，你一定哪儿不舒服。伸出舌头来，闭上眼睛。"女人照做时，老医生立即逃跑了，而她则一直伸着舌头站在那儿，惹得人们大笑不止。雕像上的老医生穿着扣形装饰鞋，奇怪的是，我把那鞋当作是我自己的了。我确信这就是我穿过的鞋子。这个念头使我激动得发狂。"是啊，这一定是我的鞋子！"我甚至感到它就穿在我脚上，却说不出这种感觉从何而来。我无法理解为何将自己与18世纪联系在一起。在那段时间里，我常常把1886年写成1786年，而且每当出现这种情况，一种莫名其妙的怀旧感就会涌现。

　　在船上的恶性事件发生及受了惩罚之后，我开始思索这些互不相连的印象，它们构成了一副前后贯通的画面：我同时生活在两个时代，是两个不同的人。我感到非常困惑，最后失望地意识到，无论如何，现在我只不过是个小学生，应该受到惩罚，毕竟一个人的行为应该和他的年龄吻合。那另外一个虚构的人，我觉得多少与我从父母、亲戚那里听到的有关我祖父的许多故事有关。然而这也不完全确定，因为他生于1795年，也就是生活在19世纪；另外，他早在我出生之前就已经去世。我与他不可能是一体的。应该说，当时这些考虑大多是朦胧的、模糊的推测。我记不清当时自己是否知道传说中我与歌德的关系。我当时应该并不知道，因为我第一次是在陌生人那里听到这个故事的。补充一句，有一种令人厌恶的谣言，说我祖父是歌德的私生子。

　　同年夏日，一个美好的中午，我走出学校，来到大教堂广场。一个阳光灿烂的日子，天空湛蓝，大教堂房顶金光闪闪，阳光在新铺的瓷砖上迸发着夺目的光彩。我被眼前的美景征服了，我想："世界如此美丽，教堂如此美丽，上帝创造了这一切，他坐在天堂上，在遥远蓝天的一个金色御座上……"突然，我的思绪一片空白，我有一种窒息感。我感觉有些麻木，只知道："不要再想下去了！有种可怕的东西正在逼近，与之相关的东西都不要想了。为什么呢？因为我会犯下最可怕的罪。什么是最可怕的罪呢？是谋杀吗？不，绝不可能是这种事。最可怕的罪是反对圣灵，这种罪过不可饶恕。犯了这种罪要遭天谴，下得地狱。要是我这个被父母视为掌上明珠的独生子受到惩罚，他们肯定会很伤心。为了父母，我也不能干这种事。无论如何，我都不能再去胡思乱想了。"

二 中学时代

可是说来容易做时难。我从学校回家要走很长一段路,我一边走一边胡乱地想着各种事情,但我的思绪总是转回到我喜欢的那座美丽的大教堂和坐在宝座上的上帝——那时我仿佛受到了猛烈的电击,思绪再次飞到了别处。我不停自言自语道:"别想它了,一定不要再想它了!"回到家时,我显得疲惫不堪。母亲看我不对劲,便问道:"出了什么事?"我让她放心,说实话,在学校没出什么事。我心里却是在想,要是我把胡思乱想的真正原因告诉母亲,那可能对我会有好处。但如果这样做,我也做不到不去想那些事情,因此我没把心里想的全都说出来。我的母亲完全不起疑心,也不知道我已处于可怕的危险之中。我犯了不可宽恕的罪过并一头扎进了地狱。我放弃了袒露此事的念头,并尽可能地让自己的行为不被注意。那天晚上,我在床上辗转反侧,难以入睡。那个我当时不懂得如何禁止的念头,一再冲出来。我于是奋力阻挡。接下来的两天简直就是一场折磨,母亲认为我一定是病了。但我还是抑制住了袒露心事的欲望,因为我想那只会使父母伤心。

然而,到了第三天晚上,这种折磨变得实在无法忍受,我不知道如何是好。我在床上翻来覆去,好不容易睡着,没多久便醒了,又去想起大教堂和上帝。我差点一直想下去!我感到自己的反抗越来越弱。我因此恐惧不已,于是坐了起来,驱走睡意。"这事需要严肃处理啊!我一定得尽快想出个答案来。我为什么要去想自己不懂的事呢?说实话,我自己并不愿去想。但是,又是谁要我去想的呢?谁让我去想那我既不懂又不想知道的事呢?这一可怕的想法是从何而来?另外,为什么我要为此而受折磨呢?我是想赞美这个美丽的造物主,对他赋予我的无法估量的天赋感恩戴德,我为什么去想那不可想象的恶毒的事呢?我确实不了解这些事,因此我不能也绝不该随便走近这一想法,因为那意味着得冒立刻去思考它的危险。我没有做或想做这件事的念头,但它像噩梦一样落到我头上。为什么会这样?我没有去做,事情却还是发生在我身上。为什么呢?不管怎样,我不是自己创造出来的,而是父母创造的。我是以上帝创造我的方式来到这个世上的。或者说,我父母需要的就是这种东西吗?我那善良的父母绝不可能有那样的想法。那样恶毒的想法绝不会是他们想的。"

我发觉这一想法极为荒唐。我便想到了我的祖父母,我只是通过他们的画像认识他们的。他们显得和蔼仁慈又令人敬畏,这便足以驱除归咎于他们的任何想法。我在心里把所有不认识的祖先想了一遍,最终想到了亚当和夏娃,接着便出现了这样的想法:亚当和夏娃是最早的人类,他们没有父母,是上帝直接创造了他们,是上帝有意将他们造成那个样子。他们别无选择,只能成为上帝创造的那个样子。因此,他们并不知道自己为什么会不同。他们是上帝的杰作,可是他们仍然犯了原罪,做了上帝不希望他们做的事。这怎么可能?要是上帝不让他们有做这件事的可能,他们就不会做出这种事。很明显,他们是受了蛇的诱惑,而蛇是上帝在创造他们前便已创造出来的,这显然是为了让它引诱亚当和夏娃。万能的上帝事先已安排好了一切,使人类的祖先犯下原罪。因此,他们犯了原罪,本来就是上帝的意愿。

这一想法立刻使我从巨大的痛苦折磨中解脱出来,因为现在我知道,是上帝把我放进这种情境。开始我并不知道是否是他有意要我犯这罪过或是相反。我不再祈祷以求得启示,因为上帝不顾我的意愿而把我安置在此并扔下我不管不问。我坚定地认为,我得亲自弄清楚他的意图,并独自找到出路。只不过这个时候,另一个问题又来了。

"上帝想要什么?是行动还是不作为?我必须找出上帝究竟要我做什么,而且还得马上找出来。"当然,我知道,避免那样的罪过,只要遵照通常的道德即可。这就是我一直在做的事,不过我也知道,自己不能再继续下去了。我夜不能寐,精神萎靡、形容憔悴,不能再想下去了,否则无异于把自己束缚到无法忍受的地步。这样下去可不行。与此同时,除非我懂得了上帝的意志和意图,否则我可不想就此停止。因为我确信,这个终极性问题是他提出的。奇怪的是,我从没考虑过,可能是魔鬼在捉弄我。那个时候,魔鬼在我的精神世界中起的作用微不足道,而且在任何情况下,我觉得,他都无法与上帝相比。但自从我从迷雾里钻出来,并意识到自己存在的那一刻开始,上帝的伟大和超凡的威严便开始萦绕在我的想象里。从此之后,我心中对上帝的疑问一扫而光,只剩下上帝本人对我进行的一次具有决定意义的考验,及所有我对他的正确理解。毫无疑问,我知道自己最终将无法坚持下去,不得不让步,但我不希望这种事发生得不明不白,因为我的灵魂是否能得到救赎,全都寄托在这上面了。

"上帝知道,我就要被迫犯下这不可饶恕的罪过,我支持不下去了,可他没有来帮我。他全知全能,他本可轻而易举地消除我难以抗拒的冲动,可他没有那样做。他是不是希望通过让我做违背道德判断、违背宗教信仰的事,来考验我对他的忠诚?这事非同小可,我会竭尽全力抵制,因为我害怕被打入地狱。上帝是不是想看看,我在信念和理性使死亡和地狱的幽灵出现时,还能否服从他的意志?这应该就是答案了!但这只是我自己的推测,

二　中学时代

有可能是错的，我不太敢相信自己的推测。我一定得再次从头到尾把它梳理一下。"

我再次从头到尾地想了一遍，得到了同样的结论。"很显然，上帝也希望我能拿出勇气，"我想，"如果是这样，而我也经受住了考验，那么他必定赐给我天恩和启示。"

我鼓起勇气，准备去蹈地狱之火，这个想法冒了出来。在我眼前，我看到了大教堂，蔚蓝的天空。上帝坐在那金色的宝座上，高高在上，远离尘世。突然，一块巨大的粪块掉了下来，落到那闪闪发光的新屋顶上，摔得粉碎，也砸碎了大教堂的四壁。

原来如此！我感到了一种巨大的、无法言喻的如释重负感。落到我头上的不是天谴而是天恩，伴随而来的则是从未体味过的极乐感。心中充满幸福和不尽的感激，我哭了。服从了上帝不可抗拒的命令，他便对我显示出他的智慧和仁慈。我仿佛洞察了一切。以前不明白的许多事情都变得清楚了。这就是我父亲所不明白的事，他体验不到上帝的意志，还以合理的理由并出于最深的信念反对它。这便是他从来未能体验到天恩的缘故，他一直把《圣经》的戒律当作行动指南；他信仰上帝，但只是用《圣经》指示的方式和父辈教导他的方式来信仰。他不知道，在《圣经》和教堂之上，站着一位全知全能的、自由的、正在眼前的真正的上帝，他召唤人们分享他的自由，并迫使人们完全执行上帝的命令，放弃自己的观点和坚信的事情。在对人的勇气进行考验时，上帝反对传统，不论这些传说是何等神圣。他全知全能，因此他便会考虑到，给予勇气的种种考验，绝对不会造成实际的邪恶结果。一个人完全执行了上帝的意志，便大可放心：自己走的一定是正确之途。

上帝也以同样的方式创造了亚当和夏娃，好使他们不得不去想他们不愿想的事。他这样做是为了弄清楚他俩是否服从他。而他同样也要我做某种事情，如果遵守传统宗教的要求，我必须拒绝，但服从，我获得了天恩。而有了这种体验，我便明白了上帝的恩惠是怎么回事。一个人必须完全献身于上帝，以执行他的意志为首要任务，否则，一切事情都是愚蠢而没有意义的。从那个时刻起，在我体验到了天恩以后，我便真正地有了责任感。上帝为什么要弄脏他的大教堂呢？对我来说，这是种很可怕的想法。但随后，我似乎明白了，上帝也可能成为某种可怕的东西。我体验到了一种阴暗而可怖的秘密的味道。这使我的一生都笼罩上了乌云，变得郁郁寡欢。

这一体验使我更感自卑。我觉得自己是个魔鬼，或是蠢猪，是个极为堕落的人。我开始翻阅《圣经新约》，阅读描写法利赛人和收税官的段落，还有堕落的人是上帝的选民的段落。这些描写给我留下了深刻的印象：不忠的管家受到称赞，而信心动摇的彼得，却被委以重任。

我越是感到自卑，上帝的天恩在我看来就越不可思议。说到底，我从来就没有自信过。母亲曾对我说，"你向来都是一个乖孩子"。可我始终不明白这到底是什么意思。我？一个乖孩子？这让我感到很新鲜。我一直认为自己是个堕落的人，远不如他人。

有了对上帝和大教堂的体验，我终于找到了那属于自己的秘密，有形的、触摸得到的具体事物。——就像我一直说天上下石子，而现在终于有一块落地了。实际上，这是一种令人感到耻辱的体验。我落进了某种不幸、邪恶、阴暗之中，但同时，这也是一种荣耀。有时，我有一种迫切的一吐为快的冲动，但不是讲这种体验，而只是想暗示我身上有某些古怪的、别人没听说过的东西。我很想知道别人是否也有过相似的体验，结果我从未在别人身上发现这种情形。我感到，我既是得不到恩宠者，又是上帝的选民，既是被诅咒者，又是受到祝福者。

我绝不会公开提到自己的体验，提到梦中地下神殿里的男性生殖器、我雕刻的小木人。事实上，直到65岁，我才讲出有关梦见生殖器的梦。可能我跟妻子谈到过一些别的体验，但这只是晚年的事。在所有这些事上有着严格的禁忌，这是我从小便知道的。我绝不会随便谈起。

整个的青春期我一直有这一秘密。它造成我几乎难以忍受的孤独感。这些年中，我所取得的一大成就是抵制住了想要与别人谈论的诱惑。我与世界关系的格局或许是预先设计好的：今天仍然如此，我是一个孤独的人，原因就是我懂得一些事情，而且还一定会暗示别人不懂且不想知道的事情。

我母亲的家族，有六个牧师，而我父亲这一方，不但父亲是牧师，两个叔父也是。这样，我便有机会听到许多宗教方面的谈话、神学方面的讨论和布道演说。每次听他们的谈论，我便有这样的感觉："对，对，说得太好了。但我内心的秘密怎么样呢？这个秘密也是天赐的。你们对此一无所知。你们不知道上帝逼我做错事，逼我去想令人憎恶的事，好让我体验他的恩惠。"他们所说的一切对我而言都是空洞无意义的。我想："看在老天的分上，一定有某人多少了解此事吧；真理一定存在某处。"我在父亲的图书室里翻箱倒柜地查找，只要一找到有关上帝、三位一体、灵魂、意识的书便迫不及待地读起来。我饥不择食地阅读，却收获甚微。我总是在想："原来他们也不懂。"我甚至还在父亲的《路德派圣经》里查找。可是很不幸的是,这里对约伯所做的传统的"训导式"解说使我倒足了胃口,我很快便将此书丢在一边。但我还是从中找到了些许慰藉,特别是在第九章的"诗篇"里:"尽管我用雪水清洗了自己……但您却将把我投进烂泥坑里。"

后来,母亲告诉我,那段时期我常常垂头丧气。事情并非如此,我那是为这个秘密在冥思苦想。在这种时候,我不想做任何事情,但内心异常心安理得和平静。这使我从自己所有的怀疑里挣脱出来。每当想到自己就是石头,所有的矛盾与冲突便停止了。"石头没有不确定性,也没有想与人沟通的冲动,千百年过去了依然丝毫不变,"我也会想,"而我只是一种会消失的存在,爆发成各种各样的情感,和火焰一样,瞬间闪亮,然后便熄灭。"我不过是自己各种情感的总和,而我身上的"另一个我"却是不受时限的、永生不灭的石头。

‖

那时候,父亲所说的一切都令我产生深切的怀疑。只要一听到他的布道,便会不由自主地想到自己的体验。于是,他所讲的一切听来就显得陈腐而空洞,就像在讲一个道听途说而自己又不是很相信的故事一样。我很想帮他的忙,却又找不到办法。而且,我很怕羞,不敢告诉他我的体验,也不想插手他的个人事务。一方面我觉得我自己年纪太小,另一方面又害怕使用"第二人格"给我的启示。

后来,18岁时,我与父亲进行过多次讨论,总希望能够让他懂得有关天恩的奇迹,从而帮助他减轻心中各种矛盾的痛苦。我深信,只要他执行上帝的意志,一切便会变得完美。但我们的讨论总是不欢而散,这些讨论刺激了他并令他伤心。"唉,一派胡言,"他总是习惯地说,"你总是忍不住要去想。一个人不应该去想,而是要信仰。"我便会在心里想:"不对,一个人必须体验了才能懂得。"但嘴里却说:"请赐予我这种信仰吧。"于是,他便会耸耸肩,很无奈地走开。

我开始交朋友了,他们大多是些出身平凡、腼腆的男孩子。我的学习成绩好起来了。在后来的几年,我的成绩甚至一直名列班级前茅。然而,我发现,成绩比我差的同学开始妒忌我,不放弃超过我的每一次机会。这使我很不开心。我讨厌任何竞争,任何竞争性的游戏,我都拒绝参加。于是,我的成绩变成班级第二,这让人觉得愉快。学校的功课,由于我不想参加竞争而变得困难,成为很讨厌的事。有几位老师对我表示了特殊的信任,我对他们至今仍满怀感激。我想起一位拉丁语教师。他是个大学老师,十分聪明。碰巧,父亲在我6岁就教我拉丁文。于是,老师便允许我不听课,而是经常让我上图书馆给他借书,于是我便高兴地一头扎进书海,还把回去的时间尽可能地拖长。

大多数老师都认为我既愚蠢又狡猾。只要学校出了什么差错,我便成了第一个被怀疑的对象。要是什么地方吵起架来,我便被认为是煽动者。实际上,我只有一次被卷到吵架中去,而正是那次,我发现一些同学对我抱有敌意。其中有七个人一直在潜伏着,等着对我发动袭击。那时候我已长得高大强壮——我那时15岁——并且脾气很暴躁。我突然发起怒来,抓住了其中一个男孩的胳膊,把他甩得团团转,用他的两条腿把其余几个放倒。我只是模糊地记得老师们得知此事后,我受到了不公正的惩罚。从那时候起,便无人招惹我,也无人敢欺负我了。

招来敌人并遭受不公平的指责,这在我的意料之外。但不知为什么,我却觉得这并不难理解。受到指责的每一件事都刺激着我,我却无法否认这些指责。我对自己实在太不了解了,而我所知道的一点儿又如此矛盾重重。我实在无法否认任何的指责。我内心深处总有一种负罪感,并意识到那存在着的和潜而未发的种种过失。也正因此,我对别人的指责特别敏感,因为所有这些指责都或多或少地击中了我的要害、戳到了我的痛处。尽管我实际上并没有做被指责的事,但我还是感到,我有做这种事的可能。我甚至还列了一张清单,并写了种种辩护词,以备万一被指责该怎么办。如此,我如果确实做了什么错事,便不会感到太沉重。我至少能知道自己为什么会内疚。

自然,我会通过外表的稳重感来弥补内心的不安——换言之,不用依靠意志的干涉,缺陷便会弥补自身的不足。也就是说,我发现自己有罪过,同时又希望自己清白无辜。在内心深处,我知道自己有双重性格。其中一个是我父母的儿子,上学读书,不聪明,但很用功,比许多其他男孩穿得整齐干净。另一个是个成人——实际上是个老人——多疑,不轻信,远离人世,却接近大自然。喜欢接近地球、太阳、月亮、天气和一切生物,特别是接近夜晚,接近睡梦,接近"上帝"直接作用于自己身上的各种事情。这里,我对"上帝"加引号。是因为就像我一样,大自然虽然是上帝创造的,但上帝也借此来表达他自己。我不相信"按照上帝的形象"创造的只有人。在我看来,高

二 中学时代

山河湖、花草树木及各种动物远比人更能体现上帝的本意,而人身穿各种古怪可笑的衣服,心胸狭窄,爱慕虚荣,自私自利得令人厌恶——就我本人而言,这是我的第一人格,在一个1890年的学生眼中,那些东西实在是太熟悉了。在我的世界之外,还存在着另一个世界,这个世界就像一个神殿,每个进去的人都被改造了,在幻觉中见到了整个宇宙,并深受感动,只能惊叹和赞美,最后达到忘我的境地。住在这里的"另一个人",他知道上帝的秘密,他是一个隐身的、具有人格的人,同时又超越人格。在这里,没有什么能将人与上帝分离开来。的确,人的心灵与上帝一样同时俯瞰众生。

我在这里详细展示的,是我在那时从未意识到的东西,但我却以一种强烈的预感及难以抑制的感情而感觉到了它的存在。在这种时候,我知道必须完善自我,这才是真正的自我。只要独自一人,我便会慢慢进入这种状态。因此,我追求的是"另一个人",即第二人格的安宁与孤独。

第一人格和第二人格之间的作用和反作用贯穿我的一生,但这与"分裂人格"或医学意义上的精神分裂症毫无关系。相反,这并不适用于每个人。在我的一生里,第二人格具有极其重要的地位,而我总是尽力为从内心深处向我走来的一切腾出地方。他是一个典型的人物,但只有极少的人才能洞见。大多数人所意识到的理解力是不足以认识到,他与他们是一样的人。

渐渐地,教堂变成了让我备感折磨的地方。我不禁要说,有人竟敢在那里大声、无耻地进行有关上帝、他的意旨和行为的布道。有人在那里劝诫会众应怀有感情并相信某种神秘:我知道,这种秘密就是最深奥的、存在内心最深处的肯定性,一种不能泄露只言片语的肯定性。最后我只能认为,显然,没有人能够理解这一秘密,牧师也不例外,反过来说,没有人敢在公众面前泄露上帝的神秘性,也没人敢用陈腐和多愁善感的话去亵渎这些无法言传的情感。此外,我确信,以这种方式接近上帝是错误的,因为根据我的体验,这种恩惠只赐予无条件执行上帝意志的人。尽管布道会上也会说出来,但总是先假定,上帝的意志可以通过启示变得明白易懂。对我而言,这反而成了一切事情中最含糊和最不可知的部分。如此一来,每天去探讨上帝的意志似乎成了一个人的责任。我没有这样做,但可以肯定的是,一旦这样做的充分理由出现时,我便会去做。

第一人格占用我的时间实在太多了。它经常使我觉得,宗教戒律正在代替上帝的意志,这出乎意料而让人吃惊的目的,就是免去人们理解上帝意志的必要性。我的怀疑越来越深,父亲及其他牧师的布道词让我感到难堪。但我周围的人似乎把这些莫名其妙的话当作理所当然，传达出的含糊其词也被看成理所当然。他们不假思索地便囫囵吞下所有这些漏洞百出的说法，比如，上帝是万能的因而预见到了所有的人类历史，他创造了人类，并禁止他们犯罪，犯罪的人要承受地狱之火永世不得超生，但人类还是忍不住犯罪，等等。

奇怪的是，好长一段时间，魔鬼在我的思考中没有起过什么作用。在我看来，魔鬼只不过是一条看门恶狗，被一个强有力的人用铁链锁起来了。除了上帝，谁也无法对这个世界负责，而我很清楚上帝的可怕。每当我听到父亲在其富有感情的布道词中提到"仁慈的"上帝，赞扬上帝爱人类并劝导人们对上帝报之以爱时，我的怀疑和不安便增强起来。我怀疑"他确实懂得自己正谈论着的事情吗？他会把我——他的儿子，像以撒一样用刀杀死用以献祭吗？或者，他会把我送交一个不公正的法庭，让我像耶稣那样被钉死在十字架上吗？不，他做不到。因此，在某些情况下，他不能执行上帝的意志。正如《圣经》所言，这种意志极其可怕"。

事情对我来说已经很清楚了，当人们受到劝诫，要他们首先服从上帝而不是人的意志时，这种话只不过是随便说说而已。很显然，我们一点也不了解上帝的意志。要是知道，我们便会敬畏地对待这个问题，而非只是出于对上帝的恐惧而这样做，因为上帝能够把极其可怕的意志强加在孤立无援的人类身上，就像他已经强加在我身上一样。假装知道上帝意志的人中有谁能预见他已驱使我干了什么？在《圣经新约》里没有什么类似的事。《圣经旧约》，其中特别是《约伯书》，在这方面可能使我大开眼界，可惜那时候我对此不够熟悉。当时我正在接受坚信礼，但没有听到过类似的教导。当然也提到过敬畏上帝，但这却被认为是过时的，是"犹太人的"，而且很久以前就被上帝之爱与仁慈的基督福音取代了。

我童年时种种体验的象征性及那种形象的狂暴使我万分沮丧。我自问："谁那样说话？谁这样不知羞耻地赤裸地展示阳具，谁使我认为上帝就是以这种令人讨厌的方式摧毁教堂的？"最后，我又自问，这是否就是魔鬼所为。一定是上帝或魔鬼这样说和这样做的，对此我深信不疑。我敢肯定的是，虚构出这种思想和形象的绝不会是我。

这些，便是我生活中至关重要的体验。它使我恍然大悟：我必须承担责任，我的命运完全取决于自己。遇到问题后，我必须亲自寻找这个问题的答案。可谁把这问题强加到我头上呢？谁也无法给我答案。我知道，必须从内

二 中学时代

心最深处寻找答案，我知道上帝面前只有我一个人，并且这些可怕的事情上帝只问了我一个人。

从一开始，我便有一种宿命感，我的生命似乎是命运赋予我的并必须接受。这使我内心有一种安全感，尽管我无法证实它，但它却向我证实了它自己。我没有拥有这种肯定性，它却拥有了我。谁也不能夺走我的这种信念：我所做的事是上帝要我去做的，而不是我自己要去做的。这给予了我力量，使我敢于自行其是。我常常有这种感觉，在一切具有决定性的事情上，我不再是芸芸众生中普通的个人，而是与上帝站在一起。而当我处身"彼处"，不再是孤独一人时，我便处身在时间之外，我跨越好几个世纪，而彼时做出回答的那个人在我出生之前就已存在且一直存在。他永远存在，一直就在那里。与"另一个人"的这些谈话是我最为意味深长的体验，一方面是流血的争斗，另一方面则是欣喜若狂。

我无法与任何人谈论这些事情。除了我母亲，我不知道还有谁可以交流。她似乎也和我一样，沿着相似的思维方式去思考。但我很快注意到，在交谈中，她不是我的对手。尽管她对我持以仰慕的态度，但是这对我却不是好事。于是，我便把这些思想埋在心里，独自思考。总的说来，我更喜欢这样——独自游戏，做白日梦或独自在树林里漫步，拥有属于自己的秘密世界。

我母亲是个仁慈善良的人。她有一种发自内心的天使般的温暖，饭菜做得美味极了，对人十分友好，天性乐观。她长得高大壮实，热心倾听别人说话。她也喜欢聊天，话匣子一旦打开便滔滔不绝。她很有艺术天赋，情趣高雅，富有内涵。但是这种天赋却从未有施展的机会，而是一直深藏在一个仁慈、肥胖的老妇人身体里。她很好客，又很有幽默感。她有一个人所必须具有的所有传统观念，但她的个性有时会在无意之中流露出来，变成一个城府极深、满脸威严的人，拥有让人无法抵抗的权威性，做事果断。我确信她拥有两种人格，第一种人格没有恶意并富有人性，神秘诡谲。第二种人格只是不时有所显现，但每次显现都让人大吃一惊，使人害怕。那时，她便会自言自语，但说的话都针对我并直中要害，使我在吃惊之余，闭嘴不语，一声不响。

第一次出现这种情形，大约是我6岁的时候。那时候，我们的邻居很富有。他们有三个孩子，最大的一个跟我年纪相仿，另外两个是他妹妹。他们是城里人，衣着打扮的方式使我觉得古怪可笑，特别是周末的装扮：脚穿锃亮的皮鞋，衣服上有白色褶边，手戴白手套，甚至还涂脂抹粉，头发梳得油光水亮。他们喜欢摆出自以为是的架势，看到我穿着皱巴巴的裤子，脚上穿破了几个洞的鞋子，双手肮脏并粗鲁倔强，总是躲得远远的。母亲进行比较后，教训我："你瞧那些漂亮的孩子，多么有教养，彬彬有礼。看看你，真像个小傻瓜。"这使我感到受到了侮辱，于是便决定痛打那个男孩一顿。我确实这样做了。他的妈妈气坏了，赶到我家大吵大闹了一场。我母亲吓坏了，声泪俱下地教训了我一顿，时间之长和感情之激动是我以前所没见过的。我始终没有意识到自己犯了什么错，反而感到很高兴，在我看来，这些陌生人在村里造成了不和谐的局面，而我以某种方式进行了补救。被母亲的激动震慑住，我只好戴着负罪感退到家里那架古旧的钢琴后面，坐在桌子旁，开始玩那些砖头瓦块。很长一段时间，房间里一片寂静。母亲像往常那样，坐到靠窗的座位上打起毛线。然后我便听到她低声的自言自语，从偶尔听到的几句话里，我听出她还在想这件事，只不过现在是另一种想法了。突然她大声说道："当然了，一个人绝不应该生那么一大堆狗崽子！"我很快意识到，她是在说那几个被我教训的"狗崽子"。她最疼爱的兄弟是个猎人，他养了很多狗，张口闭口都不离养狗、杂种狗、纯种狗、狗崽子之类的话。我终于松了一口气，我知道她也认为这几个讨厌的小孩是些劣种小狗，她责骂我只不过是做做样子。但当时我也明白必须保持冷静而不应扬扬自得地表露出来："您明白，我们的想法一样！"这样的话，她会生气地批驳："你这个令人讨厌的孩子，怎么敢自称明白母亲的心思呢！"通过这件事，我得到一个结论：我一定有过更早的、类似的体验，只不过我记不起来了。

之所以讲这个故事，是因为在我对宗教越来越怀疑的时候，发生了另一件事，证明我的母亲具有双重人格。一天，我们围在桌子旁边聊天，话题转到了某些赞美诗曲调的单调沉闷上，也提到了修订赞美诗的可能性。说到这里，我母亲自言自语道："啊，您，我心中的至爱，可诅咒的至福。"跟过去一样，我装作没有听见，小心翼翼地避免自己高兴得叫起来，不过我还是感到了自己的胜利。

母亲的两种人格之间有着巨大的差异。这就是为什么我在孩提时代常做的有关她的梦都充满忧愁。白天，她是一位可爱的母亲，晚上，她便显得不可思议。然后，她便像预言家，这种人同时又是一种奇怪的动物，像是熊穴里的女祭司，富有古风而又冷酷，像真理和大自然那样无情。在这种时刻，她就是我称为"自然精神"的代表。

我也有这种崇古的天性，与我的天赋联系在一起，即把人和万物按其

二 中学时代

本性来看待的天赋。当然这并不都是愉快的。当不想承认知道某一件事，心底里却十分清楚实际上是怎么回事时，我便乐于被人欺骗。在这种情况下，我就像是一只狗——你可以欺骗它，但它最后总能靠嗅觉找到藏起来的东西。这种"洞察力"出于本能，或者是建立在与其他人进行"神秘分享"的基础上。这犹如在一种没有人参与的感知行为中，有一只"背后的眼睛"在注视着。

这种事情我也是后来很晚的时候才意识到。当时，我的身上发生了一些十分奇怪的事情。比如，我有时会详细地叙述某个人的生活故事，但我并不认识这个人。这事发生在我妻子一个朋友的婚礼上，对新娘及其家人我一无所知。在婚宴上，我坐在一个长着长长胡须的中年绅士对面，有人介绍说他是一位律师。我们热烈地谈起犯罪心理学的问题。他提出一个很专业的问题，为了回答他，我编造了一个故事，还添加了各种各样的细节。正讲着这个故事的时候，我注意到这个人的表情十分古怪，接着我们全桌人便全都不说话了。我感到十分尴尬，也止住不说了。终于，我们开始吃饭后水果了，我便赶忙站起来走进休息室，在角落处坐下来，点起一支雪茄，把刚才的情景从头想了一遍。这时，跟我同桌的一个客人走过来，满脸责备地说道："您怎么这么不小心，竟犯了这样大错误？""不小心？""就是您讲的那个故事。""但这个故事全是我瞎编的啊！"

使我感到惊愕和恐惧的是，我所编的正是坐在我对面的那个人的故事，连所有细节都丝毫不差。就在那时，我发现自己却连这个故事的一个细节都记不起来了，直到现在，我也未能把它回想出来。在《自我启示》里，佐克描述了类似的一件事：有一次，在一个小旅店里，他遇到一个素不相识的年轻人，说对方是个贼，而这人确实是贼，因为他内心里的眼睛，看到了贼偷窃的全过程。

在我的生活中，常常会发生这样的事，我能突然知道一件自己毫不知情的事。这种知识仿佛像我自己的观念，很自然地出现在我的脑海。我母亲也有这种经历。她自己在说着话，但自己却并不知道；就像绝对权威的声音，而其所说的恰好符合当时的情境。

我母亲常常认为，我的智力远远超出了我的年龄，因此她像对待大人一样跟我说话。所有她不愿意跟父亲说的事，都会跟我说，她简直把我当作她的密友，把她自己遇到的麻烦事原原本本地告诉我。在我大约11岁时，她透露了与我父亲有关的事，我十分吃惊。我最后终于决定，必须找父亲的某个朋友商量一下。这个人我从其他人那里听说过,是个很有影响力的人。我没跟母亲打招呼,在一天下午放学后就进城去拜访这个人。给我开门的女仆说他不在家。我失望而沮丧,只好转身回家。但也许是天意,他没有在家。不久,母亲又提起这件事,与上次截然不同,这次她描绘的是很温和的情境,整个事情所引起的烦恼都烟消云散了。对此我深有感触,不禁想道:"你竟会相信这件事,真是大傻瓜,由于你愚蠢地信以为真,差点出事。"从那时起,我便对母亲说的话一分为二地看待。这严重影响了我对她的信任,而这也是我不把自己内心深处的秘密告诉她的缘故。

后来又有类似情形出现,她的第二人格便钻了出来,她在这种情形下说的一切很真实,真实得令我颤抖。要是我母亲能一直处在此状态,那我就可以有个妙不可言的交谈对象。

父亲的情形却很不同。我本来很愿意把宗教上的麻烦事告诉他以征求他的意见,但我却没有那样做。因为我事前就知道他会出于对本职的敬重而不得不做出的冠冕堂皇的回答。我对此所做的假设的正确性不久便得到了证实。父亲亲自对我进行坚信礼的教导,这使我感到十分厌烦。一天,我随意翻看教义问答,希望找到不是那么枯燥难懂的对耶稣的阐述。我偶然翻到了有关三位一体的一段。其中的某些东西引起了我的兴趣:一体性同时又是三位性?这个问题吸引了我,它有着内在的矛盾性。我迫切地希望和父亲讨论这个问题。但父亲却说:"我们现在翻到三位一体处了,不过我们跳过去算了,因为我自己对此不完全了解。"我一方面敬佩父亲的诚实,另一方面却感到很失望,自言自语道:"问题就摆在这里了,他对此一无所知,又不愿意思考。我怎么能跟他谈论我的秘密呢?"

我试着在几个我认为有思想的同学中尝试,也是劳而无功。我得不到任何的回应,而且还起了反作用,我只好疏远麻木不仁的人。

尽管很厌烦,我却尽最大努力不加理解就相信了,这正是父亲想要的态度,我为自己做好了领圣餐的准备,这是我最终的希望。我觉得这只是一种纪念性聚餐,对耶稣的周年性纪念活动而已。耶稣是在1890-30=1860年前去世的。他留下了某些有隐喻含义的话,如"拿来吃吧,这就是我的身体"。就是说,我们吃的圣餐面包,就是他的身体,说到底就是他的肉。同样,我们喝的葡萄酒是他的血。这对我来说再明显不过了:通过这种方式,把他融进我们的身体里。这在我看来荒谬得难以置信,我肯定,在这种行为的背后,一定存在着某种巨大的秘密,而我乐于在领圣餐时参与到这一秘密中。

二　中学时代

而父亲对圣餐似乎评价极高。

按照惯例,教会委员会的一个成员会做我的教父。他是一个友善而沉默寡言的老人,是制造车轮的工匠。我经常在车轮铺里看他操作车床和手斧,手艺很高超。现在,他穿着大衣、戴着高帽子一脸严肃,他把我带到教堂,而父亲穿着我所熟悉的教袍,站在祭坛后面,念诵《公祷文》的祈祷词。祭坛上铺着雪白的布,几个大碟子里面放满小片的面包。看得出来,这面包是我们那位面包师弄来的,他所烘制的面包淡而无味。酒从大白锡酒壶倒进白锡杯里。父亲吃了一片面包,喝了一口酒——我知道这酒是从酒店买来的——然后便把酒杯递给其中一个老人。所有人都站得笔直,神情严肃,但我却没觉得有什么意思。我好奇地继续看着,也看不出猜不透这几个老人身上的不同寻常之处。气氛像在教堂举行的所有其他仪式一样,如洗礼、葬仪,等等。这里所举行的仪式合乎传统且正确。父亲只关注按照规定执行这一仪式,而他加重语气念出和说出的合宜的话也同样属于规定的一部分。这次仪式对于耶稣死去1860年一事却不置一词,而在其他纪念性宗教仪式中,耶稣去世的日期却要着重点明。我看不出有什么伤心或快活之处,与其他纪念和庆祝相比,这次圣餐的每一方面都贫乏无味,与世俗的宴会无法比。

突然,轮到我了。我把面包吃下去,正像所预料的,淡而无味。至于那酒,我只喝了一小口,既淡又酸,显然不是好酒。接着是最后的祈祷,仪式结束后人们鱼贯而出,既没有神色沉痛,也没有红光满面,而是一脸"不过如此"的神色。

我跟父亲步行回家时,意识到我正戴着黑色新呢帽,穿着黑色新礼服,这件衣服已经变成我的大衣了。这是某种加长的夹克,在臀部分开成小小的两翼,两翼中间是一个口袋的开口,我可以在口袋塞一条手绢,这意味着我已长大成人,男子气概十足。我觉得自己的社会地位提高了,能够进入男人的社交圈了。那天是星期天,当天晚餐也比往常更丰盛。我整天穿着这件新衣游逛。但在其他方面,我却感到空空如也,有种说不出的感觉。

在随后几天中,我逐渐醒悟,其实什么事也没有发生。我已经到达宗教点拨的顶点,本来希望有事发生,我不知道是什么事,结果却什么也没有发生。那非同小可的事情,上帝不会给我启示,比如说大火或超出尘世的光明之类的事情;但这次的仪式却丝毫见不到上帝的形迹,至少对我而言是这样。当然肯定谈到过他,只不过停留在口头上而已。我在其他人那里,看不出有什么极大的绝望、难以抑制的激动和天恩的大量赐予等相关的东西。

而我认为这一切正是上帝的本质。我体会不到丝毫所谓的"内心交流""结合""与……融为一体"的迹象。与谁？耶稣吗？他不过是在1860年前就已经去世的人而已。为什么要与他融为一体？人们称他为"上帝之子"，他只是半神，跟希腊神话里的英雄一样：普通人怎么能与他融为一体呢？这就叫作"基督教"，但它与我所体验过的上帝没有任何关系。另一方面，耶稣这个人确实与上帝有关系，他在客西马尼以及十字架上也曾感到过绝望，虽然他一向教导人们上帝是个仁慈可爱的父亲。那时，他一定看到了上帝的可怕。我可以理解。但是，用淡而无味的面包和酸牙的葡萄酒来进行这种可恶的纪念性仪式，目的何在？慢慢地我意识到，这种交流对我来说是毁灭性的体验。它证明了空洞的、完全的失败。我再也不可能参加这种仪式了。我想，"这根本不是宗教，这里没有上帝，我不应该去教堂，那里没有生命，只有死亡"。

我对父亲产生了一种强烈的怜悯感。瞬间，我明白了他的职业和生活的悲剧性。他为之奋斗的，是事实上存在而他却无法承认的死亡。他和我之间出现一个巨大的鸿沟，并且我看不出有架起沟通之桥的可能。可爱的父亲慷慨无比，在许多事上让我自主，从不强迫我；这一回，我也不能把他推入这种绝望和渎圣罪之中，只有得到上天的恩宠的人才能有这样的感悟。只有上帝才能这样做，我没有这样的权力。那是不人道的，而上帝就是不人道的，这便是他的伟大所在，人世的事妨碍不了他。他是仁慈的，也是可怕的，这是一种潜在的危险，而每一个人都竭力躲避这种危险。人们只是依恋他的爱和仁慈，而因为恐惧，注定会成为诱惑者和毁灭者的牺牲品。耶稣也注意到了这个问题，因此他说："主啊，指引我们，使我们避免诱惑吧。"

我与我所知的教会，与这个人类世界结合成一体的感觉被彻底粉碎。我遭遇到了一生中最大的失败。我所设想的与这个世界联系的唯一有意义的宗教观解体了，我不可能再享受这普遍的信仰的欢乐了，突然觉得自己卷入了某种无法言喻的境遇之中，卷入我那些秘密之中，而这种情形无法与任何人分享。这很可怕，也很糟糕，很卑劣，很可笑，或许这也是魔鬼对我的愚弄。

我陷入深思：一个人应该怎样看待上帝？关于上帝及大教堂的想象并不是我发明的，在我3岁时所做的那个梦就更是如此。一个比我的意志更强大的意志把这两者强加给我。该让自然来承担这个责任吗？自然不过是造物主的意志而已。把责任归于魔鬼也没有用，因为它也是上帝创造的。只有上帝才是实在的，他消除了地狱之火，也赐予了不可言说的天恩。

糟糕的圣餐仪式对我产生了什么影响？那是我个人的失败吗？我为此

做了极为认真的准备,希望能体验到天恩,可是却什么也没发生。上帝并没有到场。因为上帝,我突然发现自己已与教会隔离开了,甚至与父亲及其他任何的信仰都隔断了。只要他们所有人仍代表着基督教,我就永远是个局外人。意识到这点,我很伤心,我上大学前的那些年月都因此笼罩上了一层阴影。

Ⅲ

我开始将精力转向父亲的图书室,我对这个图书室印象深刻,虽然藏书有限,我还是找到了有关上帝知识的图书。开始,我只找到了些论述传统观念的图书,但这不是我要的,我要找的是思想独立作家的书。最后,我无意中找到了比德曼的《基督教教义》,1869年出版。这是一个独立思考的人,提出了自己的观点。我从他那里明白,宗教是"一种精神信仰的行为,这种行为存在于人所建立的与上帝的关系之中"。不过,我不同意这种看法,我认为宗教是上帝作用于我身上的某种力量,这是一种上帝的行为,上帝是强者,我只能屈服。我的"宗教"不承认人与上帝有任何关系,有谁能与上帝那样的、超出人们认知范围的事物产生关系呢?我必须更多地了解上帝,好与他建立一种关系。在比德曼的书中,"上帝的性质"一章里,我发现,上帝表现出一种人格,"可以按照类似于人的自我来加以理解,包含整个宇宙的,是独一无二的、完全超尘绝俗的自我"。就我所知的《圣经》,这一定义似乎合适。上帝具有一种相当于宇宙自我的人格,就像我是自己的心灵和肉体存在的自我一样。但在这个问题上,我遇到了一个巨大的障碍。人格意味着个性。个性并非模棱两可,而是包含着特有的属性。如果上帝是全能的,他怎么会具有一种可以分辨得出的个性?另外,如果他的确有一种个性,那也只能是主观的、有限的世界的自我而已。他能有何种个性或人格呢?一切均取决于此,因为除非有人知道答案,否则便无法与上帝建立联系。

我心里有一种特别强烈的抵制感,抵制以我的自我为标准来想象上帝。这实属狂妄至极,简直是直接渎犯上帝。我的自我在任何情况下都难以把握。首先,它具有两个互相矛盾的方面,即第一人格和第二人格。其次,这两个方面中的自我都极为有限,并受制于自我欺骗、错误、情绪、情感、冲动和罪恶等各种可能性。其所遇到的失败要多于成功,它幼稚、爱慕虚荣、自私自利、狂妄自大、贪婪、需要爱、不公正、敏感、懒惰、不负责等等。最令我失望的是，它缺少我羡慕和妒忌的别人身上有的美德和才华。我们怎么可能据之以设想上帝的特征呢？

我急切地查找有关上帝特征的描述，结果发现了一些，根据我从坚信礼中获得的知识来看，我也很熟悉这种方式。第一百七十二条写道："上帝的超尘绝俗性最直接的表达是：（1）否定性的，没人见过他；（2）肯定性的，他居于天堂。"简直是灾难，因为我脑海中立刻出现渎圣的想象，这种想象是上帝直接或间接地（通过魔鬼）强加给我的。

第一百八十三条告诉我，"上帝的超世绝俗性相对于道德世界"在于他的"公正"，这种"公正"不只是具有"明断性"，而且还是"其神圣存在的表现"。我本来希望，这一段能谈到给我带来麻烦的上帝的阴暗面：他的报复性、他那给人带来灾难的愤怒、作为全知全能的造物主的不可理解的行为；他全知全能，也一定深知其造物的种种缺陷，但他却把他们引入歧途，至少是考验他们，尽管他早已知道考验的结果。上帝的个性到底是怎样的？我们该怎样评价有这种行为的人呢？我实在不敢深究。后来我又读到，尽管"上帝本身已自足，本身之外一无所求"，但他还是"出于自我满足"而创造了这个世界，并且"作为自然界，他已用自己的仁慈充实，作为道德世界，他则希望以自己之爱充实"。

最初，我很难理解"满意"这个词。对什么满意或是对谁满意？显然，是对这个世界，因为他看了自己的杰作并认为很好。但这正好是我无法理解的。毫无疑问，世界无限美好，但同时又令人感到恐怖。在乡下的小村子里，人口很少，也没有多少事，人们对"年老、疾病和死亡"体验得更深刻，在细节上更具体、更明显。我尽管还不到16岁，但已看到了许多人和动物的生命的现实，而在教堂和学校里，我也听到了很多有关这个世界的苦难和腐败的事。上帝最多只能对天堂感到"满意"，同时为使天堂不沉浸在荣耀与欢乐中，他便处心积虑地安放毒蛇，即魔鬼。他对此也感到满意吗？肯定是的，不过比德曼并没有表达这样的意思，而只是以宗教教导所特有的泛谈的方式喋喋不休地说个没完，甚至觉察不出自己写的全是废话。正如我所见，假定上帝刻意创造一个充满矛盾的世界，一个一种生物吞噬另一种生物、一个有生就必有死的世界，并不是完全没有道理，然而在人和飞禽走兽的痛苦中，他感受不到任何满意。在我看来，"奇妙的协调"或自然法则更像是通过可怕的力量被制服的混乱，而沿着早已确定的轨道运行的"永恒的"星空则更像各种天体没有轨道或无意义的、乱飞乱撞的无序现象。因为没有人真的能看见人们所谈到的各种星座,它们只是些武断的想象而已。

对于上帝的仁慈充满整个自然界的说法,我既不理解也不怎么怀疑。这显然是这些观点中的一个,只许相信而不许以理性揣测。如果上帝是至善的,他所创造的世界为什么如此不完美、如此堕落、如此可怜呢?"它显然是受了魔鬼的感染而混乱了。"但是魔鬼也是上帝创造的啊!我大量涉猎有关魔鬼的书,他看起来还是极为重要的。我再次翻开比德曼《基督教教义》一书,迫切地想找到答案。为什么要忍受痛苦、不完美和邪恶?结果没有找到。

这太糟糕了。这本沉重的有关教义的巨著,不过是些想象的胡话,更可气的是,这是一个骗局或者说是一种愚蠢,不过是为了掩盖真理罢了。我感到希望幻灭,感到愤慨,并再次对父亲产生怜悯,这让我觉得痛苦,因为他已成了这种邪教的牺牲品。

但在某个地方某个时候,一定还有像我一样寻求真理的人,他们理性地思考,不自欺欺人地接受这个世界的现实使人痛苦的看法。大约就在这时候,我母亲,或者说她的第二人格,突然说道:"你应该读读歌德的《浮士德》。"我们家正好有歌德诗集,我于是把《浮士德》找出来。它像一缕奇香沁入我的肺腑。我想:"这里,终于有某个人,严肃地对待魔鬼,甚至还与他订下可怕的契约,他与敌人订下契约,使其具有挫败上帝计划的能力,并使世界臻于完美。"浮士德的行为让我懊悔,他不应该那么武断,那么易于上当。他应该更聪明、更有道德。他毫不在乎地拿自己的灵魂打赌。多么幼稚啊!浮士德有点儿空谈。该剧的重点和意义主要在于靡菲斯特。要是浮士德的灵魂果真进了地狱,我也不会难过。他是罪有应得!我不喜欢"魔鬼受骗"的结尾,因为说到底,靡菲斯特是个了不起的而非愚蠢的魔鬼,却被傻里傻气的小天使所骗,显得不合逻辑。靡菲斯特被骗的意义不同:他没有得到他曾被承诺的权力,因为浮士德把他的骗局一直进行到来世。不可否认,到了那时,他那幼稚便显露出来。他没有资格享受洞悉那伟大的神秘的指引。我倒是愿意让他尝一尝炼狱之火的滋味。靡菲斯特的形象给我留下了深刻的印象;此外,我模糊地觉得,他还与各种原始神秘有联系。不管怎样,靡菲斯特及结尾处上帝的指引,一直是接近我意识世界边缘的奇妙而神秘的体验。

最后,我终于证实,曾经或一直有这样的人,他们理解邪恶具有的无穷威力,更为重要的是,他在使人从黑暗和苦难中解脱出来时,所起到的神秘作用。歌德便因此成了我心目中的一个预言者。但是我却无法原谅他通过单纯的诡计、小小的欺骗，便把靡菲斯特打发掉。这太神学气，太轻率，也太不负责，歌德竟也堕落到使用这种狡猾的手段使邪恶变得无害，这让我深感遗憾。

　　从某种方面来说，浮士德算是个哲学家，尽管他厌恶哲学，但他还是在一定程度上接受了真理。实际上直到现在，我还没搞懂哲学，于是，一个新的念头萌发了。也许对这些问题一直冥思苦想的哲学家，能给我启示。

　　我父亲的图书室里没有什么哲学家的著作，他们因为思考而成了可疑的人，我只好看克鲁格的《哲学科学通用词典》，一本1832年的再版书。我埋头钻研有关上帝的条目。使我不满的是它对"上帝"（God）的词源解释，它说这个词"不可争辩地"源自"善"（good），意指"最高的存在"（enssummum）或"完美"（perfectissimum）。上帝的存在无法证明，上帝观念的固有性也无法证明。然而后者对于人却是先验地存在，如果实体性上没有任何潜在的存在。在任何一种情况里，我们的"智力"一定"在它有能力形成如此崇高的观念前，就已发展到某种程度"。

　　这种解释实在使我震惊。这些"哲学家们"出了什么问题？显然，他们对上帝的了解仅限于道听途说而已。然而，神学家们却不同，他们至少确信上帝存在，尽管他们的表述自相矛盾。词典编辑者克鲁格表述自己的观点时偏见太多，使人很容易看出他喜欢断言，承认自己相信上帝的存在。他为什么要装出这个样子，仿佛他认为，是我们人"生发出"了上帝的观念，而要这样做首先就得达到某一发展水平。据我所知，赤身裸体地在原始森林里四处游荡的野蛮人也有这种观念。他们当然不是"哲人"，也不会坐下来"生发出上帝的观念"。我也从未生发出过有关上帝的观念。当然，上帝无法被证明，就像蚀衣蛾吃的是奥地利产的羊毛，但它怎么向别的蛾子证明奥地利是存在的？上帝的存在不取决于我们的证明。我怎么能确定上帝的存在？人们告诉我有关他的事情，但没有一件事能说服我。我的观念并不是从那里来的。实际上，它根本不是什么观念——就是说，不是经过思考得出来的。它并不像是某种事情，能经过思考得到确认，然后相信。比如说，我向来怀疑有关耶稣的一切，并从未真正相信，尽管这给我的印象远比上帝的更为深刻，因为上帝往往只是隐隐约约的暗示。为何我就把上帝作为理所当然的？为什么这些哲学家说，上帝只是一种观念，是一种他们随意的假设呢？而实际上上帝的存在很容易理解，就像砖头掉到你头上你会痛。

二 中学时代

我突然间明白，上帝是最为可靠和最为直接的体验之一，至少对于我是这样。我并没有捏造与大教堂有关的令人毛骨悚然的形象。相反，它是强加在我身上的，而我便不得不以最恶毒的方式来思考它。后来，我获得了无法表达的天恩。这些事情我根本支配不了。我由此得出结论：这些哲学家一定是出了问题，因为他们竟有上帝是一种假定、可以讨论的古怪看法。他们对上帝的可怕行为却既没有看法又不做解释。这些是值得哲学家们特别注意和考虑的，因为它们构成了一个神学家们难以解决的问题。使我失望的是，哲学家们甚至连听也没听说过这些问题。

因此，我便将兴趣转向了另一个题目，即关于魔鬼的词条。要是我们认为魔鬼一开始就是邪恶的，我们便会陷入自相矛盾之中，换言之，我们便会陷入二元论里。因此，最好假定魔鬼最初被创造出来的时候是善良的，由于自大才堕落了。然而，正如这一条目所指出的，我很高兴作者指明这一点，这一假设预先假定有一个需要解释的邪恶，即自大。作者继续说道，邪恶的起源"无法解释也无法说明"。这便意味着：和神学家们一样，他并不想思考这一问题。有关魔鬼及其本源的词条，同样无法给人启示。

这些叙述是我一系列思想和观念的发展变化的总结，这种情形延续好几年，有时候会有较长时间的中断。它们属于私人性，只在我的第二人格发生。我未经父亲的许可，偷偷利用他的图书室来研究探索这些问题。我的第一人格总会公开阅读格斯塔克的各种小说，还有译成德语的英国经典小说。这时我也开始阅读德国的文学作品，主要是经典作品。在学校里，老师会对这些作品明显易懂之处加以解说，不过这却并没有使我失去兴趣。我的阅读范围很广，也没有明确目的，对戏剧、诗歌、历史都有涉猎，自然科学的著作也读。读书不但有趣，也是一种良好而有益的娱乐和消遣，并使我得以从第二人格的先入之见中解脱出来，因为第二人格使我深陷悲观沮丧之中。在探索宗教问题的道路中，不论在哪里，都是大门深锁，使我吃尽了闭门羹，碰巧有某道门打开了，进去后又令我感到失望。别人似乎与我的兴趣完全不同。在自己肯定无误的方面，我却感到孤立无助。我比以往更想与人交谈，却找不到任何共同话题；相反，我在别人身上觉察到了某种疏远感，某种不信任感，甚至是提心吊胆，我只好欲言又止。这种情形，也很使我感到压抑。对此我不知如何是好。为什么没有人有与我相似的体验呢？我百思不得其解，为何学校的教科书对此只字不提？只有我有这种体验吗？我不认为自己疯了，因为我觉得，上帝的光明和黑暗都是可以理解的，尽管这两个方面使我的感情受到压抑，但情况就是如此。

我觉得自己成了孤家寡人，被迫成为有威胁的存在，这便意味着被孤立，让我很不愉快，而我比以往更不公平地成了替罪羊。学校里发生的一件事，更增加了我的孤独感。我的德文成绩平平，因为我对教学内容，特别德语语法和句法一点儿也不感兴趣。我对此既懒得学又感到厌烦。作文题目对我而言浅薄又愚蠢，于是我的作文不是东拉西扯，就是胡编乱造。我的成绩勉强维持在中等上，而这对我却很有好处，因为它合乎我不想引人注目的风格。总的说来，我同情贫困家庭的同学，因为他们也像我一样。出身平凡的我喜欢不太聪明的同学，但同时又厌烦他们的愚蠢无知。原因就在于他们身上有某种我深深渴求的东西：他们很淳朴，他们看不出我身上有什么不同寻常之处。我的"不同寻常"慢慢赋予我一种令人感到不愉快的、可怕的感觉：我想自己一定拥有排他性的气质，虽然我对此毫无意识，却使老师和同学们疏远了我。

后来发生的一件事让我如遭雷击。老师布置了一个作文题目，这是唯一一次，让我感兴趣的题目。因此，我干劲十足地开始写起来，终于完成我精心写作并自认为很成功的作文。我本希望这篇文章至少能得90多分，当然不能是100分，因为那样太显眼，而接近100分的分数最合适。

那位老师喜欢评点作文。他评点的第一篇是全班成绩最好的那个男生写的。这很自然。接下来是其他人的作文。我期待他提到我的名字，可是却白等一场，我的名字没被提到。"这不可能，"我想，"我的那篇竟差到比不上他提到的那几篇很差吗？这是怎么回事？"我"不宜参加竞赛"吗？而这便意味着被孤立，并以极为可怕的方式引人注意。

当所有作文都评点完后，老师停了一下，然后说道："现在，我还有一篇作文，是荣格写的。它是写得最好的，本应打100分。但不幸的是，这却不是他写的。你是从哪里抄来的？给我坦白！"

这番话让我既感震惊又生气，我猛地站起来，大声回答："我不是抄来的！我费了好大劲才写成了这篇作文。"但老师却对我大声嚷道："你撒谎！你绝对不可能写出这样的作文。谁也不会相信的。好了，你到底是从哪里抄来的？"

我发誓证明自己的清白，但是没有用。老师坚持他的看法还吓唬我说："我告诉你：要是我查出了你是从哪儿抄来的，你会被开除。"说完，他转身走了。同学们向我投来怀疑的目光。我可怕地意识到，他们正在心里说："原

二　中学时代

来是这么一回事。"无人理睬我的抗议。

从那时起我感到自己被打上了犯罪的印记，而原本可能使我摆脱与众不同的道路也全被堵死了。受此侮辱，我深感沮丧，发誓一定要报复这位老师，如果真有机会，我真的会强力地报复。可是，我如何证实这篇作文不是抄来的？

一连好几天，我翻来覆去总在想着这件事，最后得到这样的结论，我对此无能为力，愚蠢而盲目的命运跟我开了个玩笑，给我烙上了说谎者和骗子的印记。我明白了很多自己以前不能理解的事，如当我父亲问到我在学校的表现时，一位老师说"他表现一般，但是很用功"是什么意思。他们认为我显得愚笨浅薄，这让我感到不快。但使我愤怒的是，他们竟然认为我会骗人，这等于在道德上判我死刑。

我的悲愤就要失控。这时，发生了一件事，这件事我曾注意到，在我自己身上发生过好几次：内心突然变得寂静，仿佛一道隔音门把一间吵闹的房间隔开了。好像一种冷漠而好奇的情绪突然落到我的身上，我自问道："这到底发生了什么？你太激动了。当然了，那老师是白痴，他不了解你的禀赋，也就是说，他并不像你那样了解自己。因此，他不值得信赖。你不信任自己和其他人，这就是为什么你总愿意与那些天真、淳朴和易于被人看透的人站在一起。一个人遇到无法理解的事物时，就会激动起来。"

按照这些客观平静的思想指引，我心里又袭来一系列类似的想法，在我并不愿意去思考那被禁止的观念时，它在我心中留下了深刻的印象。在那时，我仍然看不出第一人格和第二人格之间的差别，尽管我声称第二人格是我个人的世界，但内心深处，我总感觉，除了自己，还存在某种东西，仿佛由无数星星和无际空间组成的广袤世界在接近我，或者说仿佛一个灵魂以不为人所见的方式进入房间。一个死去很久的人的灵魂，人虽已死去，灵魂却不受时间限制永远存在，甚至能到遥远的将来。这类人往往笼罩在一圈精神（numen）的光环之下。

当然，那时的我不可能以这种方式表达自己，我也无意把现在的意识状况归因于当时并不存在的事情上。我只是想表达那时的感觉，并借助我现在掌握的知识来说明那个朦胧的世界。

刚才描述的那事过去几个月之后，同学便给我起了个绰号"亚伯拉罕老爹"。第一人格无法理解其原因，认为愚蠢而可笑。然而在内心深处，我却觉得这个绰号击中了要害。这一背景所做的一切暗示都让我痛苦，我看到的越多，对城市生活越熟悉，我的印象也就越强烈：凡是真实的东西都属于另一类事物，不同于伴随我成长的那个世界的景象，不同于乡下那些河流、树林、人和动物。它们沐浴在阳光下，微风吹，云彩飘，黑夜降临会发生某些事。其不只是地图上的一个地名，而是属于"上帝的世界"，是由上帝安排并使之充满秘密的地方。人们并不懂得这一点，甚至连各种动物也失去了感知它的能力。在母牛那悲伤的、失神的神情里，在马那逆来顺受的双眼里，在狗的忠诚及其对人类的极度依赖里，甚至在选择房屋及粮仓作为居处及狩猎场的猫那自信的步伐里，都可以看出来。人与动物一样无知无觉。他们低头看地或抬头看树，是为了看有什么可以利用和用来干什么，他们也像动物那样，群居、结对成双和争斗，但却看不出来他们居住在一个统一的宇宙里，生活在上帝的世界里，生活在一切已经孕育出来并终将死去的一种永恒里。

因为它们与我们类似，也像我们那样无知无觉，所以我热爱所有的热血动物；它们和我们一样有灵魂，而且与它们在一起，可能获得一种本能性的理解力。我们都体验过快乐与悲伤、爱与恨、饥与渴、恐惧与信任，所有这一切都是生命的本质特征，不同的只是语言、更敏锐的意识及科学。我虽然敬佩科学，但还是看出它会造成对"上帝的话"的疏远和背离，最终将人引向动物都不会有的堕落。动物可爱可亲，忠诚不变心，值得信赖。

昆虫并不是严格意义上的动物，而冷血的脊椎动物是低级动物向下通向昆虫的直接阶段。这一类别里的各种生物都可供观察和收集，是奇珍，不属于人类之列，它们的生命形式不同于人类，它们更接近于植物而不是人类。

"上帝的世界"在地面的表现形式始于植物王国，这是人类与上帝直接沟通的方式。这就犹如有人从上帝的肩膀上偷窥，而上帝却自以为没人，于是便做起玩具和各种装饰品。另一方面，人和严格意义上的各种动物，都是上帝身上的一部分，只不过独立出来了。这就是它们能够自由走动并选择自己居处的原因。植物无论什么情况都只能待在原地。它们不但表现美，还表现上帝的世界观，但其本身却没有意图也没有意愿。特别是树木，如此神秘并直接体现了生命的不可思议。因此，树林是最接近其最深含义的地方，也是最接近激发人的敬畏心理的作业现场。

当我逐渐熟悉哥特式大教堂后，这种印象进一步强化了。在这里，宇宙的无穷、有意义和没有意义的纷乱、非人格化的意图及机械法则的混乱，均被石头包裹起来。这存在着深不可测的神秘,也就是精神的体现。我朦胧地感到自己与石头有密切的关系,就在于它们的神性,在于生死之间的神秘。

正如我已说过的,在那时,我不能具体而系统地阐述自己的感觉和思想,因为它们都以第二人格的形式出现,而主动的和具有领悟力的自我却一直处于被动状态,并与千百年的那个"老人"融为一体。我以奇特的不假思考的方式体验到了他及其影响力,当他出现时,第一人格便会隐退到几乎感觉不到他的存在,而当自我慢慢回到第一人格的状态时,如果那老人没有被忘掉,便变成一个遥远而又并不真实的梦了。

16~19岁的这段时间,困扰我的迷雾消散了,消极的思想状态也有了好转,第一人格越来越清晰。学校和城市生活占据了我的所有时间,我所获得的更丰富的知识则逐渐融入或压制住了直觉的预感世界。我开始系统地探究起有意拟定的各种问题。我阅读了一本哲学简史,得以对曾经考虑过的一切有了宏观的了解。使我满意的是,历史上有许多人和我有着类似的直觉。最重要的是,我被毕达哥拉斯、赫拉克利特、恩培多克勒及柏拉图的思想吸引了,尽管他们的思想论述和苏格拉底的一样冗长,但他们的思想很美并富有学术气。不过像画廊里的各种图画,显得有点远。只在梅斯特埃克哈特的著作中,我才感到了一种生气。这并非说我都懂了。只是经院哲学家们给人的感觉都是冷冰冰的,而圣托马斯那种亚里士多德式的唯理智论则比沙漠还缺乏生气。我心里想:"他们全都想通过逻辑的手段强迫某种东西呈现出来,而这东西他们并没有真正懂得。他们想让自己证明这是一种信仰,然而实际上却仅仅是体验。"他们就像是那些听说过大象却从未见过的人,竭力想通过辩论来证明:根据逻辑推理,这样的动物一定存在,形体也像它们实际上的形体那样。出于明显的原因,最初18世纪的批判性哲学根本引不起我的兴趣。19世纪的哲学家中,黑格尔的语言盛气凌人又很晦涩,我只好敬而远之,我对他带有明显的不信任感。他像是把自己紧闭在词语的大厦中,即使被囚禁在自己的牢笼中还夸夸其谈。

但是我的探索最后有一个重大收获,它就是叔本华。叔本华是第一个提到这个世界的痛苦的人,这种痛苦就在我们周围,触目惊心,他还提到了混乱、情欲、邪恶,所有这一切其他人似乎从未注意过,并总是极力将其纳入那无所不包的协调统一之中。现在终于出现了一个人,他敢于承认,世界并非一切都向善。他既不谈造物主的智慧和仁慈天恩,也不提宇宙的协调和谐,而是明确指出,在人类充满悲伤的历史进程及自然进化的残酷无情里,潜伏着本质性的缺陷：创造世界的意志带有盲目性。这种情形不但被我早期对因病而慢慢死掉的鱼、狐狸以及冻僵或饿死的鸟儿的观察证实，掩埋在鲜花盛开的草地里的各种悲剧也证实了这一点：蚯蚓被蚂蚁折磨致死，昆虫互相把对方撕成碎片等。我与人打交道的经验也教我不能单纯相信人性本善且正直之类的事。我对自己了解得太清楚了，因而也更明白，实际上我正在逐渐地把自己和动物区分开来。

叔本华对世界阴暗面的描述我完全赞同，但是却不喜欢他的解决办法。我敢肯定，他使用"意志"这个词，也意指造物主上帝，认为上帝是盲目的。我从经验中知道，上帝并不会因为人对他不敬而生气。相反，他甚至还鼓励人这样做，因为他不仅乐于唤起人性中光明而积极的一面，还乐于唤起阴暗和邪恶的一面，因此，我对叔本华的观点并不苦恼。这只是一个为事实所证实了的定论。但他的另外一个理论却使我大失所望：理智只需面对那盲目的意志和形象以促使它改变。意志竟然是盲目的，那它怎么能看得见这一形象呢？即使它看得见，但形象既然能随心所欲丝毫不差地显现自己，那它为什么会被说服而改变自己呢？还有，理智是什么？它是人的灵魂的一种功能，不是一面完整的镜子，而只是镜子中微不足道的一小片，这跟一个小孩拿着一小片镜子对着太阳，希望用它把太阳照花眼一样。使我不解的是，叔本华对这个理由不充分的答案竟然感到满意。

这个困惑促使我更彻底地去研究叔本华，对他与康德的关系，印象也越来越深。于是我又开始研读这位哲学家的著作，特别是《纯粹理性批判》，这本书使我陷入深思。我的辛劳获得回报，我发现了叔本华哲学体系的根本性缺陷。他有一个致命性的过错，即把一个形而上学的主张人格化了，他还犯了个错误，即赋予一个单纯的本体，一种自在之物（Ding an sich）以各种特性。我从康德的知识论中认识到了这点，或许康德的理论比叔本华"悲观的"世界观对我的启发更大。

这种哲学意识上的发展从我17岁开始，一直延续到我就读于医学院之后。我自己的世界观和人生态度发生了革命性的改变。过去，我胆小羞怯，充满怀疑，苍白瘦弱，而且健康状况不太好；而现在，我却对所有的方面都产生了极大的求知欲，我知道自己需要什么并会去追求。我也不那么落落寡合，变得愿意与人交谈了。我发现，贫困不是障碍也不是痛苦的主要原因，有钱人的孩子并不比衣衫破旧的穷孩子更优越。一个人幸福与否有更深刻的原因，而不仅取决于他口袋里有多少钱。我结交了比以前还要多的更要好的朋友。脚下的土地更坚实了,我甚至还敢鼓起勇气在公众场合说出自己的观点。但我很快就发现,这容易造成误解,我自己也为此深感后悔。我不但遭到了别人的白眼和嘲讽,还遇到了怀有敌意的反驳。令我感到吃惊和难堪的是,自己被某些人看成是吹牛大王、装腔作势的家伙,是个骗子。以前那种指责我欺骗的说法再次出现,只不过这一回比较温和。这一次,依然是跟我感兴趣的作文有关。我认真写了作文,绞尽脑汁对文章修改润饰,结果却遭到重挫。"这是荣格的作文,"老师说道,"他的确写得文采飞扬,不过却是夸夸其谈,很容易就看出来,并没有认真严肃对待。荣格,我告诉你,不认真的态度在生活里行不通。生活需要严肃认真和自动自觉,需要勤奋用功。你看某某的作文,他虽然没有你的文采,但他诚实、认真,而且一看就是下了功夫的。这才是成功之路。"

这一回对我的打击不像第一回那样严重,不管怎么说,老师对我的文章印象还是很深的,并且没有指责我抄袭。我反驳了他的批评,但他却如此评论道:"《诗学》认为,最优秀的诗歌是不让人发现创作的辛劳。但你的作文却无法做到这点,因为一看就是轻率地写下的,没下功夫。"我知道,自己那文章还是有见地的,只是老师不赞同就是了。

这事让我感到难过,更为严重的是同学的怀疑,他们的威胁让我像从前那样被孤立了,我又像从前那样垂头丧气。我冥思苦想,极力想弄清楚自己干了什么事以致让他们污蔑我。经过仔细打听发现,他们之所以讨厌我,是因为我经常对自己可能也不懂的事情进行评论或推断。比如说,我假装懂得康德和叔本华甚至我们学校尚未开设的古生物学。这些发现让我震惊,实际上,所有热烈争论的问题都与日常生活毫无关系,它们如同我最隐蔽的秘密,是属于"上帝的世界"的;对此,我最好只字不提。

从此,我变得谨慎起来,不再和同学讨论深奥难懂的问题,也不再和成年人提及这些事,因为不管与谁交谈,都难免被认为是在吹牛,是个骗子。在所有的困扰中,最大的痛苦莫过于自己虽设法阻止但却无法克服内心的分裂,即我内心被分成两个世界。由于事情反复发生,我只好从日常生活中脱离出来,进入那无际的"上帝的世界"。

在某些人听来,"上帝的世界"这种说法,可能显得伤感,但对我不会。一切超人的事物都属于"上帝的世界",如耀眼的光线、黑暗的深渊、无穷的时空、冷漠与无动于衷、命运机遇的变幻、神秘古怪的世界等等。

IV

随着年龄增长,父母和其他人经常问我想成为什么样的人。对此我尚未有清晰的想法。广泛的兴趣把我引向了不同的方面。一方面,我被科学强烈吸引,因为其真理是建立在事实的基础上;另一方面,我又被宗教学有关的一切迷住。在自然科学方面,我主要对动物学、古生物学及地理学感兴趣;在人文科学方面则对希腊、罗马、埃及和史前考古感兴趣。当然,那时候我并未认识到,这种选择与我内心一分为二的特性多么符合。科学使我感兴趣的是具体的事实及其历史背景,而宗教学使我感兴趣的则是精神性问题,还涉及哲学。在科学里,我忽略意义的因素;而在宗教学里则忽视经验主义的因素。科学很大程度上满足了第一人格的需要,而关于人的或历史的研究则为第二人格提供了有益的直观经验。

我在这两个极端之间踌躇不定,好长时间都无法做出决定。我还注意到,舅舅——一位巴塞尔圣阿尔班教堂的牧师,正在轻轻地将我推向神学方向。他几个儿子都是神学院的学生。有一次,当他与他的一个儿子讨论一个宗教问题时,我正好坐在旁边,我那专心致志的样子引起了他的注意。我不知道是否有这样的神学学者,大学那令人目眩头晕的学问与他们有着密切的联系,他们的知识比我父亲还要丰富。他们的这类谈话绝对不会让我产生他们关心实际经验的印象,他们所关心的只是类似于我的体验的那种体验。他们所谈论的只限于《圣经》里叙说的教义性观点。那些观点使我感觉很不舒服,因为其中太多故事不过是仅能勉强令人相信的奇迹。

每个星期四,我都去大学预科的高中里听课,而且每次我都去舅舅家里吃午饭。我很感激他,因为不但午饭不错,而且还有难得的机会可以在吃饭时听到成年人间充满智慧和理性的谈话。这对我来说实在是一种极为奇妙的体验,因为在我周围,从未听到过任何有关这些问题的讨论。有时候我也想与父亲严肃地谈谈,但父亲总是不耐烦或者急忙躲闪,这令我不解。直到几年后,我才慢慢知道,我那可怜的父亲害怕思考,他正被自己内心的这种疑问困扰。他要逃避自我,因此便盲目地信守信仰。他实在无法接受恩赐,因为他要"通过斗争来赢得",要痛苦地费一番功夫才能得到。

舅舅和表兄们心平气和地讨论历代教皇的教规教义和现代神学研究的各种观点。他们似乎安全地置身于一种不言而喻的世界秩序里,在此期间,没有人提到尼采,而对雅各布伯克哈特也只是勉强地赞扬。伯克哈特是"自由派""一个激进的自由思想家",我因此猜想,在事物的永恒的秩序面前,他的立场有点歪斜了。我也知道,舅舅从不怀疑,我与神学相距遥远,而我也很遗憾,不能不让他失望。我从来不敢提问并与他讨论,因为我很清楚这会给自己带来多大的灾难。况且我也不知道如何替自己辩护。相反,第一人格却很快走到前头,尽管我的科学知识不丰富,却是个彻底的科学唯物主义者。历史艰难地证实着唯物主义,康德的《纯粹理性批判》也牵制着它,而我周围的人显然都无法理解《纯粹理性批判》。尽管我那神学家舅舅及表兄们提及康德都带着赞扬的口吻,但康德的原理只是他们用来使反对者名声扫地,而绝对不会用到自己一方的观点。对此,我不置可否。

因此,当我与舅舅一家吃饭时,便越来越感到不自在。由于我有习惯性的犯罪意识,因此星期四对我来说便成了不吉利的日子。在社会安定、精神舒适的世界里,我越来越感到不舒服,但同时我又贪婪地汲取那偶尔滴出的激励理智的点滴甘泉。我自觉不诚实与可耻,于是我便对自己承认说:"对呀,你是个骗子;你说谎,你骗对你心存善意的人。这些人生活在一个现实的社会里,一个确实存在理智的世界里,他们根本不懂什么是贫困,宗教只是他们的工作,他们完全没有意识到,上帝可以把一个人揪出来,脱离秩序井然的精神世界,并使他遭人唾骂。这一切并不是他们过错。我无法向他们解释,只能自己背上黑锅并学会忍受。"不幸的是,直到目前,我的这种努力仍没有得到结果。

随着内心道德冲突紧张程度的增加,我越来越怀疑和讨厌第二人格,而我也不再为自己掩饰这一事实。我试图消除第二人格,未能成功。在学校里,在朋友面前,我可以忘记他,在我学习科学时它也会消失不见。只是一旦只有我自己一个人,在家里或去乡下时,叔本华和康德便会突然返回我的头脑中,同时回来的还有威严壮丽的"上帝的世界"。我的科学知识也成为它的一个部分,使得整块画布都布满了生气勃勃的各种色彩与人物。这时,第一人格及其有关选择职业的忧虑便消失不见;这是我19世纪90年代生活中的一个小小的插曲。但当我从过去许多世纪的正途返回到现实中时,随之而来的是一种不适感。我,或者说第一人格,生活在此时此地,迟早都必须对他希望从事的职业形成确切的想法。

有好几次,父亲与我进行了一场严肃的交谈。他说,我有学习自己喜欢的东西的自由,但如果我愿意接受他的建议,就不要选择神学。"成为你所喜欢的任何人,但不要做神学家。"他语重心长地说道。此时,我们之间达成了一种默契，某些事可以说也可以干，而且不会受到非难。我经常尽可能不上教堂，也不再参加圣餐仪式，他也绝不会责备我。离教会越远，我越感到自在。我唯一留恋的是那管风琴和合唱音乐，那当然不属于"宗教界"。"宗教界"这个词对我而言毫无意义，因为经常上教堂的人比起"俗人"，实在算不上属于什么"界"。世俗之人可能不那么有德行，但从另一角度来说却是更正直的人，他们感情自然，更为合群、欢快，而且更热情、更真诚。

我很肯定地告诉父亲，自己从没有想成为神学家的意思。但我仍然在自然科学和人文科学之间摇摆不定，犹豫不决。两者都有力地吸引着我。我意识到第二人格没有立足之地。在那里，我超越了时空范围；觉得自己又是洞察宇宙的独一无二的眼，但却不能像地上的石子那样经常移动。第一人格反抗这种被动性，它不想无所事事，但现在，却陷入了无法解决的矛盾之中。我只好等待事情的发展。如果有人问我想成为什么样的人，我会不假思索地说：语言学家。事实上我喜欢亚洲和埃及的考古学。在实际生活中，在业余时间里我还继续学习哲学和自然科学，假期更是如此。每逢此时，我便在家与母亲和妹妹度假。我跑到母亲那里，抱怨说"我烦透了，我不知道该干什么"的日子不存在了。假期成了我一年中最美妙的时光，这时我可以不受拘束，自得其乐。暑假期间，父亲一般都不在家，每到这时，他会到萨克森度假去。

只有一次我也到外地去度假。当时我14岁，和医生预约，被送往昂特列布希治疗，希望改善我时好时坏的胃口及不稳定的健康状况。我第一次独自身处于陌生的成年人之间。我住在一位天主教神父的家里。这是一次既可怕又引人入胜的冒险经历。我很少能见到这位神父，而他的那位管家也不是一位使人吃惊的人，只是脾气不好。没有发生对我有威胁的事。一位年老的乡村医生负责监护我，他开设了一家旅社式疗养院供病人治疗。病人各个领域的都有，农民、小官员、商人，还有几个来自巴塞尔的很有教养的人，这几个人当中有一个化学家，已获得博士称号。我父亲也是哲学博士，但只是个语言学和语音学家而已。这位化学家极大地吸引了我，这里终于有一位科学家了，他也许懂得各种石头的秘密。他是个年轻人，教我打槌球，但他一点儿也没有给我知识渊博的感觉。而我还过于害羞、不善言辞和过于无知，结果什么也没问。我尊敬他，觉得他是我所遇见过的第一个鲜活的大人物，他已洞悉大自然的种种秘密，或至少洞悉其中一些。他与我的同桌吃饭，吃与我一样的饭菜，偶尔也与我聊几句。我突然感到进入了成年人庄严的领域。这

二　中学时代

种地位的上升由我被许可参加为寄宿者安排的各次郊游得到证实。在偶尔的郊游里，有一次，我们参观了一个酿酒厂，主人还请我们品尝样品酒。用诗歌的文字来表现就是：何以解忧，唯有佳酿。

我发现各种小杯子都很有启发性，我飘飘欲仙，进入了一个全新的、从未体验过的意识状态。不存在内部和外部，没有"自己"和"他人"之分，第一人格和第二人格也消失了，谨慎和胆怯更是无影无踪，天地、宇宙万物和所有爬行、飞翔的东西、转动上升或落下的一切，全都融为一体。我原来是喝醉了，如此丢脸，却快乐无比。我仿佛沉浸在一片极乐幸福的梦幻海洋里，但因为波浪猛烈起伏，便只好使眼睛、双手和两脚紧紧抓住一切坚实的物体，以保持平衡。我只觉得街道上下起伏，房屋和树木左右摇摆。"太妙了，"我想，"我喝多了吧。"这种体验却以痛苦结局，但不管怎么说，它却也是一种发现，一种美的意象，只是因为我笨拙才把它破坏掉了。

疗养即将结束时，我父亲来接我，我们一起到卢塞恩旅行，真的很快乐。坐以前从未见过的轮船，蒸汽发动机的运转我怎么看也看不够，可是突然之间，却被告知维茨诺到了。从大山向下俯瞰这个村子，父亲向我解释说，这就是里基，一条嵌齿铁路向上一直铺设到那里。我们来到一个小火车站，那里停靠着一个算是世界上最古怪的火车头，锅炉竖着安放，倾斜的角度显得很古怪。父亲塞给我一张车票，说道："你可以独自坐车，一直坐到山顶。我就在这儿等着，两个人坐太贵了。千万小心点，别摔下来。"我的高兴无法用言语表达。我就站在这座大山脚下。这山比我见过的任何一座山都高，并且与我童年见到的火红的山峰很像。那似乎很遥远，确实，现在我已经是大人啦。为了这次远足，我还买了一根竹杖和一顶英国骑士帽，对于一个旅行家来说，这可是必备物品。现在我就要登上这座高大的山峰了！我不知道谁更高大，我还是这座大山。这辆奇妙的火车轰隆隆地喷着蒸汽，晃动起来，咔嚓咔嚓地响着，一直把我拉到令人头晕目眩的山顶。在这里，各种峡谷深渊与变化无穷的景象映入眼帘。最后，我到了空气稀薄的峰巅，放眼远眺。我想："对啊。这就是它，就是我的世界，真实的世界，就是那秘密，没有老师，没有学校，也没有回答不出的问题，在这里一个人能够存在，而无须求人。"我小心地沿着山路行走，周围的悬崖峭壁，庄严肃穆。任何人到了这里，都会变得谦恭有礼、沉默无言，因为他已身处上帝的世界。在这里，上帝的世界是有形的存在。这是父亲送给过我的最美好、最珍贵的礼物。

当时的情景留给我的印象如此深刻，使得此后在"上帝的世界"里发生的一切，我完全不记得了。但在这次旅行中，第一人格具体显现出来，给我留下了终生难忘的印象。我看见自己长大了，能够独立了，头戴一顶硬挺的黑色帽子，手拿一根贵重手杖，坐在一座奢华的宫殿式大饭店的草坪斜坡上；鲁塞纳湖边有很多这样的大饭店。或者，我就坐在维茨诺市美丽的花园里，坐在一张小巧的、覆盖着白布的桌子旁，喝着早咖啡，吃着涂满了金黄色的奶油和果酱的新月形面包，头上则是洒满了阳光的带斑条的顶篷。我惬意地设想着各种远足计划，以打发这漫长的夏日。喝过咖啡，我以不慌不忙的速度，踱步到轮船上。这条船载着我驶向戈哈德和类似的大山的山脚，皑皑白雪覆盖着山峰，光芒耀眼。

以后好几十年，每当我工作疲惫想找个地方休息时，这种形象就会浮现在我的脑海中。我一直期望在现实生活中能再见到这种壮丽景象，却从未如愿以偿。

这是我的第一次意识历程，过了一两年，我又进行了一次类似的旅行。我前去看望在萨克森度假的父亲，并从他那里获悉了一个令人印象深刻的消息：他与那里的天主教神父成了朋友。这是一种大胆的行为，我不禁敬佩起父亲的勇气。我参观了那里的弗鲁埃利的隐修处和克劳斯修士的圣物，后者据说已经进入天堂了。我不清楚，天主教徒们怎么会知道他进入极乐境界。也许他还在四处游荡，并告诉人们这些？我对当地的这位守护神印象极深，不但能够想象如此全心全意地献身上帝的可能，甚至还能理解他。但我真正这样想时，心里却不禁打了个寒战，并且还产生了我不知该如何回答问题的感觉：他的妻子和孩子们怎么会注定有一位圣者来当丈夫和父亲呢，而我父亲特别喜欢我，不就是他的过错和缺陷吗？我想："有谁能跟圣者生活在一起呢？"他显然明白这不可能，便只好去做了隐士。尽管如此，他选择隐修的小屋距他的家并不远。这个主意不错：让家人住一间屋子，而他则住在相隔不远的小屋里，屋里摆一堆书、一张写字台，生一堆明火，烤几个栗子，还可以用三脚架吊个锅煮汤。有一个供自己使用的小教堂，神圣的隐士就再也无须上教堂去了。

我从这隐修处漫步走向山上，一路陷入沉思。正当我准备从左面下山时，出现了一个年轻姑娘的苗条身影。她穿着当地人的服装，脸庞清秀，一双蓝色的眼睛显得很友好，很自然地跟我打了个招呼。我们一起向山谷走去。她年纪跟我相仿。除了我的表姐们，我一个女孩也不认识，我感到十分尴尬,不知道该跟她说什么才好。于是我犹犹豫豫地解释说,我是在这里度假,只待一两天。又说了我在巴塞尔预科班的高中念书,准备进大学之类的话。当我正说着,一种命里注定的神奇感情袭上心头。"她正好在这个时刻出现,"我在心里想道,"我们很自然地一起向前走,仿佛是天生一对。"我斜着看了她一眼,看到她脸上的表情既害羞又羡慕,这使我狼狈并有点感动。我思忖道,难道这就是命中注定?我在这里碰到一个农家姑娘只是偶然?可能吗?她是个天主教徒,也许她的神父就是父亲的朋友。但她根本不知道我是谁。我当然不能跟她谈叔本华、意志的否定之类的事。无论哪方面,她都不邪恶。也许她的神父并不是穿着黑色道袍神出鬼没的耶稣会会士。但我也不能告诉她我父亲是个新教牧师。这可能会冒犯她。至于谈哲学、魔鬼,都完全不可能。尽管魔鬼比浮士德重要,而且歌德还把后者变成了一个易于上当受骗的人。她仍然居住在天真无邪的遥远世界中,可是我却淹没在现实中,淹没在威严壮丽和残酷的物质之中,听到这些她怎么受得了。我们之间矗立着一堵无法逾越的高墙,无法也不可能建立任何关系。这让我感到很伤心,只能把想法压在心底,把话题转到不会引起麻烦的事情上,如她要到萨克森去吗,天气真不错啊,风景真美等。

从表面上看,这次相遇毫无意义。但它在我内心却有很重的分量,不但好几天萦绕在心头不去,还像路边的神龛永远留在我的记忆中。那时候的我仍然很幼稚,认为生活是由单一的、各不相关的经历构成。有谁能发现命运之线竟会从克劳斯修士一直连到这位漂亮的姑娘身上呢?

这个时期的生活,充斥着各种矛盾的思想。首先,叔本华和基督教无法和谐一致;其次,第一人格也要摆脱第二人格的压制,从忧伤中解放出来。感到沮丧的不是第二人格而是第一人格,因为第一人格忘不了第二人格。在这个时候,由于双方的对立冲突,我一生中第一个系统的幻想诞生了。它逐步呈现,而且我记得它产生的根源,是一次使我激动不已的体验。

有一天,西北风呼呼地刮着,莱茵河上波涛澎湃,浪花飘飞。我沿着河边走去上学。突然间,从北面驶来了一条船,船上的主帆张得很大,顺风向莱茵河上游驶去。莱茵河上的一条帆船,这是我经历的全新的东西!这给我的想象插上了翅膀。如果不是水流湍急的大河,而是整个阿尔萨斯都变成大湖,我们便可以看到各种帆船和大轮船了。巴塞尔就会因此成为港口;这就如同住在大海边一样,太美妙了。一切便都会随之改变,而我们也将生活在另外的时空中。那里没有高中，上学所走的这一段漫长的路也会不存在，而我已经长大，并能如愿以偿地安排自己的生活。湖中会矗立一座山或一块大石头，由一条狭窄的岬角与大陆相连，岬角被一条宽阔的运河切断，运河上架着木桥，有一道通向两侧高塔的大门，门内是一个很小的中世纪城市，建在斜坡上。岩石上有一座戒备森严的城堡，上方有一座高楼，一个瞭望塔。我的家就在那里。城堡里没有美丽优雅的庭院，也看不到任何奢华的迹象。房间由木板装饰，很简朴。里面有一间吸引人的图书室，所有你想知道的知识都能在此找到相关图书。里面还有各种武器，城堡上还架有大炮。此外，城堡里还有一支50人组成的守卫队。这个小城市里住着几百个居民，由市长和元老组成的市议会治理。我自己则是治安法官、仲裁人和顾问，只偶尔在开庭时才露面。在靠近陆地的一侧，有这个小城市的一个港口，港内停靠着我的双桅快船，船上配有几门小炮。

　　整个布局的关键及存在目的是城堡塔楼里的秘密，而这秘密只有我自己知道。这种想法像闪电一样击中我的心。在塔楼内部，从雉堞到有拱顶的地下室是一根铜柱，或者说是一根手臂粗的沉甸甸的电缆，像树冠一样，其顶部分出很多极细小的分枝，就像主根带着许多小根伸向天空。这些小根从空气中吸收某种不可想象的东西，这些东西被集中后，沿着铜柱导到地下室。地下室里有一间配有难以想象的装置的实验室，我就在实验室里用铜根从空气中吸取的神秘物质来制造金子。这实在有些神秘，而我对于这种奥秘的性质没有任何想法，也不想形成任何观念。我也不想费心去思考这种炼金过程的性质，也回避实验室里正在进行的事情。实验室里还有一种禁忌：最好不要深究，也不要打探从空气中吸取的是什么物质。正如歌德在提到母亲们的时候说的："甚至连提及她们，也会使勇者沮丧。"

　　当然，"精神"对我意味着不可言喻，不过我在心底并不认为它跟极纯净的空气有本质上的差异。这些小根吸收并输送到铜柱上去的是一种精神性的物质，这种物质在地下室里变成了金子，变成了可见的。这当然不是念咒施符的法术，而是大自然的一种秘密，可敬而重要的秘密，我不知道自己是如何领悟这秘密的，并且还得保守这个秘密，对市议会的元老们，对我自己。

　　以前我上学和放学都要走一段长得令人厌烦的路，但从现在开始，它仿佛因此极为愉快地缩短了。几乎是一走出学校大门我便进入了那城堡，城堡里的社会结构正逐渐发生变化，市议会举行了一系列会议，惩处作恶者，调

二 中学时代

解争端，大炮开始射击。快船的甲板清理好了，正准备扬帆启航，这条船在和风中驶出港口，然后，当它从那岩石背后驶出来后，便转舵一直向西北方向驶去。突然，我发现自己已走到家门口，仿佛只用了几分钟。我毫不费力地到了家，就像被马车送回来的一样，从自己的幻想中走了出来。这种令人愉快的消遣一直持续了好几个月，我才厌烦。我觉得这种幻想愚蠢而可笑。我不再做这种白日梦，我开始用小石子、泥土和灰浆建筑起城堡和防卫森严的炮台，以胡宁根要塞为样本，当时这个要塞还完好无损。我研究了可以到手的伏班的一切防御规划，这样我很快就熟悉了各种防卫技术。我的兴趣又从伏班转到各种现代防卫方法，在条件有限的情况下，我尽力建造各种不同类型的防卫模型。有两年多，这事占去了我几乎所有的空闲时间。在这段时间里，我的自然科学和具体事物的知识不断增加，当然以牺牲第二人格为代价。

对于现实生活我知之甚微，并且认为考虑它们毫无意义。谁都可以异想天开，但掌握实际知识又是另一回事。父母同意我订阅一份科学期刊后，我兴趣盎然地读得着了迷。我搜集了朱拉山脉的各种化石，还有可以到手的各种矿物，此外还有昆虫、猛犸和人的各种骨头。其中猛犸的骨头是在莱茵兰平原的沙砾坑里找到的，而人骨则是从胡宁根的群葬墓里弄到的，下葬时期是1811年。我对各种植物也产生了兴趣，却不是科学意义上的。至于为何被植物吸引，是出于一种我自己都无法加以解释的原因，或许是因为出于它们不应被拔起来晒死这样一种强烈的情感。它们有生命，并且只有在生长和开花结果时才具有意义。这种潜藏着的秘密意义，也是上帝的一种想法。应该敬畏地看待并以哲理式的好奇对它们加以思考。生物学家对它们的研究很有兴趣，但那不是根本的东西。但根本的东西是什么，我自己也无法解释。比如，植物与基督教或与神的意志的否定是怎样发生关系的？这事我无法深究。它们显然带有纯净天真的神的情态，而最好不要破坏这种状态。通过对照发现，昆虫是植物的变体，是花和果实，但它们有了腿脚，可以到处乱爬，用像花瓣一样的翅膀四处乱飞，整天忙着啃吃各种植物。由于这种无法无天的行为，它们便要受到惩罚，被大量消灭。六月甲虫和各种毛虫便是消灭的主要目标。严格说来，我对"所有生物的同情"只限于热血动物，不包含各种冷血的脊椎动物，唯一例外的是青蛙和蛤蟆，因为它们与人有某些相似之处。

三　　大学时代

　　尽管我对科学的爱好与日俱增，但我还是时不时地阅读自己喜爱的哲学类的书。选择一种职业对我来说已经是一件迫在眉睫的事情。我急切地盼望着中学时代的结束，这样我就可以去大学学习了——专业自然是自然科学。如此，我就会掌握某一种实际的科学知识。但是，一旦我做出这种选择，内心深处的怀疑便随之而来。相比自然科学，我不是更喜欢历史和哲学吗？我不是非常想成为一名考古学家，并对埃及和巴比伦的一切都非常感兴趣吗？可是，我没有足够的钱去别的地方上大学，除了巴塞尔。但是在巴塞尔，并没有教这门课的老师。因此我只能很快就放弃了这个想法。在很长一段时间内，我都下不了决心，只好不断拖延做决定的时间。我的父亲十分着急，有一次，他说："这孩子兴趣广泛，凡是可以设想的一切，他都感兴趣，但却不知道他自己真正想要什么。"我承认他说得很对。随着大学入学考试时间的日夜逼近，我不得不决定报考哪种专业了。我草率地报了一门学科，不过我的同学们却摸不清楚我的底，不知道我到底想学自然科学，还是想学人文科学。

　　其实，这个看起来突然做出的决定也有背景。几个星期前，我的第一人格和第二人格在竞争决定权的时候，我做了两个梦。第一个梦里，我梦见自己在一大片阴暗的树林里，这片树林沿着莱茵河面生长。我小心地走到一座小山丘上，看到这个小丘上有一个坟堆。我接着就动手挖掘起来。让我惊讶的是，没过多久我居然挖到了一些史前动物的遗骨。这让我兴奋不已，并让我清楚地了解到：我一定得了解大自然，了解这个我们在其中生活的丰富多彩的世界，了解我们周围存在的各种各样的东西。

　　接着，我做了第二个梦。在梦里，我发现自己来到一片树林里，树林里小溪流横的竖的交织在一起；我在最幽深黑暗的地方看到了一个水塘。这个水塘是圆形的，水塘四周围绕着茂盛的灌木丛。一种最古怪、也是最奇妙的生物，半淹在水里。这是一只圆鼓鼓的、浑身闪烁着乳白色的光泽的动物，

三 大学时代

由无数的小细胞组成，或者说由好像触手一样的各种器官构成。这只动物属于巨型深海放射目，大约3英尺粗。这样一个威严而庞大的生物躺在这个不为人知的地方，躺在清澈的深水里，没有任何人打扰它，实在是一件妙不可言的事情。看到它，激起了我一股强烈的求知欲，醒来后，我的心还在怦怦直跳。这两个梦消除了我的一切顾虑，使我坚决地选择了科学。

我心里很清楚，这个时代和世界的人必须要先能养活自己。如果这样，一个人就得成为这样或那样的人，让我印象深刻的是，我所有同学都这样认为，并坚定不移地按照这个思想行动。我觉得，在一定程度上我自己反而有些古怪。为什么我就不能下定决心让自己专注于一件很确定的事情呢？甚至那个可以作为我楷模的某某，也已经决定学习神学了。德文老师认为他学习努力，自觉性高，死记硬背的功夫很强。我清楚地知道，我必须定下心来想通这件事。例如，如果我选择学动物学，那将来我可能去中学当个教师，或者在动物园里当个雇员。就算你的要求不高，在这方面也是没有前途的。当然，比起中学老师的教书生涯，我更喜欢在动物园工作。

在这种进退维谷的情况下，我突然想到：我为什么不去学医呢？很奇怪，我以前连想也没有想过这一点，尽管我的曾祖父曾是一位医生，我听别人谈起过他很多次。可能就是这个原因，使我以前比较抵触这种职业。我的座右铭就是："一切都可以，但是绝不能跟在别人的后面。"不过现在我却这样告诉自己，至少，学医和科学性的科目有一定的关系。从这方面来说，我就可以干自己愿意干的事情了。此外，医学包含的范围很广泛，以后要想专门研究某个方面，也有很多机会。就这样，我决定了选择的学科。现在剩下的唯一问题就是：我该如何去办呢？我必须自己挣生活费用。我没有钱，便没有资本到国外上大学，自然也就无法获得有效的训练，而这种训练让我有机会投身科学生涯。那么在科学方面，我最多只能成为一个半瓶醋。因为我的个性，我的许多同学和那些说话算数的人，就是老师们，都不喜欢我，我自然也不可能找到一个支持我的理想的资助者。所以，就算最终选定了医学，我的心情也没有那么痛快，总觉得它不是进入生活的一件好事，也不会让我有远大的前程。不过，不管怎么说，我既然已经做出了决定，而且还不可逆转，那我现在总可以松口气了。

可是，那痛苦的问题不会消失：我可以从哪里弄到这笔钱呢？我父亲只能帮我筹集一部分。他替我向巴塞尔大学申请定期生活津贴费，这让我觉得非常丢脸，没想到居然被批准了。我觉得丢脸，主要原因并不是让所有人都知道了我们家的贫困情况，而是因为我一向在心里暗自相信，那些"上层"的人，那些说话能"算数"的人，对我抱有成见，尽管我从来没有奢望能从他们那里获得任何好处。很明显，由于我父亲的名声，我才得到了照顾，因为他是一个仁慈的人，而且胸怀坦荡。不过，我却觉得自己跟他不是一路人。实际上，对于我自己，我有两种不同的观念。在第一人格的眼里，我觉得自己是个与人合不来的人，尽管天分中等，却又心比天高，不喜欢受到约束，且态度暧昧，一会儿表现得天真热情，一会儿又像孩子一样很容易失望，在本质上，我更像一位深处的隐士和蒙昧主义者。另一方面，第二人格却认为第一人格是一种困难却吃力不讨好的道德任务，是一门需要依靠某种方式通过的课程，不过这门课程却因为一些五花八门的过失而变得复杂，如一段时间的懒惰、泄气和沮丧，对那些别人认为没有价值的想法和事情却拥有很高的热情，还轻信他人的友谊，见识短浅、偏见颇多及在数学上的愚蠢，对别人缺乏深入的了解、在哲学问题上看法不明确且混乱、不是个诚实的基督徒，也不是别的什么人，等等。第二人格根本没有明确的性格特征；他是一种永存的生命，无所不包，是一种生命的幻觉，即出生了、在活着、死了，集一切于一体。虽然他彻底地了解他自己，却无法通过任何媒介来表达自己，就如第一人格通过浓厚的、阴暗的媒介来表达自己一样，尽管他非常想这样做。当第二人格处于支配地位时，他便将第一人格包含在里面并湮没第一人格。反过来说也一样，即对于第一人格来说，第二人格如同一片黑暗的区域。第二人格认为，所有关于他的可以想象的描述，都像扔到世界边缘上空的一块石头一样，最后只能悄无声息地掉进无穷的黑暗中。不过在他（第二人格）身上，如同王宫宽敞的大厅，那些高大的窗子全都朝着洒满了阳光的风景开着一样，光明处于统治地位。这是意义和历史的连续性，与第一人格生活中间断的偶然性相比，第二人格具有强烈的意味，他与他所在的环境并没有真实的接触点。另一方面，与《浮士德》中体现的中世纪一致，第二人格也觉得自己暗地里与一种过去的遗产一致，正是这一遗产使歌德的内心深处充满激动。因此，第二人格对于歌德来说也是一种真实——这对我来说也是一种极大的安慰。现在，我惊诧地了解到，对于我自己来说，《浮士德》所含有的意义要远远胜于可爱的圣约翰的《福音书》了。在《浮士德》里，有一种东西可以直接作用到我的感情上。在我看来，圣约翰所说的基督显得古怪，不过更加古怪的还是其他几本福音书中所说的那位救世主。另一方面，《浮士德》简直就是第二人格的活生生的例子。我相信，《浮士德》就是歌德给他所在的那个时代的回答。这种感悟，不但很好地安慰了我，还给了我一种更大的内心安全感，甚至给了我一种自己属于人类社会的感觉。我不再被孤立，也不再是一个怪人，不再是残忍的大自然的嘲弄对象。伟大的歌德本人就是我的教父和权威。

我就是大约在这个时候做了一个梦，这个梦不仅吓坏了我，同时也给了我鼓励。在某个不知名的地方，当时正好是晚上，四周笼罩在浓雾之中，而梦中的我正顶着猛烈的大风缓缓地、痛苦地前进。我把两只手环成杯状来护一盏随时都有可能熄灭的小灯，就好像如果这盏小灯熄灭了，那一切都完了。突然，我感觉到背后有个东西正向我靠近。我回过头一看，发现有一个高大的黑色人影跟在我后面。我吓坏了，不过我还是很清醒地意识到，我一定要保护好这盏小灯，只有这样我才能度过这个狂风大作的夜晚，尽管各种各样的危险正在向我靠近。我醒过来后，立刻就意识到这个人影就是"布洛肯峰的鬼魂"，即那是我自己的影子。在我护着的这盏小灯的灯光照射下，我自己的身影投在浓雾上形成了那个影子。同时，我还知道这盏小灯就是我的意识，是我拥有的唯一的一盏灯。我拥有的唯一财富，也是最大的财富，就是我自己的理解力。与黑暗的威力相比，尽管这盏灯显得非常小，非常脆弱，但它仍然是一盏灯，是我唯一的灯。

对我来说，这个梦就是一个很大的启示。不过直到现在我才知道，那提灯者就是第一人格，而像一个影子一样跟随着他的就是第二人格。很显然，第二人格就是一个由不同光照耀的、并让人们禁止涉入的王国，而我的任务是护住那盏灯，并不要回过头去瞧那永存的生命力。我必须迎着狂风前进，而第二人格则极力要将我推回到无穷的黑暗中。在那个世界中，一个人什么都意识不到，除了背景中各种事物的表面。在第一人格的角色里，我必须前进——我得学习知识、挣钱养家、承担各种责任、受到各种拖累，甚至糊涂不清、犯各种错误、忍辱负重、经历各种失败，等等。把我不断向后推的风暴就是不停流向过去、紧紧跟在我们身后的时间，它发出一种巨大的吸引力，贪婪地想要把一切有生命的东西都吸进它的身体里。我们只有费力地前进，才能暂时逃脱它的魔掌。过去是如此可怕的真实存在，如果有谁想要保住自己的性命却不给它满意的答案，它就把谁紧紧地控制在手里。

又一次，我的世界观发生了九十度的变化；我清晰地意识到，我的人生道路不可更改地通向外面的世界，即将步入具有三维特征的有限区域和黑暗之中。我敢肯定，亚当也曾依靠这种方式离开伊甸园；对他来说，伊甸园已经成了一个幽灵般的让人恐惧的东西，因此就算是满头大汗地在满是石头的土地上耕作，对他来说也是一种轻松的活。

我问自己："我怎么会做这样一个梦？"在那个时候，我理所当然地认为，这个梦是上帝直接送给我的。不过，现在我吸收了很多有关认识论的观点，便对之前的认识有所怀疑。比如，大家可以这样认为，在经过很长一段时间的发展后，我的顿悟才慢慢成熟，然后突然就以梦的形式出现。其实，它就是这样发生的。不过，这种解释只能算是一种描述。问题的关键在于，发生这种过程的原因以及它以意识的形式出现的原因是什么。我自认为并没有做过任何事情来有意加速这样的发展；相反，在另一个方面的却是我的同情心。因此，一定有某种东西在这些景象之后发挥作用，可能是某种理智，或者至少是某种在理智上胜过我的东西在发挥作用。内心王国之光，在意识之光的照耀下，以一个巨大无比的影子显现出来，我肯定不会自发地想到这一非同寻常的想法。现在，似乎就在突然之间，那些之前对我来说无法理解的事情，我都想明白了——特别是以前当我拐弯抹角地提到任何让人会想起内心王国的事情时，人们脸上出现的那种尴尬而疏远的表情。

我很清楚，第二人格一定要被我丢到脑后去。可是不管在什么情况下，我都不得不承认或者宣布他是有效的。否则，只会导致手足相残，导致我无法拥有解释这些梦的起源的可能性。因为我很肯定地认为，第二人格与梦的制造存在着某种关系。认为他具有必要的更高的理智，对我来说是一件很容易的事情。可是，我却渐渐发现，自己慢慢与第一人格合而为一了，而且这种状态又提出证明，它只是更富有理解力的第二人格的一部分；出于这个原因，我又觉得自己与他又不再合而为一。他简直就是一个幽灵，一个精灵，能在与黑暗世界的对抗获得绝对胜利。这是在做这个梦之前，我根本不知道的某种东西。甚至就在这个时候——回想起来我确信如此——我也只是懵懂地意识到了它而已，尽管我可以肯定自己在情感上认识它。

不管怎样，我和第二人格之间产生了隔阂这个事实存在。结果就是，"我"被指派给了第一人格，并且在相同的程度上，我与第二人格产生了隔阂，而第二人格也因此获得了一种独立的人格。由于我是在乡下成长起来的，因此把它与一种肯定的个性联系起来，也不会让人觉得奇怪；不过，我肯定不会这样做，因为这种个性可能归幽灵所有。乡下的人们，都会根据不同的情况，相信这样的事物，但同时又不是这样的事物。这个精灵的唯一明显特征，就是他具有历史性，即在时间上，他具有一定的延展性，或者更准

三 大学时代

确地说,他没有时间性。当然,说这么多话,我并不是想告诉自己,我对他在空间的存在也没有形成任何的观念。他的存在从来没有明确的限定,却又确实存在着,他在我的第一人格存在的背景里,起着一种要素的作用。

相比对周围环境中摸不清看不透的事物的反应,小孩子对大人说的话做出的反应更加强烈。小孩在潜意识里让自己适应它们,并在自己身上产生具有补偿作用的种种相关性。在我很小的时候,我便开始逐渐拥有特定的"宗教"观念,这就是一种自发性的产物,是我对父母的环境做出的反应,也是对时代精神做出的反应。后来,我父亲不得不屈从于各种宗教的怀疑自然的观点,自然得经历一个很长的酝酿时期。这种影响会被向前推进,原因就在于自己的世界及大体整个世界发生的这样一种剧变;随着遭受这种影响的时间越来越长,我父亲头脑中的意识便会更加激烈地反抗它的威力。让人觉得并不奇怪的是,我父亲所具有的预感让他处于一种坐立不安的状态,然后他又将这种不安传给了我。

在我看来,我的母亲绝没有对基督教产生坚定的信仰,因此我也不会认为上述的那些影响是我母亲传给我的,因为她以某种方式扎根于深不可见的土地里。与母亲表面上对基督教的信仰以及维护信仰的做法相比,它以某种方式与动物、树木、山脉、草地及流水联系在一起,并与之形成奇妙的对比。这样的背景并没有给我造成太多的不适感,反而与我的态度很好地对应起来;它给了我一种安全感,让我充满信心,认为这就是我可以在上面站稳脚跟的坚实地面。我从来都没有觉得这个基础十分"异教徒式"。在这种冲突中,我母亲的"第二人格"给了我最强有力的支持。在那个时候,这冲突已经在父亲的传统与我一直受到激励的潜意识所创造的奇妙的、补偿性的产物之间展开了。

现在回想起来,我可以清楚地看到,我童年时代的经历,已经在很大的程度上预示了我未来的发展,并为我清除了阻碍,即为了适应父亲却导致我在宗教信仰上崩溃,以及有关这个世界的破坏性的新发现等方面的阻碍。那些在今天的我们看来都很明白的新发现,都是已经长时间在散发着影响的,并不是一天两天就形成的。尽管我们人类拥有自己的个人生活,然而在很大程度上,我们却是一种集体精神的代表者、牺牲者和促进者,它的岁月以世纪为单位来计算。很可能,我们一直都觉得,自己是靠本能在做事,还可能永远都不会发现,在很多时候,我们只不过是世界戏剧舞台上跑龙套的角色。这个世界存在着种种我们并不知道的因素,使我们的生活不由自主地受它的影响。如果我们无法察觉到这些因素，它影响的程度就更加厉害。因此，我们至少有一部分生命是在好几个世纪里生活——我给这个部分取了一个名字叫"第二人格"，并只供我自己利用。西方的宗教已经证实，它不是一种个人的玩物。这种宗教明确地将它施加到人的内在心灵中，并在长达两千年的时间里，竭尽全力让它认识个人的表面意识——这种意识带着个人的先入之见："真理就藏在人的心灵中，根本不用到外面去寻找。"

　　在1892—1894年间，我与父亲之间有过一些非常热烈的讨论。我父亲曾在戈廷根学习东方语言，他的学位论文是关于阿拉伯版的《所罗门之歌》。他的荣耀随着最后一次考试的结束，也结束了。在这之后，他在语言上的才华便被淹没了。作为一个乡村牧师，我父亲陷入了一种感伤的理想主义里。他非常怀念大学时期的黄金时代，一直用他当大学生时的长柄烟斗抽烟。此外，他还发现自己的婚姻并不像之前他想象的那样美满。他做了很多好事，真的是太多了，但结果却常常让人生气。我的父母都努力过着虔诚的生活，但两个人却常常反目。虽然这些困难都可以理解，但不可否认的是，正是它们在后来彻底粉碎了父亲的信仰。

　　在那个时候，我父亲显得非常烦躁、易怒，抱怨和不满与日俱增。他的这种状况，让我对他很担心。我母亲总是尽力不和他争吵，努力避开一切可能刺激他的事。尽管我认为这是最好的办法，不过，我自己却常常控制不住自己的脾气。当父亲大发脾气时，我便顺从地不说一个字，而在他显得比较温和的时候，我有时会找些话与他交谈，希望能在交流中清楚他内心的想法，以及他对自己是否了解。很显然，折磨他的应该是某种特别的事情，而我怀疑这件事仍然和他的信仰有关。我可以肯定地认为，他正是由于对宗教产生了怀疑，才变得如此痛苦，而这从他无意中做出的一些暗示里表现了出来。我认为，这一定就是那种情形，即在此之中他或许已经获得了那种必要的体验。在我想办法与他进行的交流中，我看出来，某种那样的东西实际上已经没有了。因为不管我提出什么问题，父亲都或者无可奈何地耸耸肩，或者给出同样的回答，这些回答都是人们听腻了的、没有生气且合乎神学规范的回答。这便使我产生了一种矛盾的心情。我想不明白的是，为什么父亲不抓住吵架这样的机会跟他当时的处境妥协呢？我很清楚，我所提出的那些批判性问题很让他伤心，不过就算这样，我也不想再进行一次建设性的谈话。因为在我看来，令人难以想象的是，父亲竟然没有过对上帝的体验，而这个体验可以说是所有一切体验中最显著的体验。我不是很了解认识论，

三 大学时代

因为我觉得,没有什么可以证明这样一种知识;不过我也同样清楚,就像夕阳西下之美或黑夜的恐怖那样,它根本就不需要加以证明。毫无疑问,我曾经笨拙地想尽一切办法向他传达这些明显的真理,满心希望帮助他承受他身上的灾难,而这些灾难不可避免地落到了他的身上。他不得不与某个人争吵,于是他便成功挑起了家里的人和他争吵。他为什么不与上帝争吵呢?这位可是世界上一切事物的阴沉的创造者,而且只有他才应该为世上的各种痛和苦难负责。上帝一定也会让他做一些奇妙的、含义深刻的梦,从而告诉他答案。上帝让我做了这样的梦,并以此决定了我的命运,尽管我并没有向他请求。我并不知道其中的原因,它只是这样就是了。就是呀,他甚至让我瞥了一眼他自己的本形呢。我不敢也无法向父亲透露这个重大的秘密。如果他能理解一点关于上帝的直接体验,我或许还可能向他透露这一点。可是在我与他的交谈中,因为我总是采用一种非心理学的方式,这种方式也非常理智,来处理这个问题,并尽可能来躲开任何可能会引起感情冲动的因素,所以我从来没能走到那么远,甚至我都没有靠近能遇到这个问题的范围。就像对着公牛的一块红布那样,这种方法每一次都导致了父亲种种恼人的反应,这些反应也是我无法理解的。此外,我也实在不能理解,这种合理的争辩,怎么会引起感情上的抵制行为?

我和父亲都被这些毫无结果的讨论触怒了,最终我们只好放弃这些讨论,并各自带着自己特有的自卑感生活。父亲和我因为神学变得疏远起来。我再一次感觉到自己遭受了巨大的失败,尽管我自己并没有觉得孤独。我模糊地意识到,父亲只能屈从于他的命运,他逃不掉。他很孤独,没有一个朋友能够和他交谈。至少在我知道的熟人中,找不到一个人能得到父亲的信任,并说出对他有帮助的话。有一次,我听见他正在祈祷。他在拼命斗争,想要维护自己的信仰。我突然非常激动,同时也很生气,因为我看出,他已经不可救药地陷入教会及其神学思想里,无法自拔。父亲本来可以直接接近上帝的一切通路都被它们堵塞了,而最后又被它们无情地抛弃。直到现在,我才终于明白,我之前的那个体验包含的深刻含义:上帝本人不但拒绝为神学负责,而且同样拒绝为建立在神学之上的教会负责。另一方面,就像上帝宽恕其他别的什么一样,上帝又对这种神学表示了宽恕。我认为,说人应该为这种发展负责的观点实在是荒唐。那人到底是什么呢?"就和小狗一样,人生下来也是又聋又瞎,"我想说,"还像仁慈的上帝创造的事物那样,只能拥有最模糊的、并不足以照亮他们摸索前进的黑暗的一点光。"可以确信的是，在我知道的神学家中，"照亮黑暗的那一点光"并没有出现在他们之中的任何人眼前，因为如果有人见过这点光，他们自然不可能去教授他人"神学的宗教"；在我看来，这种宗教有非常多的缺陷，因为它与人没有任何关系却还要求大家相信它，并在心中不抱任何希望。我父亲在以前就是这样做的，表现得非常英勇和耐心，不过结果并不美好。他甚至都不能保护自己，从而让自己避免受到精神病医生认为的可笑的物质主义的侵犯。如同神学一样，这种东西也是一种人们需要相信的东西，只是在意义上是相反的。相比以前任何时候，我都更加确信，从认识论方面来看，这两者均缺少了必要的批判和体验。

很显然，我父亲也受到了这种印象的影响，即精神病医生在人脑中已经发现了某种可以得到证明的东西。它证明了本来在精神应该在的地方，却没有任何"精神的"东西，物质反而充斥其间。我父亲之所以会有这种想法，是因为他预感到，如果我选择学医，那我就应该以上天的名义发誓，绝对要忠诚于精神。对我来说，这种警告意味着，因为物质主义者都坚信概念和定义，所以我必须什么都不该相信，如同神学者相信他们的定义一样；同时，我还清楚，对于我那可怜的父亲而言，简直就是刚跳出油锅，转眼又进了火坑。我清楚地认识到，这样一个著名的信仰曾经是如此恶毒地捉弄他，当然它不仅仅捉弄过我父亲，还捉弄过一些我认识的人，这些人大多数都有教养且严肃。我认为，信仰的最大问题就是它对经验的排斥。神学家们怎么会知道，上帝在故意安排了某些事物的同时又"允许"别的某些事物存在呢？而且精神病学家又是如何知道，人心灵的种种特性赋予了物呢？可以肯定的是，就算我屈服于物质主义也不会有什么危险，可我的父亲一定不会这样想。因为我父亲正在阅读西格蒙德·弗洛伊德的关于"联想"的书，这本书是波恩海姆翻译的，并就"联想"这个定义悄悄说了些什么。除了小说或游记，父亲以前几乎不看书，所以，这是一个崭新的开始，同样也是重要的开始。对我父亲而言，那些"充满吸引力"的书以及有趣的书都是不能看的。可是，他的快乐根本不能通过仅仅阅读精神病学方面的书建立起来。他变得越来越沮丧，情绪也越来越激动，常常觉得自己生病了。连着好几年，他一直觉得自己遭受各种肠胃病的折磨，可是给他看病的医生却无法确定他究竟生了什么病。如今，他又总觉得自己"腹部有结石"，并因此抱怨不已。我们在好长一段时间内都没有将这件事看得很重要，可是，后来给他看病的医生也怀疑起来。这件事大约发生在1895年的夏末。

三 大学时代

我在那年春天进入巴塞尔大学开始学习。高中生活终于结束了,这是我一生中唯一一段感到厌烦的时间;我开始迈进了"文科大学"与学术自由的金色大门。如今,我能接触到那些关于大自然的真理,或者说我能接触到大自然的最根本的那些方面的真理。各种疾病的知识,以及有关人的解剖与生理学的知识,我都将会学到并掌握住。此外,我还被批准加入一个佩戴彩色徽记的兄弟会,这个兄弟会正是我父亲以前所属的。在我大学一年级时,我父亲曾来参加兄弟会的一次远足。那次远足的地点是马克格拉芬县下属的一个村子,这个村子专门种葡萄酿酒。父亲在那里还发表了一篇想象力丰富的演讲。演讲充分展现了父亲大学时代的那种快乐精神,这让我觉得很意外。在一刹那间,我突然意识到,父亲的生活在他毕业之时就停止不前了。同时,一首大学生歌曲的歌词回响在我的耳际:

垂头丧气的他们迈着步
回到了市侩的国土,
啊呀呀,我的上帝,
昔日的情境已经发生了突变!

我的心灵被这些话重重地击中了。我的父亲在他大学一年级的时候,也是一个充满热情的学生,就如现在的我一样;世界的大门也曾向他打开,如同现在的它对我一样;面前摆满了知识的无穷财宝,如同现在我的面前一样。后来,对他来说,一切都枯萎了,生活充满了辛酸。究竟为什么会出现这种情形呢?可能答案太多了,以至我找不到答案。那个夏天的晚上,父亲在喝过葡萄酒后发表的那篇演说,可能是他最后一次机会。正是这个机会,让他从回忆中跳出来,过了一段他本应该就如此度过的时光。在这之后不久,他的健康情况变得越来越糟糕。1895年秋末,父亲已经卧床不起了,1896年年初便去世了。

上完课我就直接回到了家,向母亲询问了父亲当时具体的情况。"唉,他的身体还是像以前那样虚弱。"母亲说道。父亲小声地对母亲说了句话,母亲低声向我转述了父亲的意思,并用眼色提醒我,父亲的神智已经不清楚了:"你爸爸想知道,你通过了国家级考试没有。"我知道自己应该撒个谎以便让父亲感到欣慰:"我考得还不错,已经通过了。"父亲听了,好像放下了沉重的负担一样,舒了一口气,然后他便闭上了眼睛。过了一会儿,我又进去看他。父亲自己一个人待着,而隔壁房间的母亲正在收拾东西。我听见父亲的喉咙发出咯咯的响声,便知道他处在痛苦中,这是一种临死前的痛苦。我站在他的床边,被这种情形震住了。以前的我从没看过有人死去的情形。就在突然之间,父亲停止了呼吸。我一直等着,等着,希望能看见他下一次的呼吸,可是却再也没有出现。这时,我才想起母亲,赶紧跑去找她,我看见她在另一个房间打毛线,坐在窗前。"他快不行了。"我对母亲说道。她和我一起来到床边,却发现父亲已经去世了。仿佛觉得很奇怪,母亲梦幻似的说:"时间过得好快啊。"

忧伤与痛苦笼罩了这之后的几天时间,不过我的记忆中却没有留下多少回忆。有一次,母亲的"第二人格"跟我说:"你父亲去世的真是时候,那都是为了你",或者说这句话是她跟自己周围的空气说的。这句话的意思好像在说:"你不理解你父亲,你父亲同样不理解你。而且他好像已经成为你的一种妨碍。"我认为,这种看法比较符合我母亲的第二人格。

我被"为了你"这个字眼儿击中了,以前的一部分日子,在我看来已经永远离我而去了。同时,我的身上开始觉醒了一部分的自由意识和男子汉意识。我在父亲去世后搬进了他的房间,并代替他曾经在家中的地位。例如,由于母亲不会计划家庭开销,也不懂得理财,我必须每个星期给母亲家用开支的钱。

在父亲去世的六个星期后,对于我来说,父亲变成了一个梦。有时候,我会梦见他突然站在我面前,告诉我他马上就要回来了。度假让他的健康得到了很不错的恢复,他现在正在回家的路上。因为搬进去了父亲的房间,我觉得父亲会厌恶我。但现实情况却不是这样!即便如此,我还是觉得很愧疚,因为我居然想象他去世了。我在两天后又做了一个类似的梦。在梦中,父亲的身体已经痊愈,正在回家的路上。于是,我又一次责备自己,原因还是我认为他已经去世。从这之后,我不断地问自己:"父亲总在我的梦中回到家,他的样子是那样逼真,这究竟意味着什么呢?"这次体验让人无法忘却,并促使我第一次思考死后生活这一类事。

父亲的去世,直接导致我没有足够的资金继续在大学读书。母亲的一些亲戚认为,我应该尽快担负起养家的责任,应该在商行里谋个小职员的工作。由于母亲的钱财无法养活她自己,因此母亲最年幼的弟弟决定资助她,而我父亲的一位叔父则同意资助我。如此,当我读完大学时,我已经欠下300法郎。依靠当助教的收入,以及帮助一位年老的姑妈变卖古董,我凑集了剩余的一部分学费。我帮这位姑妈用高价卖掉她收集的古董,并从中抽取佣金,这是一笔相当不错的百分比的钱数。

三 大学时代

　　这段穷困的日子让我印象深刻，永生难忘，一个人只有经历了这样的贫穷，才懂得珍惜那些便宜的东西。我记得有一次一位朋友送给我一盒雪茄，我非常喜欢。由于我要求自己只能在星期天抽一根，因此这盒雪茄我足足抽了一整年。

　　对我来说，大学生活是一段非常美妙的时光，这里充满了理智，充满了活力，大家可以尽情结交朋友。我曾在兄弟会的几次会议中，做过几次演讲，内容是关于神学和心理学方面的。我们进行了很多并不局限于医学方面的热烈的讨论。我们争论了叔本华和康德，欣赏了西塞罗文体的优美，并对神学和哲学怀有很大的兴趣。

　　大学期间，我在一些宗教问题上受到了很大的启发。我在家的时候，还得到了一次很不错的机会，与一位神学家进行过一次对话，他以前曾是我父亲所在地区的主教。他不但吃饭很厉害——这就让我赶不上了——而且学识渊博。通过他的教诲，我学到了许多知识，包括教会神父和教规历史方面的知识。他甚至还大概讲了一些关于新教神学方面的知识。当时，里敕尔的神学非常流行。不过，我却异常气愤这种神学的历史循环论，尤其是那个用铁路火车来比较的例子。在兄弟会里，那些跟我进行过很多次讨论的神学系的学生们，都非常满意这样一个理论，即基督的一生给予历史的影响。不过我却认为这种看法相当愚蠢，还缺乏活力。我不可能赞同那种把基督推向前台的做法，也不赞同让他在上帝与人的戏剧中起着决定性的作用。这绝对违背了基督本人的观点，即将他生产出来的圣灵，在他死后会取代他在人世间的地位。

　　圣灵是上帝的化身，而上帝不可想象。圣灵的所有活动都崇高而庄严，还充满了那种奇异的让人惊讶的特点，这种特点恰恰是雅克威（即耶和华）的行为所特有的；我曾天真地把雅克威等同于上帝的基督形象，这是在接受坚信礼时，他们灌输给我的观念（那个时候我并不知道，从严格意义来说，与基督教同时产生的，还有魔鬼）。对我来说，我主耶稣毫无疑问就是一个人，因此他要么也会犯错误，要么就是圣灵的传话筒。这种看法非常不符合正统，远离神学上的看法，自然就让人觉得无法理解。对此，我非常失望，并逐渐无动于衷。此外，这件事还证实了我的一个看法：体验，在宗教问题上很重要。

　　大学一年级的时候，我发现科学在提供真正的顿悟方面拥有少得可怜的知识，尽管它打开了通向大量知识的大门。总的说来，这种顿悟带着特有的性质。从哲学著作的阅读中，我了解到正是心灵的存在，造成这种情境。没有心灵，就不会有知识，自然也不会有顿悟。可是科学，却一个字也不提关于心灵的东西。心灵被人认为是顺其自然的，甚至当有人提到它的时候，例如C.G.卡鲁斯就曾提到它，却感觉并没有真正了解它，而觉得它只有哲学式的沉思冥想。就个人而言，实在是太容易做出种种冥想了。我非常不理解这种言论。

在第二学期快结束的时候，我却有了一个将产生重大结果的新发现。我无意中在我的一位同学父亲的藏书室里，找到了一本出版时间为18世纪70年代的、论述精神性现象的小书。这本书的作家是一位神学家，在书中他叙述了唯灵论的起源。我的最开始的怀疑很快就消失不见了。我忽然明白了，总的说来，这本书中所讲述的大都是我在乡下听到的故事，而这些故事从童年时代开始，我就一遍又一遍地听到。可以相信的是，它的材料都值得人相信。但是我却非常不满意书中针对一个重大问题的答案，即这些故事是否具有物质的真实性。就算这样，可以肯定的是，这些相同的故事在各个时代、在全世界的各个地方，都曾反复地被报道过。肯定有某种原因存在，不过绝对不会是到处都具有同样的宗教观念这个众所周知的原因，因为很明显情况不是这样。它一定与人的心灵的客观行为相联系。但就心灵的客观性这个主要问题而言，我找不到任何有用的东西，除了哲学家们说的东西。

唯灵论者的观点很古怪，且非常值得人怀疑，然而从客观心灵现象来说，它们是我见到的第一批记录。诸如我对左尔纳和克鲁克斯等人的名字印象深刻一样，实际上我已经读完了那时自己能找到的全部关于这方面的书籍。当然，我也曾对我的朋友们说起过这些事情，让我吃惊的是他们的反应，有的表示嘲弄或不信，有的急忙辩解。我很奇怪，他们为什么会如此肯定地说，鬼魂和转动桌子这一类事情不可能存在，因此自然是骗人的；可是在另一方面，他们采取的态度是一种防守的姿势，这种姿势表明他们不说有也不说无。其实，对于这些报道的真实性，我自己也不敢肯定。不过说到底，为什么鬼魂就不应该存在呢？我们又是怎么得知某种事是"不可能的"呢？最重要的是，这种急切地表明态度包含着什么意思呢？这些疑问包含的可能性非常有趣，而且很吸引人。我的生活因为它们又增加了一片新天地；世界具有了深度的同时，也具备了背景。例如，梦与鬼魂之间可能会存在什么关系吗？康德写的《一个看见鬼魂的人的梦》，这本书的出版非常恰到好处。很快，我就发现了卡尔•杜普雷尔，从哲学上和心理学上，在他的著作中

三 大学时代

评价了这些观点。我还发现了埃斯肯梅耶、巴萨旺、吉斯提奴斯·克尔纳和格雷斯的著作,及斯威登堡,并读了他的七卷著作。

我的热情获得了母亲第二人格全心全意的支持,可那些其他我认识的人却明显地让我感到气馁。如今,我算是彻底和人们的偏见冲突了,不仅如此,也和人们完全不承认有不同寻常的可能事物的观点冲突。而在这以前,我只是与传统观点相冲突而已。现在就连我最亲密的朋友,与我也有冲突。他们认为,相比我专注神学,所有这一切更加糟糕。我感觉到我自己好像走到了世界的边缘。那些我觉得非常有趣的事情,对别人来说却显得空虚而无聊,甚至还让人觉得非常可怕。

我找不到任何他们觉得害怕的理由。因为那些认为可能存在超越空间、时间和因果关系的有限范畴的事件的观点,并不是荒唐和惊世的观点啊。众所周知,动物能在事前预感到暴风雨和地震的到来。也确实存在预见某些人死亡的梦,确实存在在人死的那一刻停止走动的钟表,确实存在危急时刻破碎的镜子。在我的童年时代,所有这些事情都被认为很自然。而现在,我却成了唯一听说过这种事的人。我非常认真地问自己,这个我跌跌撞撞走进的世界,究竟是一个什么样的世界?毫无疑问的是,对于乡村的世界、城市的世界常常一无所知;城市的世界同样对山脉、树林和河流的世界,对动物和"上帝的思想"(植物和各种晶体)的现实世界毫不知情。这样的解释或许会让人觉得舒服,至少,我的自尊心获得了这种解释的支持,因为尽管它是个知识的宝库,在精神方面的知识,城市的世界却相当有限。不过,这种顿悟最终被证明有害,因为我在它的诱使下落进了经常自我感觉优越、不当的批评和盛气凌人的陷阱中。这让我变成了一个让人讨厌的人,这也是我自作自受。最终,我又重新产生了以前的各种怀疑、自卑感和抑郁情绪。我曾下定决心,要坚决冲破这种可恨的情形。我不愿意再享受那种被认为是个怪人、令人难堪的声誉,从而被排斥在这个世界之外。

当一开始的引论性课学完之后,我便成了解剖学方面的低级助理教员。在这之后的一个学期,我在示范老师的授意下负责讲解组织学。不用说,我对此感到非常满意。我本人比较感兴趣的主要是进化理论和比较解剖学,为此我专门学习了新生机论。当然,最让我着迷的是广义形态学方面的观点。这门学科与生理学正好相反。由于生理学需要进行活体解剖,因此我对它非常反感,而且活体解剖仅仅是为了示范而已。我一直无法消除一个感觉,即热血动物跟我一样,并不是只有理智的动机。因此,只要我可以做到,我都尽量取消示范课。用动物解剖来进行示范，是一件可怕而野蛮的事情，而且也没有必要，尽管我们必须要用动物进行实验。仅仅根据描述的文字，我就能想象出解剖示范的整个过程。我对动物的热爱，来自我潜意识里觉得自己和动物平等，这是一种原始的、深厚的意向态度，而不是叔本华哲学里的那种佛教式的装点门面。当然，在当时，我对于这一重要的心理学上的事实几乎一无所知。我如此反感生理学，自然这门学科的考试成绩相比其他学科要差一些，不过还好总算还是及格了。

　　接下来的两个学期，临床的学习让我忙得不亦乐乎，我几乎没有其他空闲时间关注和这门学科没有关系的其他学科。我只有星期天才有点时间研读康德，我还认真钻研了爱德华·冯·哈特曼的著作。有一段时间，尼采也在我的计划之中，可是我却很长一段时间都没有阅读他的相关作品，因为我觉得自己还没有做好充分的准备。他当时受到人们的热烈讨论，只是大多是贬抑多于褒扬。据说，参加讨论的大多数都是哲学方面比较突出的学者们。从这些褒贬中，可以想象那些高层人士们是多么敌视尼采了。当中，最有权威的是雅各布·布尔克哈特，随处都可以看见他发表的各种关于尼采的批评性评论。此外，在我们大学还有一些人与尼采本人有过节，这个时候他们便到处散布有关他的闲言碎语，当然不会是恭维话。这些人中的大多数连尼采著作里的一个字都没读过，因此就只好讽刺他表面的怪癖，如摆绅士的架子、他弹钢琴的样子、他文体的夸张等等。当时巴塞尔市的那些有身份的人都非常讨厌这些怪癖。不过，这些事并不是使我推迟阅读尼采著作的原因——相反，它们倒勾起了我读尼采著作的强烈愿望。我之所以推迟阅读尼采，是因为我在心里感到很担心，担心自己可能会像他一样，或者说在那种"秘密"方面会像他一样，结果导致我自己与周围的人和环境隔绝开来。谁知道呢？也许尼采也曾有过内心的种种体验和顿悟，而他却向人们公开阐述，然后不幸地发现没有一个人能理解他。显然，他是个怪物，或者至少被人认为是个怪物，因为被大自然嘲弄；无论在什么情况下，这些都不是我想要的。我担心自己也是另一个怪人，哪怕被迫承认。当然，尼采是个教授，由于写出了很多大部头的著作而获得了很高的荣誉。但是，和我一样，他也是一个牧师的儿子。我们之间不同的是，他出生在德国，那里国土辽阔，并一直远伸至海边；我却出生在瑞士位于边境的小村子里，父亲仅仅是一个安分守己的牧师。尼采讲的是优雅的高地德语，他还懂拉丁文和希腊文，甚至可能还懂法文、意大利文及西班牙文；我却只对瓦格斯—巴塞尔方言运用自如。他就

三 大学时代

算被人当成怪人,对他来说也没有关系,因为他拥有所有让人能够引以为荣的东西;可是我却绝不能让人发现自己在一定程度上也和他一样。

最后,还是好奇心胜利了,尽管我心里有着种种担心和顾虑,但我还是决定读一读尼采的著作。我阅读的一本书是《不合时宜的思想》。书中的热情弄得我心醉神怡,之后我便读了《查拉图斯特拉如是说》。这本书对我来说简直就是一次非同寻常的体验,如同歌德的《浮士德》对我的意义一样。《查拉图斯特拉如是说》就是尼采的《浮士德》,就是他的第二人格。尽管这有点像一只鼹鼠把一个土丘当成是布朗山一样,但我还是觉得我的第二人格现在便对应查拉图斯特拉了。而毫无疑问的是,查拉图斯特拉是病态的。难道我的第二人格也是病态的吗?很长一段时间,我都拒绝承认这一点,因为这种可能性让我非常恐慌。可是,在一些不合时宜的时刻,这个想法却总是一而再再而三地出现在我的脑海中,让我冒出一头冷汗。因此,最后我只好对自己进行深刻的反省。我从童年时期就已经开始认识自己的第二人格,而尼采却在晚年时期才发现他的第二人格,那个时候的他已过了中年时代。尼采曾经用一种不谨慎的态度幼稚地说起过这个阿尔希顿(arrheton),这个还没有得到名字的东西,似乎它很合适。不过很快我就注意到,这只会引来不少的麻烦。当尼采还很年轻的时候,他对自己的前途并不怎么上心,也不会顾及,这时他做出了一个相当有见地的决定,即到巴塞尔大学当教授。尼采是这样的聪明,他应该能及时注意到有些事出了问题才对。他那病态的误解,即在人们对第二人格毫不知情的情况下,他居然一点都不担心、且没有一点犹豫地放出第二人格。一种幼稚的希望促动尼采,想要找到能够分享他喜悦的人,这些人自然也能理解他的"对一切价值观念进行重新评价"的观点。可是,他最终却只找到了有教养的市侩们。不过让他悲喜交加的是,他自己也是这样一个人。就如他们之中的其余人那样,在他冒失地撞进那个不可言喻的神秘世界中,并试图向那些被上帝抛弃的愚钝的大众宣传这种神秘以及赞美它的时候,他对自己其实也是一无所知。尼采的语言如此华丽,比喻很多,语调激扬的原因就是这个:所有的这些都是为了引起人们的注意,他们已经把自己的灵魂卖掉了,并换来一大堆互不连贯的事实。于是这位自称走钢丝的表演者,最后便落入了一个深渊,这个深渊远远超出了他自己的想象。尼采自己并没有认识到,他已经成了他人必须小心对待的人,在这个世界的回头路上,他像一个着了魔的人一样。只有两个人,我曾听说他们公开追随尼采,他们是我所有的朋友和熟人中唯一的两个人，而且两个人都是同性恋者。他们中的一个最后自杀了，另一个成了废物，如同一个被人误解的天才。我的其他朋友几乎都没有对《查拉图斯特拉》的现象感到吃惊，且对它的大受欢迎表现得无动于衷。

《查拉图斯特拉》"砰"的一声关上了我的一道门，在之后的很长时间内，它都一直关着，如同《浮士德》为我打开了一道门那样。我感觉自己就像那个发现自己的两头牛中了邪术的老农夫一样，用同一个笼头套住它们的头。他的小儿子很好奇："为什么会发生这样的事呢？""孩子呀，人们是不会随意讨论这样的事的。"他的父亲这样回答。

如果一个人跟人们讨论的是他们不知道的事，简直就是在对牛弹琴。与自己的朋友谈论他们不懂的事情，是对朋友很大的侮辱，不过幼稚的人不会意识到这个问题。只有这个人是个作家、记者或诗人的时候，他的朋友们才会原谅他这种不礼貌的行为。只有成为事实，一种新的思想，或者旧思想的一个不同寻常的方面，才能与别人沟通。只有事实才能站得住脚，并且不会被他人丢到一边去；某个人迟早会遇到这些事实并意识到他发现的是什么。而我则完全缺乏这些事实，缺少某种更好的东西，但这些恰恰是我应该提供的事实。我手中没有任何具体的东西。我自己在之前的很多时候常常凭经验做事。我开始责怪那些哲学家们，他们在没有经验的时候说个不停，却在应该用事实说话的时候一个字也不说。与浅薄的神学家一样，他们在这方面也没有什么建树。在这个或那个时候，我似乎穿越了一个满是金刚石的山谷，不过连我自己在经过仔细观察后都不能说服自己，也就更无法说服他人相信，我带回来的样品不仅仅是一些石块。

我开始在1898年比较认真地思考自己要不要成为一个医生。不过，我最后却认为自己应该学有所长，这样看来，选择就介于外科和内科之间了。我本人更倾向选择外科，因为我受过专业的解剖学训练。此外，我也很喜欢病理学，如果我有足够的钱，我很可能会选择外科作为自己的职业。为了上学，我欠下了一大笔钱，这件事一直让我非常痛苦。在期末考试后，我必须尽快找到工作赚钱来养活自己。我也想过要去某个县级医院当助理医师，比起在一个诊所来，我更有希望在那个地方获得一个有工资的职位。而且，在一个诊所谋取工作，在很大程度上得看负责人的态度或者是否有关系。我的人缘不是很好，与其他人合不来，我已经体会了太多这样的滋味，因此我不奢望自己会好运临头。尽管在地方医院谋得一个职位并没有多大的前景，但我也只好满足于此。其他的就得看我的努力，看我的能力和申请了。

三　大学时代

可是，在暑假期间却发生了一件事情，这件事对我产生了深刻的影响。有一天，我正坐在自己的房间里学习功课。我的母亲坐在隔壁房间里织毛线，她的门打开着。隔壁房间是我家的饭厅，里面摆放着一张大约有70年历史的胡桃木圆餐桌，这张桌子是我祖母的嫁妆。我母亲坐在离那张桌子大约1码远的窗前，我妹妹已经上学去了，女佣则在厨房里忙碌着。突然，房间里响起了"砰"的一声，就好像手枪射击的声音。我一下子跳了起来并赶快跑进饭厅，就是传出爆炸声的那个房间。一进门就看见我的母亲傻了一样坐在扶手椅里，毛线团也掉到了地上。她结巴地问我："刚才出、出、出什么事了？"然后她便四处张望，直到目光停留在那张桌子上。我顺着她的目光终于清楚地了解发生的事情。那张桌子裂开了一条缝，不是沿着榫眼处裂开的，而是从边缘到中心以外处裂开；这个裂缝直穿硬硬的木材。我呆立在那里，如同遭了雷击。怎么可能会发生这样的事情呢？这张硬胡桃木桌子，已经风干了有70年，怎么可能在夏季的一天裂了缝呢？而且我们这里的湿度相对还比较高呢。如果这件事发生在寒冷干燥的冬天，而这张桌子又恰巧摆在一个火炉旁边，还可以理解。这样一种爆炸究竟是由什么导致的呢？"一定存在某种古怪的事。"我对母亲说道。"对，对！"母亲脸色阴沉地点点头。她用自己第二人格的声音说："这件事一定有什么意味。"面对母亲的回答，我却找不到该说的话，虽然是不得已，我却印象极深。因此，最后我生起自己的气来。

这件事过去两个星期后，一天傍晚6点钟左右，我回到家里，结果发现母亲、14岁的妹妹以及女佣全都非常激动。原来，大约1个小时之前，我家里又发出了一声巨大的响声。不过这一次不是那张已经裂开的桌子。这一次，响声是从餐具柜的方向传来的。这个餐具柜在19世纪初就已经买来了，是一件沉甸甸的家具。她们从上到下已经把它仔细地察看了一遍，不过并没有找到开裂的地方。我立刻动手又把这个柜子认真检查了一遍，包括它周围的地方，同样没有找到任何裂缝。接着，我开始检查柜子的内壁，在一个存放面包篮的碗柜里，我发现了一条面包，以及它旁边躺着的一把刀子，这把刀是用来切面包的。这把刀的刀刃崩成了好几块碎片。在这个四方形的面包篮的一个角落里，躺着刀把，其余的三个角落里，则各躺着一片刀刃。她们在不久前刚使用过这把刀，4点钟喝茶的时候还用过它，然后就把它放到了一边。之后就没有人到餐具柜里取过任何东西。

第二天，我去拜访了镇上最有名的刀具商，并让他看了看这把断成几块的刀子。他用放大镜认真地检查了这把刀的裂痕后，便摇着头对我说："这把刀子完全没有任何问题，钢也没有毛病。应该是有人故意把它弄坏的吧？如果是故意的，是可以办到的。例如，把刀刃插进抽屉的缝隙里，然后一次折掉一片。或者别的办法，如把它从高处丢到石头上。不过好钢是不会炸裂的。肯定是有人和您开玩笑。"我一直小心地保存着这些碎片，一直到今天。

那个时候，我母亲和妹妹恰好在那个房间里，这个突然的巨响吓了她们一大跳。我母亲用她的第二人格意味深长地看着我，可我却无话可说。我承认这件事让我印象深刻，但对于它却找不到任何解释，对此我完全莫名其妙。桌子裂缝和刀子破碎，它们发生的原因是什么？又是如何发生的呢？如果一定要认为这是一种巧合，未免太说不过去了。如果莱茵河的水竟然倒流了，原因居然是出于偶然，我肯定会认为这件事不可能发生。不过，其他一切可能的解释都被排除了，那么，这到底是如何发生的呢？

几个星期后，我听说有几个亲戚在搞桌子转动的事并且已经有一段时间了，他们中还有一个降神者，是位年轻的姑娘，年纪在15岁半。这几位亲戚一直想让我见见这个能让人进入梦游状态的降神者，据说她还能招魂。当我听说这件事的时候，立刻就联想到我们家发生的古怪的事情，我猜想，这位降神者很可能以某种方式联系了这些现象。为此，我便开始参加他们的降神会。这个会议每周定期在我的一位亲戚家里举行，时间为每周六傍晚。我们很快就有了结果，特别在沟通的形式和墙的四壁以及桌子发出啪啪声方面。桌子自己移动或发出响声，会很让人觉得奇怪，如果不依赖降神者的话。而且我很快就发现，给这种实验增加一些限制性的条件，就会对实验造成阻碍。因此，对于桌子自动发出啪啪声的现象，我还是比较赞同的。随后，我便在传递信息方面集中了注意力。我在自己的博士论文里列举出了这些观察的结果。经过大约两年的时间，我们全都对此感到厌烦。这位降神者企图通过诡计来让人产生异象，发现这个现象后我便不再参加这些实验了。不过，后来我对退出实验感到非常后悔，因为在这个例子中，我开始了解第二人格是如何形成的，了解它是如何进入一个小孩的意识中，并最后与她本身相结合。这个女孩属于那种早熟的人，26岁就去世了，死于肺结核病。我曾在她24岁时又见过她一次，并对她产生了一种永久性的印象，即她已经获得了个性的独立与成熟。在她死后，她家里的人告诉我，她的个性在她生命的最后几个月里一点点地消失了。最后，她竟然回到一个2岁小孩的状态，就是在这种状况下，她去世了。

三 大学时代

总之,这次体验非常重要,我早期所学的哲学被它一扫而光,还让我获得了一种心理学上的观点。我发现了一些关于人的心灵的客观事实。不过,这种体验是那种说不清楚的体验。没有人能清晰地阐述整个故事,我只好将这个还没有解决的问题再次放到一边去。直到两年之后,我才完成了自己的专题论文。

在医务所里,老伊玛曼的位置被弗列德里希·冯·穆勒代替了。我发现穆勒是一个很有才华的人,并深深吸引住了我。把握问题、提出疑问需要一种深邃的理智,而在这些疑问中,这个问题就等于解决了一半。穆勒本人好像也在我身上看到了某种东西。到我实习快要结束的时候,他对我提出建议,让我作为他的助手和他一起到慕尼黑去,在这之前他已经接受了慕尼黑的工作。这个邀请让我差点儿就投身内科了。如果不是因为这期间又发生了一件事,我几乎就这样做了,可是这件事打消了我对有关未来的职业的一切顾虑。

当时那位讲授精神病学课程的老师的授课并没有让我很感兴趣,也没有给我什么启发,再加上我父亲在精神病院的体验,让我对这门学科并没有什么好感,尽管我一直都在听精神病学和临床的课。所以,在准备考试的时候,我最后才拿起精神病学的教科书进行复习。对于能够从中获得什么,我一点都不抱希望。我仍然记得,在我打开克拉夫特-埃宾所编著的教科书时,我是这样想的:"好吧,现在我们来看看,为了自己,一个精神病学家究竟能够说些什么吧。"我对专题讲座和临床示范印象不深,我连一个在医院里见到的病例都记不起来,我对此有的只是厌烦和恶心。

我从序言开始读,一心想从这里面看出一个精神病学家是怎样概述这门学科的,或者说给了它什么存在的理由。在那个时候的医疗界,精神病学是一门被人瞧不起的学科,我傲慢的态度也清楚地说明了这一点。没有人真正了解这个问题,也没有一种心理学,能把人当作一个整体来加以研究,并把人的各种病理变化包含进一个总体图景里。如同古代的麻风病医院和病人被隔离在城郊一样,现今的精神病医院的院长和他的病人都被关在同一个医院里,而这个医院与外界切断了联系。谁也不愿意朝那个方向看一眼。而医院里的医生们同样知之甚少,几乎像一个门外汉一样,因此他们和这些人的感受一样。精神病属于那种没有机会治愈的疾病,精神病学也受到这种看法的影响。在那个时候,精神病医生被认为是怪人,关于这一点没过多久我就有了亲身体验。

打开书的序言,我首先看到的是:"可能是因为这门学科非常特殊,以及它还没有完全发展,精神病学方面的教科书便多少带有一种主观印记。"后面几行,作者用"人格之病"来称呼精神病。看到这里,我的心开始怦怦直跳,我不得不站起来深深吸了一口气。我非常激动,在这个一闪而过的启示里,我已经确定精神病学是我唯一的目标,对此已经变得非常清楚。我的兴趣的两股激流在这里汇流到一起,形成一条水流,冲出一道河床。我一直在寻找一个天地,能够同时存在经验性的天地与生物学和精神性的事实,可是我却一直没找到。如今,我终于遇到了一个天地,在这个天地中,大自然和精神的冲撞变成了现实。

当我看到克拉夫特-埃宾讲到精神病学教科书的"主观性"的时候,我的反应开始变得非常激烈。从这方面来看,这本教科书有一部分其实属于作者的主观表白。因为作者特有的偏见以及他的存在具有的总体性,所以他用整个人格来对"人格之病"做出反应,并站到客观经验的背面。我的老师在医院的时候从来没有说起过这样的事。我不由自主地被它吸引了,书中的暗示给精神病散发出一道让人焕然一新的光芒,尽管与其他这一类教科书相比,克拉夫特-埃宾的教科书并没有什么出色的地方。

我就这样做出了决定。当我内科方面的老师得知我的想法时,我感觉他非常惊异,也带着失望的表情。我的那种认为自己不受他人欢迎、愿远离他人的感觉再一次刺激了我的心。好在现在我终于明白原因了。没有人,就连我本人都没想到我自己竟然会选择这样一个生僻的专业作为自己的职业。我的朋友们在得知我的想法后既惊诧又想不通,他们觉得我就是个笨蛋,竟然放弃了以医学内科作为自己职业的机会,要知道多少人渴望获得这个机会啊。他们认为我放弃这个让人羡慕的机会,却倾心精神病学上的胡言乱语,简直是疯了。

很显然我又一次走进了死胡同中,而且谁也不愿意跟着我走。但是没有人或事能让我改变这个方向,因为我很清楚地知道自己做出这个决定的原因,而且这也是件命中注定的事。如同两条河流汇到一起形成一股急流,它果断地载着我奔向远方的目的地。我有一种自信的感觉,即认为自己是一个"两重性格合而为一"的人。这种感觉就像一个有魔力的巨浪一样,承载着我并让我顺利地以第一名的成绩通过了考试。这之后,我一直在奇迹之路上一帆风顺,但潜藏着的重大障碍却让我在最拿手的科目上,即病理解剖学上栽了跟头。在显微镜的承物玻璃片上,我看漏了一些霉菌,这些霉菌藏在一个角落里。由于一个显然的错误,我认为这个玻璃片上只有一些上皮细

三 大学时代

胞。不过，其他科目的考试并没有那么倒霉，我甚至猜到了自己会被提问的问题。最终，我顺利地通过了几个危险的暗礁。可是我却在自己觉得最有把握的地方翻了船，由于一些莫名其妙的事情，这就是报复。如果不是因为这样，我在这次考试中应该能取得最高分。

最后，我的成绩和另一个人一样。他是一个独来独往的人。我不是很了解他的个性，不过他给人的感觉很平庸。我和他几乎没有任何沟通，除了谈论专业的事情。他对每一件事都报以微微一笑，这种微笑显得如此高深莫测，以至让我不禁联想到埃伊纳岛的希腊雕像。这个人虽然有一种高人一等的神气，但这种神气与他的手足无措显得很不协调，这种不协调存在于任何情景下。这或许就是一种愚蠢吧？不过，我从来没有去证明过这个结论。在我的印象中，对于他的唯一确实的事，就是他给了我一种带着类似偏执狂的野心的印象，这个野心让他对任何事情均不感兴趣，除了纯粹的事实。他在几年后成了一个精神分裂症患者。我提到这件事，是因为想用这个例子来说明事情都有一定的对应性。关于早发性痴呆，也就是精神分裂症，我在第一本书里做了详细的介绍；我的人格及其倾向或"不正常"，在这种心理里便对应这种"人格之病"。从广义上讲，精神病学其实就是一种病人的心理与假定"正常"的医生的心理之间的对话，是病人的人格与医治者的人格之间的一种妥协和让步，从原则上来说，两者都是同样的主观。并不是只有精神病患者才具有妄想和幻觉的症状，生活中的每个人都具有这种症状。

在期末考试结束的那天晚上，我平生第一次去戏院看了一出渴望已久的歌剧，这对我来说简直就是奢侈享乐，因为那个时候我的经济情况还不允许我进行任何铺张浪费。不过，我还剩余一点依靠卖古董得来的钱，这让我不但可以有机会看一次歌剧，还让我有机会到慕尼黑和斯图加特游览一番。

我被比才的音乐陶醉以及征服了，它让我在一望无际的大海上随波荡漾。第二天，当我坐上前往慕尼黑的火车时，《卡门》优美的旋律仍萦绕在我的脑海里，陪着我越过边境，来到一个更加广阔的世界。来到慕尼黑，我第一次看到了真正的古典艺术。比才的音乐融合了这种艺术，让我身处一种快乐的气氛之中，这种气氛带着春天般的、新婚之夜般的快乐。当时，我只能模模糊糊地领会这种气氛的深邃和含义。那段时间是1900年的12月1日到9日，外面的世界阴沉而寒冷。

我在斯图加特拜访了我的姑妈弗劳·雷玛·荣格。她的丈夫是个精神病学家,未曾想到,这次见面却是我们最后一次见面。她的父亲是我的祖父,母亲是弗吉尼亚·德·拉索尔。她是一位有着蓝色眼睛的迷人的老太太,性格开朗乐观。我的这位姑妈,仿佛生活在对各种往事的回忆中,生活在一个充满各种各样不可捉摸的幻想的世界里,生活在对往事的正在消亡和一去不复返的叹息声中。这次拜访,也可以看作是对我童年的怀念和永别。

1900年12月10日,在苏黎世的伯戈尔茨利精神病院,我得到了助理医师的职位。能在苏黎世工作,让我很开心,因为巴塞尔对我来说已经变得实在太烦闷和乏味了,特别是在这几年的时间里。那些巴塞尔当地人认为,只有巴塞尔才是文明的城市,除了这个城镇,其他的城镇都不存在,都是野蛮人的国土。我离开的原因,并不是我的朋友们所能理解的,他们纷纷猜测我很快就会回去。不过,他们完全猜错了,我不可能再回到巴塞尔。因为在这个地方,不管什么时候,我都带着保尔·荣格牧师的儿子的标签,或者是卡尔·古斯塔夫·荣格教授的孙子的标签。在这个地方,他们都认为我是个知识分子,所以必须属于一个确定的社交圈子。对此,我非常反感,因为我特别不愿意自己属于某一类特定的人。我受不了巴塞尔传统的习惯势力,尽管它的知识界的气氛具有世界性,这也让很多人羡慕。来到苏黎世后,我立马就感觉到了一种差异:同巴塞尔不一样,苏黎世是通过商业来与世界联系的,而不是通过知识。这里的气氛是自由的,这正是我自始至终都很在意的。在这里,就算家里没有几个人读书,也不会让人瞧不起,更不会有千百年的积垢的重压。直到今天,我对巴塞尔仍然带有一种淡淡的怀恋,我知道它已经不是之前的那个样子了。我仍然记得那些与巴霍芬和伯克哈特在街上漫步的日子;记得大教堂后面那个古老的牧师会会堂,记得横跨莱茵河河面的那座半木石结构的古桥。

对于我的母亲来说,我要离开巴塞尔让她非常难过。不过我无法帮她消除这种痛苦,她只能自己勇敢地承受。我的母亲与我的妹妹生活在一起,我的妹妹是个清秀的女孩,却总是病恹恹的,与我相比非常不同。仿佛她一生下来就注定一生不会结婚,而她也的确最后一直单身。不过,我却很佩服她的处事态度,因为她培养了一种非凡的个性。后来,在一次手术中,她不幸去世了,而这个手术据说并没有什么危险。手术前,她把关于自己的一切事情,包括最后一个细节,都已经安排妥帖。当我发现这一点时,非常感动。我很尊敬她,虽然在心底里我一直把她当成是陌生人。我本人是一个感情丰富

三 大学时代

的人，而我的妹妹尽管内心深处是一个敏感的人，但无论发生什么事情她总是镇定自如。我可以想象，她如何在敬老院里打发时光，如同我祖父唯一的妹妹经历过的那样。

我正式开始工作了，当然地点在伯戈尔茨利精神病院。由此，生活也开始现实了，这种现实要求人必须专心致志，如集中精神、保持头脑清醒、认真负责等等。就好像进入了一座世俗的修道院，这种生活要求人放弃一切有意义的、奇异的东西，只相信可能存在的、一般的、没有意义的东西；它还要求把一切超尘绝俗的东西变成平庸无奇的东西。从那以后，生活中有的只是空空的表面，有的只是断了的开端，有的只是没有关联的事件，有的只是狭隘的知识，有的只是充满问题的失败，有的只是令人沮丧的未来，有的只是充斥着日常事务的琐碎。我把自己关在精神病院的高墙之中，一连6个月，就是为了习惯精神病院的生活和风气；我开始从头阅读《精神病学概论》，一页一页地把这部五十卷的大部头读完，目的是让自己清楚地了解精神病患者的思想与心理。我想要弄明白，在面对毁灭情境时，人类的心灵是怎样反应的，因为我认为精神病学清楚地表达了在精神病出现之时，生物学反应是怎样支配所谓的健康头脑的。同病人一样，我也对我的同事们产生了兴趣。在后来的几年中，为了让自己得到更多的教益以及更好地理解精神病患者的智力，我悄悄整理了我的瑞士同事在遗传背景方面的统计数字，并从中学到了许多有用的东西。我和我同事之间的关系疏远起来，因为我专心致志地工作和研究，谢绝一切来往地读书。对我来说，精神病学是多么奇妙啊。不过我的同事们肯定不会知道，他们也不会清楚我是多么急切地想要参透其中的玄机。那个时候，我对治疗学方面并没有多大的兴趣，却深陷于正常性的病理变异，因为它让我获得了渴望很久的机会，让我有机会更加深入地研究那些具有总括性的心灵。

这些就是当时我开始精神病学生涯时的情况，主观实验就从我客观的生活中产生出来了。我没有能力，也没有超然的情操用真正客观的方式来观察自己命运。不仅如此，我还很乐意去犯一些错误，这些错误或是编织一个本应如此的幻想，或是写一部为自己辩解的书，或是写一部大家都清楚的自传作品。总之，人是不可能自行评判自己的，不管是好是坏，都得由他人做出判断。

四　精神病治疗活动

我的学徒时期是在伯戈尔茨利精神病医院工作的那几年。有一个急切的问题，即"精神病人的内心究竟发生了哪些事情"左右了我的兴趣和研究工作。当时，我并不了解这个问题，而我的同事们谁也不会关心这样的问题。对于病人说的话，精神病学的教师们并不感兴趣，他们感兴趣的是那些怎样做出诊断、怎样去描述病人的症状以及整理出来的统计数字。当时流行的临床观点认为，病人的人格，也就是他的个性，没有任何意义。相反，医生来见病人时，带的是一长列剪贴好的诊断病历和记录详尽的各种症状。在大多数情况下，病人们被定性后进行分类，用橡皮图章在诊断书盖一个章，事情到这里就算结束了。至于精神病人的心理，没有人关心，因为它没有任何作用。

弗洛伊德在癔症和梦的心理学方面进行了大量的基础性研究，因此在这一点上他对我非常重要。他的观点给针对个别病例进行密切调查和了解的道路上指明了方向。正是他把心理学引进了精神病学，尽管他本人是个神经病学家。

直到现在，我还能清楚地回忆起当时引起了我很大兴趣的一个病例。由于患有"抑郁症"，一个年轻的女士进入了这所医院。像平常一样，医生详细询问了她的既往病史，对她进行了各种检验及身体检查等。最后，医生得出的结论是她患有精神分裂症，也就是当时人们常说的"早发性痴呆"；预后不良。

这个女士正好在我所在的那个部门里。我一开始并没有怀疑这个诊断结果，因为那个时候的我还是一个属于初学者的年轻人，怎么敢鲁莽地提出另一种诊断呢？不过我却对这个病例感到奇怪。我认为这可能不属于精神分裂症，而只是一般性的抑郁症而已。于是，我决心对这位女士实行我自己的治疗方法。我当时正热衷于诊断性联想研究，自然就在治疗开端与病人一起进行了一次联想实验。此外，我还和她一起讨论了很多她做的各种各样的梦。通过这种方式，我成功地揭示出了她的过去，这些过去可没有出现在既往病史中。我从她的潜意识中获取了大量的信息，这些信息显示她曾遭遇了一件凄惨的事。

这位女士在结婚之前就认识了一个男人，这个男人是一个富有的工业家之子，邻近地区所有的姑娘们对他都很感兴趣。这位女士长得很漂亮，因此她认为自己获得他的欢心的可能性很大。可是，这个男人并没有表现出对她有什么好感，于是她就嫁给了另一个男人。

5年后的一天，一位老朋友来拜访她。他们谈起了过去的事，他说："某某先生（就是那位富有的工业家之子）听说你结婚的时候，非常吃惊呢！"就是这个时刻，她的抑郁症开始了。这个轻度的病症在几周之后带来了一场大灾难。那天，她给自己的孩子们洗澡，她先给4岁的女儿洗，再给2岁的儿子洗。她所住的那个地方是乡下，水源十分不卫生；虽然喝的是泉水，但洗澡和洗衣服的水却是来自河里，河里的水很脏。当她给女儿洗澡时，她看见那个孩子在啜海绵，不过她却没有制止女儿。然后，她居然还舀了一杯脏水给儿子喝。她这样做完全是下意识的，至少也是处于半意识状态，因为刚刚出现的抑郁症已经开始影响她的大脑了。

这件事情之后没多久，在这病症的孕育期过去之后，她的女儿得伤寒病去世了。这位女士十分爱她的女儿，她的小儿子没事。面对这个情况，她的抑郁症急速变得严重起来，而她也被送进了医院。

从联想试验中，我看出了她是一个谋杀犯。我了解了太多关于她的秘密。这位女士得抑郁症的一个重要原因，就是这件很清楚的事情。从本质上讲，这并不是属于精神分裂症，而是一种心理发生性扰动。

那么，该采取什么样的治疗方案呢？在当时，这位女士不但时时被人看护以防止她自杀，还一直被注射麻醉剂以克制她的失眠症。此外，没有采取任何其他的措施。从身体状况上来说，她的健康情况还不错。

现在我面临着一个问题，那就是我要不要和这位女士公开说明？这个主要的责任应该由我来承担吗？我还从来没有遇到过这样的问题，即职责上的矛盾冲突。我首先需要回答一个良心方面的问题，然后再独自解决这个问题。如果我请求我的同事们帮忙，他们可能会这样警告我："千万别和那位女士说啊，看在老天的面上，这事会使她更加疯癫的。"不过我不这样认为，我觉得这样做的效果很可能恰恰相反。心理学一般说来几乎并不存在什么明确的法则。一个问题的答案可以是这样的也可以是那样的，完全由我们是否考虑到潜意识的各种因素决定。当然，我也清楚地知道自己所冒的险：如果这位女士的病情加重，那我也会让自己陷入困境之中！

就算这样，我还是决定试一试治疗这位女士，尽管结果很难预料。虽然困难非常之大，我还是把了解到的一切全告诉了她，这些都是我通过联想试验知道的。贸然地指责一个人是杀人犯，不是一件小事情。这对于病人而言同样很痛苦，因为她必须听取这种指斥并接受。幸运的是，两周之后，她居然得到许可可以出院了，并且在之后的日子里再也没有进过精神病院。

我对我的同事们一直隐瞒着这个病例，不但有上面的原因，还有其他原因。我害怕他们会不断地对这个案例进行讨论，而加大引起诉讼的概率。当然，我们倒是拿不出来对这位病人不利的证据，但这样的一种讨论很可能会给她带来灾难性的后果。命运已经对她施加了惨烈的惩罚！她应该回到生活中，并在生活中赎罪。我认为这样才更有意义。在她回家时，她背上了非常沉重的思想负担，她不得不背着这个负担。失去孩子对她来说已经是一件悲惨的事情了，而当她开始监禁在精神病医院接受治疗时，她的赎罪行为便开始了。

在许多情况下，那些精神病患者来医院看病的时候，都带着一个藏在心中、无人知晓的故事。只有调查这个完全属于私人的故事后，才能开始对病人进行治疗。这个故事是病人心底的秘密，他在这个岩石上撞了个粉身碎骨。只要了解了这个秘藏的故事，就等于掌握了治疗的关键，去找出来并弄清楚这个关键，就是医生的职责。仅仅探讨意识方面的材料，在多数情况下是不够的。进行联想试验在有时候很可能会打通这条道路，当然，其他方法也有同样的效果，即对病人的梦境进行解释以及与病人进行长期的、充满耐心的、富有同情心的接触。从病人的整体入手治疗，而不是针对症状进行治疗，必须深刻地接触整个人格的种种问题。

1905年，我开始在苏黎世大学担任精神病学的讲师，并在之后不久当上了精神病诊所的高级医师，一直到1909年，我都保持着这个职位。之后，我不得不放弃这个职位，因为我在工作上获得了越级提升。在这几年期间，除了日常工作的忙碌不堪，我还私底下给很多人看过病。不过1913年之前，我还是继续在大学担任教授这个职位。在学校，我主讲的科目是心理病理学、弗洛伊德的精神分析的基础课程以及蛮族人心理学。在刚开始的两个学期里，我主讲的科目是催眠术，也会讲一讲雅奈和弗劳内伊的理论。到了后来，我讲授的主要内容就变成弗洛伊德心理分析的问题了。

四　精神病治疗活动

在讲授催眠术期间，我很喜欢详细询问病人的既往病史，这些病人是用来对学生进行示范教学的。至今我仍然清楚地记得其中一个病例。

有一天，一个中年女士来看病，这位女士显然有着强烈的宗教信仰。她已经58岁了，和她的女仆一起来的，还拄着拐棍。由于左腿瘫痪，17年来她吃尽了苦头。我先让她坐到一把椅子上，当然这把椅子非常舒服。接下来，我便要求她讲一下自己的病史。她开始对着我喋喋不休地说了起来，她把自己生病的经历详细地说了出来。这整个的病史是多么可怕啊。最后，我不得不打断了她的话："好吧，好吧，现在我们没时间详谈了。我这就给您进行催眠吧。"

我还没有说完这句话她就闭上双眼睡着了，我还没有进行任何催眠呢。我感到非常惊异，不过也没有搅扰她的睡眠。她继续不停地说着，讲了很多令人惊异的各种各样的梦，也讲了一些代表着她潜意识的各种梦，这些梦给了她极为深刻的体验。可是，当时我一直以为她处于一种兴奋的状态，直到几年之后我才明白这一点。这样的情况慢慢地让我觉得很不舒服。当时还有二十个学生在场，而我本来还准备对她进行催眠呢！

这样的情形维持了1.5个小时后，我又一次想把这位病人叫醒，可是就是叫不醒她。我感到很震惊并忽然意识到，我可能无意深入她潜伏的精神病之中了。接着，我花了大概10分钟的时间才叫醒了她。这个时候，我自然不愿意让学生们看出我的紧张。这位女士醒过来后觉得自己头昏脑涨。我告诉她："我是医生，您现在一切正常。"她听到这里激动地喊道："那就是说治好啦！"接着她就扔掉拐棍自己走了出去。我当时觉得非常尴尬，面红耳赤的，却不得不向学生们说道："催眠术的奇效，你们现在该见识了吧！"可是，我实际上根本就不清楚到底发生了什么事。

这就是其中的一次体会，并促使我放弃催眠术。我一点都没有搞清楚发生了什么事，但那位女士却真的好了，还高兴地走了。我猜想24小时后她可能会旧病复发，因此我要求她让我知道她后来的情况。可是，她却并没有犯病，我不得不接受她已经痊愈的事实，尽管我心里非常怀疑。

第二年夏季的那个学期，这位女士又来了，那天是我在学校进行的第一堂课。这一回，她告诉我说，她的背部非常疼，而这种症状是最近才开始有的。我很自然地联想到，是不是因为我重新开始讲课了呢？可能她从报纸上了解到我要开设这堂课。我问她什么时候开始疼的，由什么原因导致的？她想不起来，也不记得她自己发生过什么特别的事，自然也说不出生病的原因。最终我得出的结论，正是她在报纸上看到我开课通知的那个时候，她开始背疼。很快，我就证实了猜想，不过我还是不明白她奇迹般病愈的原因。我又一次对她进行了催眠，或者说，她又一次自动进入了昏睡状态，自然她的背疼也治好了。

课讲完后，我没有让她离开，因为我想了解她生活中的更多情况。通过聊天我发现，她有一个儿子，这个孩子智力落后，也在医院里治疗，还恰好在我所在的那个部门。我一点都不知道这件事。这个孩子是她在第一次婚姻中生的孩子，而她现在用的是她第二个丈夫的姓。她对这个孩子寄予厚望，希望他才华出众、有所成就，因为这是她唯一的孩子。可是，这个孩子却在很小的时候得了精神病，这对她来说，真是一个可怕的打击。那时，我是一个年轻的医生。她迫切希望她的孩子能够像我一样，她希望自己能够成为一位英雄的母亲，因此就把希望转移到了我的身上。她认我做她的干儿子，还四处宣扬我如何治好了她的病。

正是由于她的宣传，我在当地获得了"巫师"这样的声誉；也正是她的原因，我有了第一批私人病人。我的心理疗法竟然开始于这样一位母亲，她让我取代她患有精神病的儿子！当然，最后我向她详细地解释了整个事情，包括细枝末节。她理解了这一点，也接受了。从此，她的病再也没有复发过。

我第一次真正的疗治过程，就是这样。这也可以说是我做的第一次分析。时至今日，与这位老太太的谈话，我仍然清楚地记得。这位老太太是一个聪明人，她很感谢我认真地对待她，感谢我对她和她儿子的命运的关心以及我帮了她的大忙。

在进行私人诊疗的时候，刚开始我也采用催眠的办法。但是很快我就放弃了这种做法，因为使用催眠治疗实际上相当于是在黑暗中摸索前进。这种没有把握的方法，让我在工作的时候觉得很内疚，因为我不可能清楚病情有多少改善，又或者疗效能持续多久。而且，我很不喜欢代替病人做出决定，认为病人应该做什么。我更希望病人能自己引导自己去一个地方，由他天生的倾向引导他。想要找出这一点，就很有必要对各种各样的梦境进行仔细分析，以及详细研究潜意识的其他表现。1904年到1905年，我开设了一个精神病理学实验室，当然这个实验室是在我的精神病诊所开的，而且是实验性的。我找了几个学生来帮助我，一起进行精神性反应（即联想）的调查研究。我的帮手叫大弗兰茨·里克林，当时，路德维格·宾斯旺格正在写他的博士论文，方向是论述与精神流电疗法效应有关的联想实验。我的论文《论

四　精神病治疗活动

从心理学角度对事实的确定》也正在写作中。还有几个美国人和我们一起工作，他们是卡尔·彼特森、查尔斯·里克什等。当然，他们写的论文是在美国期刊上发表的。由于这些联想研究，1909年克拉克大学邀请我去讲学，举办关于我的研究工作的学术讲座。同时，他们还邀请了弗洛伊德，这自然与我无关。克拉克大学同时授予了我们两个人"荣誉法学博士"的头衔。

我在美国获得了声誉，主要是因为联想实验和精神流电疗法实验。没过多久，美国的很多病人就来找我治疗了。第一批病人中，有一个病例我至今记得很清楚。这是一位美国同行介绍来的病人。病人的诊断结果是"酒精中毒性神经衰弱"，预后很不好，是"无法治愈"。由于担心我的治疗对病人没有什么作用，这位同行也介绍这位病人到柏林的某位神经病权威那里求治，作为补救措施。那位病人不久就来看病了。在与他详细谈论了一阵子后，我发现这个人患有一般性的神经症。可是他却对这个病在精神上的起因守口如瓶。于是，我只好对他进行一次联想试验。结果，我发现他正在遭受恋母情结折磨，这是一种可怕的影响。因为出生在一个富有而有名望的家庭，这位病人的生活十分安逸，有可爱的妻子。不过，这也只是从表面上来说。他很喜欢，而且喝酒过多，好像喝酒才能让他处于麻痹状态，以便忘记压抑性的情境。不过，这样做肯定没有任何作用。

这位病人的母亲是一个大公司的拥有者，他也在公司担任领导者，而且这位儿子的智商很高。显然，他早就应该从他母亲的压迫性处境中挣脱出来，可是他却没有勇气，也不愿意抛弃这个优越的职位。如此，他就只能一直被他的母亲控制，正是他的母亲为他提供了公司的职位。每当他和他的母亲待在一起的时候，他都不得不屈从于母亲对他工作的干涉。只要遇到这种情况，他就开始喝酒，以此来麻痹或消除他的情感。在他身上，有一部分希望离开母亲的控制，但还有一部分并不是真的想离开这个温暖舒适的家。尽管留下违背了他的本能，但他受不了财富和舒适的诱惑。

短时间的治疗后，这位病人不再酗酒了，而且他还觉得自己被治愈了。不过，我告诉他："如果您再次回到自己以前的生活环境中，您是否有可能会旧病复发，这一点我不敢担保。"当然，他并不相信我的话，非常高兴地回到了美国。

可想而知，当他再一次不得不接受他母亲的影响的时候，他又开始喝起酒来。因为这件事，他母亲在瑞典停留的时候，专程来到我这里咨询治疗的办法。这是一个很聪明的女人，却异常迷恋权力。我非常清楚她的儿子必须竟争的是什么，以及他没有力量反抗他的母亲。而且他从体格上说也显得十分柔弱，完全不是他母亲的对手。鉴于此，我便采用了一种强迫性的治疗办法。瞒着这位病人，我给他母亲开了一张医疗证明，告诉她最好把他解雇，因为他的酗酒让他根本没有办法完成任何工作。这位母亲接受了我的建议。当然，她的儿子对我非常生气。

对于一个医疗界的人来说，我做的这件事通常会被认为不符合伦理道德。可是我知道，我不得不采取这个方法，这实在是为了病人好。

后来，这位病人发展得怎么样呢？自从他脱离他母亲的控制后，他的个性得到了很好的发展，他取得了很大的成就。这正是我给他开出一剂猛药的原因。为此，他的妻子很感激我，因为这样做不但让她的丈夫不再酗酒，还取得了很大的成功，开拓出了他自己的人生道路。

话虽如此，多年来我却一直对这个病人有一种犯罪感，因为我是背着他开的那张证明。虽然我很清楚只有这样做才能使他逃离他母亲的控制。结果确实如此，一旦逃离出来，他的精神性神经症也好了。

在我挂牌行医的那段时间里，有一点不断地加深着我的印象，即人的精神对于潜意识犯下的罪行做出反应的方式。也就是说，那个年轻的女士刚开始并没有觉得是她杀死了自己的孩子，但是她却陷入了那种好像她已经意识到自己罪恶的状态。

还有一个类似的案例，让我记忆深刻。有一位拒绝说出自己名字的夫人来到我的诊所，还告诉我说名字并没有关系，因为她只想看一次病。显然，她属于上层社会。她告诉我说，她曾经当过医生，今天要告诉我她的一个秘密：她本人在大约20年前出于妒忌而毒死了她的一位好友，因为她想嫁给她朋友的丈夫。刚开始，她认为只要谋杀不被人发现，她就不会有罪恶感。如果她要嫁给这个男的，最快捷的办法就是除掉她的朋友。当时的她认为，她根本不会在意道德方面的不妥。

最后，她如愿以偿地与这个男的结了婚，可是他却在他们婚后不久就去世了，他还很年轻。在之后的几年里，她的身边发生了一系列奇怪的事情。他们婚后所生的一个女儿，一长大便想方设法离开了她。她的女儿在很年轻的时候就结了婚，然后搬到一个她再也见不到的地方去了，后来她的女儿越搬越远，直到这对母女失去了一切联系。

原先，这位太太对骑马充满了热情，还有几匹她非常喜爱的乘用马。可是有一天，她发现这些马变得十分不安，特别是在她骑的时候。就连她最喜

四 精神病治疗活动

欢的那匹马也躲着她，还试图把她摔下来。最后，她不得不放弃了骑马这项运动。之后，她开始喜欢狗，她养了一只漂亮的猎狗，她非常喜欢它，觉得这只狗与众不同。可是，这只狗却瘫痪了，如同命里注定似的。到了这个时候，她觉得自己不幸极了。她觉得自己在道德上完全崩溃了。她需要向人坦白、倾诉内心的苦闷，于是她来到我这里。尽管她是个杀人犯，但她也把自己杀了，而且后者比前者更加重要，因为犯杀人罪的人，同时也毁灭了自己的灵魂。杀人者已经判决了自己。如果一个人犯了杀人的罪行，并被捉住了，那他一定会受到法律的制裁。如果他悄悄杀了人，而且他本人在道德上并没有认识到自己犯了罪，以及一直没有被人发现他的罪行，那么惩罚迟早会降临到他的身上，就像这个案例一样。这种情形最终一定会出现。有些时候，似乎连动物和植物也"了解"这种罪行。

这个女人陷入了一种孤独之中，这种孤独让人难以忍受，就因为她杀了人，最后连动物也对她疏远起来。最终，她决定让我知晓自己的秘密，就是为了摆脱这种孤独。确实应该有一个人来参与这个秘密，这个人必须不是杀人犯，还得不带偏见地接受她的坦白。只有这样，她才能再次与人类建立某种联系，或者类似这样的某种结果。显然，这个人的职业应该是医生，而不是忏悔牧师。牧师的职责让她对牧师并不信任，因为她担心牧师会从道德上来评判她，而不是就事论事。她再也不能忍受任何谴责了，尤其是在看到人们和动物都纷纷疏远她的时候，她正在遭受严厉的无声的惩罚。

我一直都不知道她是谁，当然也不确定她说的就是真的，因为没有任何证据可以证明。有时候我会自己问自己，最后她会有个什么结果呢？显然，她对我讲述这个故事之后，并不代表她就到了旅程的终点。可能最后她被迫自杀了也说不定。因为我根本不能想象，她还能在完全孤独的情况下继续生活下去。

临床诊断对病人来说并没有什么帮助，但却能为医生提供方向，这就是它很重要的原因。这里面最重要的就是病人自己讲述的往事。只有这些往事才能揭示病人的背景，才能表现出病人承受的痛苦。医生的治疗只有到了这个阶段才能发挥作用。我有一个病例，非常有力地证实了这一点。

这个病例是关于女病室里的一位老病人的。这位老病人75岁左右，但在40年的时间里一直卧床不起。她在大约50年前住进医院，但医院里剩下的人谁也记不起她是因为什么住进医院的，当时在医院里工作的人都已经去世了。只有一位护士长——她已经在这个医院工作了35年了——还记得一些关于这个病人的事情。现在这个老太太已经不能说话了,维持生命只能依靠流质和半流质的食物。她用手指沾上食物,然后让它慢慢顺着手指滴进嘴里。依靠这个方法,她有时候要花上差不多2个小时的时间来喝一杯牛奶。当她不吃东西的时候,她会用双手和手臂做一些动作,这些动作很古怪并带着一定的规律。我想不明白这些动作的含义是什么。我对此找不出任何解释,尽管我对精神病造成的毁坏性程度印象深刻。在临床课的课堂上,她常常被当成一个案例,用来分析精神分裂症的一种紧张症形式。不过对我来说,这没有什么意义,因为它对我了解这些手势的原因和意义没有任何帮助。

  在这个时期,我对精神病的反应也体现在这个病例留给我的印象中。当我成为助理医师时,我对于精神病学到底意味着什么简直一无所知。我感到非常不自在,当我站在主治医师和我的同事们身边时,他们总是表现出信心十足的样子,意气风发,而我还在黑暗中摸索,不知所措。我一直觉得精神病学的主要任务,是要弄清楚病人的头脑里到底发生了什么事。可是到目前为止,对这些事情,我仍然一无所知。尽管我从事着这一职业,但我却并不在行!

  有一天傍晚,我穿过病房,看到那位老太太又在做着那个神秘的动作,我觉得很奇怪,自己问自己:"她这样做的原因是什么呢?"之后,我便去询问那位老护士长,想知道这位病人是不是一直都是这样。"当然,"她回答说,"不过她过去常常做鞋子,这是我的前任告诉我的。"带着好奇,我再次翻阅了她的病历,病例已经发了黄。不容置疑,上面果然有一段话,大意是说她有做鞋动作的习惯。在过去,鞋匠们常常把鞋子夹在两膝中间,以保证自己能精确地拉扯出穿过皮革的线(现在,我们仍然能在乡下看到鞋匠的这种动作)。没过多久,这位病人就去世了,前来参加葬礼的人中有她的哥哥。我问他:"您的妹妹为什么会精神失常呢?"他告诉我,原来她与一个鞋匠相爱,可是后来,这个鞋匠却出于一些原因不愿意娶她。当这个鞋匠与她断绝关系后,她便"生病"了。做鞋子的动作实际上表示的是她对自己的恋人的认同,直到她去世,她都一直保持着这种认同感。通过这个病例,我了解到有关精神分裂症的心理起源的第一点暗示。也就是从这开始,我便集中全部的注意力在精神病中的具有含义的种种联系上。

  还有一个病人,为我揭示了精神病的心理学背景,其中最主要的是那些"没有意义"的妄想的背景。正是从这个病例中,我才第一次明白精神分裂症患者的语言,虽然直到现在,这种语言还被认为没有意义。这个名叫巴贝

四 精神病治疗活动

特的病人,我已经在其他地方发表过关于她的故事,我还在1908年专门针对她的病做过一个讲座,就在苏黎世的市政大厅。

巴贝特出生在苏黎世旧城中的一个贫困的家庭中,这个地方尽是一些狭窄而肮脏的街道,她是在卑贱的环境中长大的。她有一个妓女姐姐和一个酒鬼父亲。她在39岁那年去世,死于带有典型夸大狂特征的偏执狂式早发性痴呆。当我遇见她的时候,她已经在医院待了20年。作为直观教学课的实例,她曾展示在好几百个医学院的学生面前。巴贝特应该属于一个很典型的例子。这些学生从她的身上,直观了解了精神分裂的不可思议的过程。她完全精神失常,嘴里总说疯疯癫癫的话,这些话没有任何意义。我尽力想要了解她的那些莫名其妙的话的含义。例如,她会说:"我就是罗累莱。"她这样说是因为医生们总是在想弄明白她的病况时说:"我实在想不明白这意味着什么。"有时候她会哭喊着说:"我是苏格拉底的代理人。"我发现这句话的含义是:"我受到不公正的指责,如同苏格拉底一样。"还有一些突然爆发出的荒唐话意味着她增大了对自己的评估,用这个来弥补自己的自卑感,如"我是双料的无法代替的工艺学校""我是玉米面底下的葡萄干蛋糕""我是日耳曼和赫尔维提亚的特别甜的奶油""那不勒斯和我必须给全世界供应面条",等等。

我对巴贝特和其他这种病例的研究非常感兴趣,因为我相信那些我们认为没有任何意义的话,可能并不像一开始听到的那样疯狂。就算是这样的病人,在他的内心同样存在着一种人格,这种人格必须被认为是正常的,且它一直在袖手旁观。有时候,这种人格也会提出一些理智的评论和反对意见,通常是通过各种声音和梦的方式提出来。它有时候,特别是在身体生病时,还能再次进入病人的内心,并让病人看起来像一个正常人。

我曾经有一个病人,她是一位患精神分裂症的老太太。我就清楚地在她的内心看到了她的"正常"人格。通常,对于这样的病人只能表示关怀,因为他们是无法治愈的。每个医生都可能会遇到他不能治愈的病人,作为医生他只能为这种病人把通向死亡的道路整理平整。这位老太太听见了散布于她整个身体各处的声音,她认为"上帝的声音"就是来自胸膛中间的那个声音。

"我们必须要相信那个声音。"我对她说,说出这样的话让我都对自己的勇气感到非常吃惊。我会借助这样的声音来对付这个病人,因为这种声音一般都会说出一些理智的话。有一次,那个声音对老太太说:"让医生来考验一下您对《圣经》的信念吧！"于是她就带来了一本《圣经》，这本书已经很旧了，而且破破烂烂的，一看就已经被翻阅了很多次。这样，我每次巡视的时候，必须让她阅读我指定的其中一章。第二次巡视的时候，我还得对她进行考验。就这样，每隔两星期考验一次，我做了大约7年。刚开始，我很不习惯自己扮演这样一个角色。不过没过多久，我便意识到了这样做的意义。通过考验的方式，她的注意力一直保持活跃的状态，那她就不会深陷到梦境中——正是这些梦境让她精神分裂。结果，大概6年后，这位老太太就只能听见她身体左半部分的声音了，右半部分几乎没有任何声音，要知道她以前可是能听到周身存在的各种声音。而且左半身传来的声音也没有加倍地增强，和过去一模一样。因此，这位老太太的病算是被治好了，或者说被治好了一半。由于我根本没有料到这些记忆练习会对治疗产生作用，因此这次的成功出乎意料。

妄想狂病人的思想和幻觉中包含着一些意思，这是我通过对病人进行治疗意识到的。其实在精神病的背后，潜藏着一种人格、一部生活史、一种希望与欲望的形式。如果我们不能了解它们，那就是我们错了。忽然，我第一次意识到隐藏在精神病之内的是人格的一般性的心理。正是在这里，我们遇到了人类的各种矛盾与冲突，这些矛盾和冲突自古以来就存在着。尽管病人们看起来或者麻木不仁，或者悲怆不安，甚至就像个白痴，但是他们的思想仍在活动着，而且非常活跃，那些含有意义的东西，也要比猛然一看所具有的要多得多。在精神病里，从本质上说我们遇到的都是那些本性的基础，而并没有发现任何新鲜的或者一点都不了解的东西。

精神病学竟然花了很长一段时间，就为了弄明白精神病包含的内容，这让我一直觉得很震惊。一个人不愿意为了弄明白幻想的含义而花费心思，或者想要问一下这个病人这样幻想而另一个病人那样幻想的原因。例如，一个病人幻想耶稣会会士想要迫害自己，而另一个病人则幻想自己会被犹太人毒死，但第三个病人又相信警察正在追捕他。就像这种情形，它会有什么意义呢？当时的医生对这样的问题完全不感兴趣。他们用"受迫害幻想"等概念将这些幻想堆集在一起。同样令人觉得古怪的是，今天几乎没有人还记得我那个时候的调查研究了。我已经在这个世纪（20世纪）之初就开始使用心理疗法来治疗精神分裂症，这个方法绝对不是那种刚刚被发现的东西。然而，的确在经过了很长一段时间之后，心理学才被引入精神病学中去。

在医务所工作，当我治疗那些精神分裂症患者的时候，我不得不特别

四　精神病治疗活动

小心,如果不这样,就很容易被人认为是对病人不关心和对工作不上心。一直以来,精神分裂症都被认为是不治之症,因此,如果要是有人这方面的治疗取得了进展,那么很容易会被别人认为这个病人可能得的并不是真正的精神分裂症。

1909年,弗洛伊德来苏黎世探访我时,我让他看了一下巴贝特这个病人。后来,他对我说:"荣格,要知道您发现的东西一定很有意义,尤其是在这个病人身上发现的东西。可是,究竟是什么原因让您居然愿意对这个丑陋的女人花上那么多时间和精力呢?"我看了他一眼,估计这一眼会让他很不高兴,因为我从来就没有思考过这个问题。我甚至觉得这个老太太是个令人愉快的人,因为她竟然冒出那么多可爱的妄想,还说了那么多有趣的事情。而且无论如何,人性穿透怪诞异常的胡话的浓云,从中透射出来,甚至在她疯疯癫癫的时候。由于巴贝特生病的时间太长了,因此并没有取得有成效的治疗效果。不过针对其他病例,利用这种深入病人的人格、对其表示关怀的治疗方法,却取得了一些为时较长的疗效。

我们从精神病人身上看到的一切,从外表来看只有他们的悲惨的毁灭,可是由于他们背向我们,我们几乎看不到他们心灵的另一方面的活动。在一个年轻的病例中,她是一个紧张症患者。我惊奇地发现外表往往具有欺骗性。当时她才18岁,出生在一个有教养的家庭。在她15岁的时候,她的哥哥诱奸了她,之后她的一个同学又欺负了她。她从16岁时就开始主动疏远他人,进入一种孤独之中,她不再见任何人。最后,邻居家的一只凶恶的狗成了她剩下的唯一的感情关系,她一直渴望争取这只狗。在她17岁的时候,她变得越来越古怪,只得被送进了精神病院,并在那里待了1年半。她拒绝吃任何东西,能听到各种声音,沉默不语,不再说话。第一次看见她,我就发现她正处于一种典型紧张症的状态之中。

经过了很长的时间,大概好几个星期吧,我才慢慢地说服她,让她不再保持沉默,开始讲话,当然,这克服了许多障碍。她告诉我,她一直住在月亮里,不过,尽管月亮似乎真的有人居住,首先映入她眼帘的却只有男人。她立刻被他们带走了,带着她来到月亮下的一个居处,这些男人的孩子们和妻子们在这里生活。在月亮的高山上住着一个专门劫杀女人和孩子的吸血鬼,因此月亮上的人类遭遇了严重的威胁,占月球人口半数的女人生活在月亮下面。

我的这位病人下定决心帮助月球人,她计划消灭这个吸血鬼。为此,在经过长时间的准备后,她为吸血鬼专门搭建了一个带着平台的高塔,然后她就等待着这个吸血鬼的出现。很多个晚上过去了,她终于看见了这个吸血鬼,这个怪物像一只大黑鸟那样拍着翅膀从远处向她飞近。她站在原地等着这只吸血鬼,手里拿着一把藏在她的长袍下面的长刀,这把刀是用来杀牲口祭祀的。突然之间,吸血鬼已经站在了她的面前。除了羽毛,她看不见它的任何东西,因为它有好几双翅膀,遮住了它的脸和整个身体。在好奇心的驱使之下,她很想知道这个吸血鬼究竟长什么样。手里拿着刀子,她慢慢地走了过去。突然,吸血鬼的翅膀张开了,站在她面前的是一个俊朗的男人,像天神一般美丽。它用自己带翅膀的铁钳般的双臂紧紧夹住了她,让她无法挥动刀子。这个吸血鬼迷人的容貌完全迷住了她,因此她根本无法挥刀杀它。最后,吸血鬼把她从平台上提了起来,带着她飞走了。

在做过这样一番陈诉后,她就可以顺利说话了,可与此同时,她又表现出了她的反抗性,因为她再也无法逃离地球,似乎是我阻止了她返回月亮上去。她告诉我说,月亮上很美丽,在那里生活很有意义,可是这个世界却并不美丽。没过多久,她的紧张症又复发了,我不得不送她去一所疗养院。有一阵子,她简直疯狂极了。

两个月后,她出院了,恢复到可以正常和人交谈了。她渐渐明白:每个人都必须在地球上生活。这样的结论让她非常抗拒,她拼命地与之进行斗争,只好又再次被送进了疗养院。当我再一次来到她的病室里看望她的时候,我对她说道:"您不可能再回到月亮上去了,这一切对您不会有任何好处!"她接受了这一点,没有说话,神色非常悲怆。这一次,她并没有在疗养院待很长时间就出院了,从此听天由命。

她曾在一所疗养院当过一段时间的护士。有一次,由于一位助理医生稍微粗暴地批评了她几句话,她就拿出左轮手枪朝他开了一枪。幸运的是,这位助理只受了点轻伤。不过这件事却表明,她随时都带着一把左轮手枪,不论她走到哪里。在这件事之前,还有人曾看见她带着一支子弹已经上膛的步枪。在那次治疗结束时,也就是我最后一次见她的时候,她把那支枪交给了我。当时我非常吃惊,问她用枪打算干什么。她回答说:"如果您骗了我,我就开枪打倒您!"

当这次开枪射击事件过去之后,她回到了她的家乡。她结了婚,生了几个孩子,还经历了两次世界大战而幸存了下来,也再没有旧病复发过。

通过对她的种种幻想的解释,我们可以得到什么结论呢?当她还是个

四　精神病治疗活动

姑娘时便和她的哥哥有了乱伦关系,这让她在世人面前觉得非常耻辱,但在月亮王国上她就没有这种耻辱感,反而变得高尚。从传统观念来看,只有王室和神才拥有乱伦的特权,因此她进入了一个神秘的王国。这样思考的结果就是她开始与地球这个世界疏远起来,并显示出一种精神病的状态。于是,她斩断了与他人的联系,变得"超越凡俗"。她进入外层空间,来到距离地球千万里的月球上,还在那里遇到了带翅膀的魔鬼。在治疗期间,她把我当成是魔鬼的化身,如同这种事情经常发生的那样。因此,当我自然地劝她回到人的正常生活时,就像其他正常人做的那样,她威胁了我,想要置我于死地。她把自己的故事讲给我听,这从某种意义上来说她背叛了那魔鬼,而自己也因此能够依附在一个尘世的人的身上。如此,她就能重回人间,并结婚生子了。

经过这件事,对于精神病人所受到的痛苦,我便开始用另一种眼光来看待,因为我已经觉察到,他们的内心体验非常丰富,而且很重要。

针对我的心理疗法或分析疗法,我经常提出疑惑。我无法对这种问题做出明确回答。病人不同,治疗的方法自然也不同。因此,我对那种固定疗法的行为是很怀疑的,当某个医生告诉我他严格坚持这一或那一疗法时。实际上,治疗方法应该根据病人本身的情况来确定,而不是千方百计把某个东西强加到病人身上。有个资料,就谈了很多关于病人的抵制性反抗的问题。心理疗法和心理分析需要根据不同的情况制定不同的方法。我在治疗每个病人的时候,都尽量把他们区分对待,因为每个问题的解决办法都是独特的。就算有所谓的普遍法则,其适用性也应该有所保留。正因为心理学上的真理可以颠倒过来,所以它才成为真理。那些对我来说完全不适用的解决办法,可能对别的人来说就正好合适。

因此,一个医生自然需要熟悉种种"方法",不过他还得提高警惕,预防自己落进特定的方法之中。也就是说,一个人必须小心对待理论上的各种假设。今天它们可能正确,但明天又可能变成其他假设的反面了。它们在我的分析过程中根本不起任何作用。我故意让自己不属于任何体系。只有深入了解一个人,才能在与以个人身份出现的人打交道的时候管用。我们需要使用不同的语言来对待每一个病人。在进行分析的时候,这次我可能用阿德勒的语言说话,另一次我又可能用弗洛伊德的语言说话。

还有一点非常重要,那就是每当我面对病人的时候,我总是以一个人面对另一个人的态度来对待。分析是一种对话,这种对话要在两个参加者之间才能进行。病人面对面坐在分析者的前面，两人四目相对，医生自然要有话说，但病人也同样要有话说。

仅仅进行精神病学方面的分析是不够的，因为心理疗法在本质上并不是一种方法的应用。我本人也是在工作了很久之后，才掌握了心理疗法的方法。我曾在1909年就认识到，如果不能明白他们的象征的含义，就没有办法治疗隐性的精神病者。我对神学开始研究，也是在那个时候。

面对那些有教养的病人以及智力高的病人，精神病学家拥有的就不仅仅是专业知识，还需要拥有更广博的知识。他必须搞清楚病人生病的原因，否则医生就会引起病人的反感，而这种反感是没有必要的。归根结底，最重要的是病人是否觉得自己是一个人，而不是一种理论是否得到了证实。然而，如果不参照集体性的看法，这一点无法做到。医生应该对这一点很清楚才对。由于病人的心灵的视野包容性非常大，因此光有医疗性的训练不够，也不应该局限于医生诊室的有限范围。

相比躯体而言，心灵显然更为复杂，也更不容易接近。只有当我们意识到了它，它才呈现出那个世界的一半。正因为如此，心灵属于一个世界性的问题，而并不是一个个体的问题。因此，精神病学家是在与整个世界打交道。

时至今日，相比以前的任何时候，我们都无比清楚地了解到，人类或者说个体与大众的心灵才是威胁着我们所有人的那种灾难，而不是大自然。这个威胁的结果就是人的精神失常。我们的精神能否正常地发挥作用决定了一切。今天，氢弹如果爆炸了，那一定是某些人失去了理智。

不过，心理疗法学家不但需要了解病人，还必须了解自己，后者同样非常重要。针对这一原因，"绝对必要的条件"就是分析者的分析对象，即所谓的训练性分析。就是说，病人的治疗是从医生本人开始的。在医生教导病人怎么去做之前，他必须首先懂得如何处置他自己和他本人的问题。只有经过这个阶段，才能进行治疗。医生必须在训练性分析中学会认识自己的精神，且要非常严肃地加以对待。如果他无法做到这一点，那病人自然不会跟着他学，结果就是病人会丢失自己的那一部分精神，如同医生丢失他的一部分精神一样，这部分精神就是医生没有学会理解的那部分。因此，在训练分析这件事上，仅仅掌握一系列概念是不够的。精神分析对象一定得认识到，这种分析与他本人息息相关，训练性分析是现实生活的一小部分，这种方法仅仅通过死记硬背并不一定能学会。学习者如果在训练性分析中没有意识到这一点，等待他的将是未来的失败，并会付出惨重的代价。

四　精神病治疗活动

在进行任何全面性的分析的时候，需要调动起来发挥作用的，不仅仅是病人的整个人格，还包括医生的整个人格，尽管存在着一种叫作"附属心理疗法"的治疗方式。如果医生完全不介入，很多病人是无法治愈的。面对重大事件的时候，医生是把自己当成一出戏的一部分，还是装出一副权威的样子，结果很不相同。在面对生命处于重大危险的时候，在面对生死存亡的问题的时候，仅仅进行一点拐弯抹角的暗示没有任何作用。在这样的时刻，接受挑战的是医生的为人。

因为我们自己不会对自己的意识有反应，所以在任何时候，施治者都要密切关注自己和自己对病人做出反应的方式。我们必须不断地问自己："在我们的潜意识里，这种情景是怎样发生的呢？"因此，我们必须对自己进行密切的关注和研究，谨慎地观察我们自己的梦境，如同我们小心地对待病人那样。如果不这样做，整个的治疗就会出现问题。下面，我来举个例子说明这个问题。

我有过一个智商很高的女病人。多种原因的启示下，我对她产生了各种怀疑。刚开始，我们之间的谈话很顺利，心理分析也进行得很顺利。但过了一会儿，我感到自己没有办法对她的梦境进行正确的阐释，并且我们之间的谈话变得越来越空洞。当然，这一点差错也没有逃脱她的眼睛，所以我决定跟我的病人谈一谈这个问题。就在我准备跟她谈话的前一天晚上，我做了一个梦，梦的情况如下。

一天午后，阳光灿烂，我正顺着一条公路往前走，这条公路穿过一个山谷。在我的右手边是一座陡峭的山，在它的顶上矗立着一座城堡，一个女人在城堡最高的塔楼上，正坐在某种栏杆上。我拼命地把头往后仰，以便自己能够好好地看清楚她。我醒来后脖子的后部非常痛。甚至在梦里，我已经认出来，那个女人就是我的那位女病人。

通过对这个梦的阐释，我恍然大悟。如果在梦里我是用仰着头的方式来看这位病人的，那在实际中正相反，我恰恰是垂着眼在看她。说到底，梦境其实是对意识态度的补偿。我把自己的这个梦以及对梦的阐释告诉了这位病人，她立刻在情境上发生了某种变化。于是，对她的治疗又一次开始取得进展。

作为医生，病人正在对我传递的是一种怎样的信息？他对我意味着什么？如果他对我什么也不意味着，那我对他的病自然无从下手，因为我没有打开缺口的攻击点。只有医生本人在情感上受到感染后才能产生作用。"只有医生受过伤，他才会医治伤。"不过，如果医生的个性很强，就像盔甲那么硬的时候，他就根本不起任何作用。对于我的病人，我总是非常认真对待。我可能也会遇到像他们遇到的那种很难解决的问题。而且有时候还会是这样的情形，医治医生痛处的，正是病人这帖良药。由于存在这样的情形，医生有时候也会遇到困难，或者更准确地说，这种情形就是专门为医生准备的。

为了让自己能够愉快地接受另一种观点，每个治疗医生都需要拥有由某个第三者来支配的控制力。就连教皇保罗，也有一个忏悔师。我总是对心理分析者提出这个建议："找个岁数大一些的男忏悔师，要不就找个岁数大一些的女忏悔师吧！"妇女在扮演这种角色上总是具有特别的天赋。她们往往能够看出男性内心深处的想法，甚至能看清楚男人本能的轨迹，因为她们具有非常好的直觉能力，以及犀利的批判性洞察力。某些男人们看不到的方面，她们也能看出。正因为如此，几乎所有的女人都不会相信自己的丈夫是个超人！

如果一个人得了精神病，那他经历一下心理分析是必须的，对于这一点其实很好理解；不过如果他感觉自己正常，就没有必要逼他这样去做。但是，对于所谓的"正常"，我有过一些让人惊讶的体验。有一次，我遇到了一位学者，他看起来完全"正常"，而且是个医生。他带着我的一位老同事写的评价很高的推荐信来到我的诊所，他以前是我的这位同事的助理，后来接替他在诊所的工作。现在，他在诊所一切都很正常，病人的人数很正常，取得的成就很正常，妻子很正常，几个孩子也很正常；他们一家人住在一幢正常的小房子里，房子在一个正常的小镇子上；他的收入很正常，饮食可能也正常。他来我这里，是因为他想当一个心理分析学家。我告诉他说："成为一个心理分析学家，您知道那意味着什么吗？它意味着您首先必须要学会了解您自己。工具就是您本人。如果您自己都不对，又怎么可能纠正病人呢？如果您自己都说服不了自己，又怎么能说服病人呢？这个分析真正的材料正是而且必须是您本人。如果您不能成为这样的材料，那就只能请上帝帮您了！否则，您一定会把病人引入歧途。因此，首先必须接受心理分析的，正是您本人。""很好啊。"那人这样回答，不过紧接着他又这样说，"我根本就没有什么问题能跟您说啊。"对我来说，这句话就是一个警告信号。我回答道："那很好。我们先来看看您的梦吧。""我不做梦。"他说道。"您很快就会做好梦的。"我回答说。那天晚上，换成别人大概都会做梦，但是他却想不起自

四 精神病治疗活动

己做的任何梦。就这样继续进行了大概两个星期,他还是回忆不起自己做的梦,而我开始对整个事情感到相当不自在。

终于,他做了一个印象深刻的梦。正是这个梦,再一次表明了在实践性精神病学中,解析梦是多么重要,因此我打算把这个梦介绍一下。他梦到自己去旅行,使用的交通工具是火车。两个小时后,火车在某市的一个车站要停一段时间。因为不了解这个城市,所以他想浏览浏览。于是,他便下车前往市中心。他在市中心发现了一座中世纪的建筑,可能是市政厅,于是他便走了进去。顺着长长的走廊,他随意乱逛着,看到了一些四壁挂满古画和精美壁毯的、很漂亮的房子,房子里到处都摆放着贵重的古董。突然,他意识到,时间不早了,天也已经黑了。他想自己必须要回到火车站去。可就在此时,他发现自己迷路了,再也找不到出去的大门。他非常吃惊,有点担忧地跳了起来,同时他也意识到,他一直没有遇到一个人,在这座建筑物里。他开始觉得有点害怕,加快脚步走了起来,盼望能在某个地方碰见某个人。可是仍然没有一个人出现在他的眼前。就在这时,他来到了一个大门处,心想这里应该就是出口了,于是他便松了口气。他打开门走了进去,才发现自己又撞进了一个房间里,这个房间非常大,还很黑,他甚至都没有办法看到对面的墙。他吃惊极了,便奔跑起来,试图横穿过这间大而无物的房间,希望能在另一边找到出口。这时,他看见房间正中间的地板上有个白色的东西。走近一看,他发现是一个小孩,这个孩子大概2岁,是个智障。小孩坐在一个尿壶上,还把尿壶弄得沾满了屎尿。就在这个时候,他大叫一声,醒了,害怕得心里怦怦直跳。

通过这个梦,我知道了自己需要知道的一切:这是一个隐性的精神病患者!我承认,在我努力把他引出这个梦境的时候,我浑身冒汗。我不得不向他掩饰所有有害的细节,告诉他这是某种没有害处的东西。

关于这个梦的意思,大概是这样:这一次的苏黎世之行,就是他梦中的旅行,不过他在那里待的时间不是很长。房间中央的小孩其实就是他自己2岁时的模样。就这么小的孩子来说,虽然这种不讲卫生的行为有点和一般孩子不一样,但也是有可能的。由于屎尿有颜色,还有一种不好的气味,因此他很可能对此感兴趣。最容易犯这种错的,就是那种在城市里长大并受到严格管教的孩子。

不过,这位医生可不是小孩子啊,他是一位成年的做梦者。所以,这个关于2岁小孩的梦的意象是一种恶毒的象征。当他告诉我这个梦的时候,我立刻意识到，他的那些正常的表现，其实是对这种情形的补偿。这是一位潜在的精神病患者，在关键的时刻，我救了他。只差那么一丁点儿，这位医生很可能就要发病，并使精神病变得明显化。必须阻止这件事情的发生。终于，在他另一个梦的帮助下，我成功地找到了一个借口，足以结束这种训练性分析。这是一个让我们都接受的借口，对于能够结束这件事，我们都十分高兴。尽管我没有把自己的诊断结果告诉他，但他可能应该已经意识到了。他又做了一个梦，梦见自己被一个可怕的疯子追赶，可见他可能已经处于很大的恐慌的边缘。这之后，他便立刻回了家，再也不敢去刺激他的潜意识了。他那显著的正常性反映了一种人格，这种人格不会再发展，但会在与潜意识的对抗中被击得粉碎。几乎所有的心理疗法家都不喜欢这些隐性的精神病患者，因为他们往往很难确认。

由于这种情况的存在，我们很有必要谈谈门外汉进行心理分析的问题。由非学医专业的人来研究心理疗法并施行这种疗法，我还是比较赞同的，但他们却很容易在面对隐性精神病人时犯重大错误。因此，外行者应该在职业医师指导下，来完成分析者的工作。外行者能够且应该与他的指导者进行商量，当他觉察到最轻微的一点儿不确定的时候。因为就算是医生，确认并治疗一个隐性精神分裂症患者也很困难；对于外行者来说就更是如此。不过，经过反复地研究，我发现那些外行者都很精明能干，特别是有些多年从事心理分析治疗并曾对自己进行过心理分析的外行者。而且，让这样的医生从事心理疗法是不现实的。从事这种工作，除了进行长期而彻底的训练，还要有广博的知识，而只有极少数人才具有这种能力。有一种情况会导致灵学现象，即医生和病人的关系，尤其是病人发生移情，或者医生在某种程度上从潜意识里认同病人的时候。我曾经遇到过好多次这样的情形。我对一个病例印象特别深刻。在我的帮助下，这位患者摆脱了心理发生性沮丧。病愈后他回到家，并结了婚。不过我对他的妻子没有任何好感，第一次看到她的时候，我就有一种不舒服的感觉。她的丈夫很感激我，但我也看得出来，由于我对她丈夫有很大的影响，我成了她的眼中钉。这种情形经常存在，那些并不是真心爱自己丈夫的女人们，对于丈夫和他人的友谊心存妒忌，并想方设法要破坏。由于自己并不是丈夫的唯一，因此她们迫切要求丈夫完全属于自己。所有这一切妒忌的症结，都是因为缺乏爱情。

妻子的态度，自然会给这位病人造成巨大的重负，这是他本人无法承受的。在这种压力下，尽管结婚才1年，他又旧病复发，重新陷入一种新的沮

四 精神病治疗活动

丧状态中。当然,我早就已经对此有所预见,所以事先便做好安排,让他一旦觉得自己精神不振,就立刻与我联系。但是,他自己却忘记了这样做,部分是因为他的妻子,她总是取笑他的这种萎靡不振,也因此导致我对他的情况一无所知。

那天,在某市我举行了一次讲座,快到午夜时分才回到旅馆。讲座结束后,我与几位朋友聊了一小会儿,接着便上床睡觉去了。但不知什么原因,我却久久都不能入睡。大约在凌晨2点钟我突然一惊,醒了过来。我一定是刚刚睡着了,但却感觉有人走进了我的房间。我甚至感觉到了门被急急忙忙地打开过。我打开灯,却什么都没有发现。我想,是不是有人走错了门,于是我朝走廊望了一眼,那里除了寂静什么都没有。"奇怪,"我想,"我明明感觉有人进过房间呀!"接下来,我仔细回想到底发生了什么事。直到这时我才明白,是一阵子不那么剧烈的疼痛弄醒了我,就好像我的前额被某种东西敲了一下,然后我的后脑勺又被敲了一下。第二天,我接到一个电报,说我的那位病人已经开枪自杀了。后来,我听说,那颗子弹从他的前额穿了过去,并留在了他的后脑勺里。

这次体验是一次真正的同时发生性现象,当发生那种在与一种重大的情境——这一次是死亡——有联系的情况的时候,就能够观察到这种现象。通过潜意识中的这种时空的相关化,情况大概是这样:我已经感觉到实际上正在其他地方发生的事情。每个人都拥有集体潜意识,古人所谓的"一切事物皆有的同情心",正是以此为基础。在上面那个例子中,我的潜意识知道我自己那位病人的状况。实际上,那天的整个晚上,我都感到不安与神经紧张,而且没有任何原因,我平日的情形与这个正好相反。

让病人改变宗教信仰这件事,我从来不试图去做,也绝不会给病人施加任何压力或强迫性命令之类的。病人应该得到他自己对事物的看法,这一点非常重要。在我治疗的病人中,异教徒仍然是异教徒,基督徒仍然是基督徒,犹太教徒也还是犹太教徒,一切都合乎命运为他们做出的安排。

有一个失掉了自己宗教信仰的病人,让我印象很深刻,她是一位犹太妇女。在遇见她之前,我做了一个梦,梦见一个年轻的姑娘向我求医,成了我的病人,我一点都不认识这位姑娘。在梦中,她向我大概介绍了自己的病情。不过在我们进行交谈的时候,我心里却在想:"这到底是怎么回事啊?我根本就不了解她。"不过突然之间,我恍然大悟,这位姑娘应该是患有一种不同寻常的恋父情结(father complex)。然后,这个梦应验了。

第二天，我有一个预约门诊，并一直为这件事忙到下午4点钟。这时，一个年轻的犹太妇女出现了。她很漂亮，穿得很时髦，也很聪明，是一位富有银行家的女儿。在这之间，她已经做过一次心理分析。但那位医生却对她发生了移情。最后，这位医生只好请求她千万别再找他看病了，如果继续下去，很可能就要破坏他的婚姻了。

多年来，这位姑娘饱受着一种严重的忧虑性神经症的折磨，再加上遇到上面那种情况，她的病情就更加严重了。我查看以往病史，并没有发现什么特殊性的东西。这位姑娘的生活方式已经完全改变了，属于那种西方化的犹太人，是个彻底的开明人。开头，我并不知道她遇到了什么麻烦。不过，突然间我想起了昨晚做的梦，十分感慨："天啊，这位姑娘正是我梦中见到的那位姑娘啊。"不过，在她身上，我一点都没有看出任何恋父情结的痕迹。最后，按照处理这类病人的习惯，我便问她有关她祖父的情况。听到我的问话，她闭了一小会儿眼睛。于是，我立刻意识到这里应该就是问题的关键。因此我要求她详细地告诉我有关她祖父的情况。从她那里，我了解到她的祖父是个拉比，并属于犹太教中的一个小教派。"您说的是'虔敬派'吗？"我问道。她做了肯定的回答。我继续针对这个提出问题："如果他是个拉比，那他是不是有机会当圣徒呢？""不错，"她回答说，"我听说他是某种圣人，并拥有第二视力。不过我觉得根本没有那回事吧，这全是胡说八道！"

听到这里，再加上她的既往病史，我对于她的精神病史就有了结论。我告诉她："现在，我要跟您说点儿事情，这些事情可能让您无法接受。您的祖父是个圣徒，但您的父亲却背叛了上帝，成了个犹太教的叛教者。由于您心里对上帝充满了恐惧，因此您便有了精神病。"这句话给了她狠狠一击，犹如晴天霹雳。

第二天晚上，我又做了一个梦。我梦见自己在家里举行招待会。不可思议的是这个姑娘也在场！她走到我跟前，问我："外面正在下着大雨呢，您有雨伞吗？"我赶紧找来一把雨伞，左按按右摸摸地想要把它打开。就在我准备递给她伞的时候，却发生了一件令人惊讶的事！我竟然跪下来把伞递给她，如同她是天神一样。

后来，我告诉了她关于这个梦的情景，然后过了一周，她的精神病就好了。通过这个梦，我知道她并不是一个浅薄的小姑娘，她具备的一个圣人的素质就隐藏在这种表面现象下。她没有任何有关神学的概念，所以她的天性

四　精神病治疗活动

中的这个最根本的特质，便找不到表现自己的方式。除了这些，她什么都不知道，因此她意识到的一切活动，都被引向到卖弄风情、穿着和性的方面。她只清楚，自己应该理智地过一种有意义的生活。可是实际上，她注定要完成上帝那个秘密的旨意，她注定是上帝的孩子。她是那种精神性活动不可缺少的人，我需要做的只是唤醒她身上神学和宗教的意识。只有这样，她的精神病才会治好，她的生活才会呈现出意义。

在这个病例中，我只是感觉到了一种"引导性力量"的出现，并没有使用任何治疗方法。我向这位女士进行了解释，她的病就完全好了。在这件事上，重要的是"对上帝的敬畏"，而不是方法。

有的人会满足于错误或片面地解答人生问题，因此这样的人很容易就成为精神病患者，我常常发现这种情况的发生。这些人追求金钱和权利以及名誉，追求高攀的婚姻和外表的成功，他们获得了自己追求的一切，可是仍然觉得不幸福，还为此患上了精神病。这种人的精神生活的范围通常极为狭窄，他们的生活缺乏丰富的内容和充实的意义。他们的精神病想要得到治疗，就必须让自己成为眼界更为宽阔的人。正是因为如此，对我来说，发展的观念向来具有最大的重要性。

我的病人中，绝大部分是那些丢掉了宗教信仰的人，而不是拥有信仰的人，他们都是一些迷途的羔羊。就是在今天和在这个时代，信徒还是有机会在教堂里过着一种"象征性的生活"。只需要想一下弥撒、洗礼、效法基督，以及宗教上的很多其他方面的体验，我们就可以确定这一点的正确性。不过，想要体验和生活在这些象征里，有一个先决条件，即要求人们以信徒的方式积极参与，而这正是今天的人们缺乏得厉害的东西。精神病人就更如此了。针对这样的病人，我们需要观察他的潜意识里，是否能够自发地出现各种象征，这些象征可以取代他所缺乏的那些东西。不过就算是这样，还有一个问题仍然没有解决，即这个在梦中见到各种象征，或者有过幻觉的人，他本人是否能够理解这些象征的意义，是否愿意承担起这种种后果呢？

例如，我曾在《集体潜意识的各种原型》里讲过一个例子，其中有一个关于一位神学家的病例。他曾反反复复地做了好多次相同的梦。在梦中，这位神学家站在一个山坡上。在这里往下看，能够看到一个长满茂密树木的山谷，风景很漂亮。在梦中，他知道，在树林的中央有个湖；他清楚地感觉到，某种东西一直阻挡着他走到那里去。不过这一次，他决定走到那里去。可是，当他走近湖边时，气氛突然变得很神秘；湖水在一阵轻风下便泛起了阴暗的涟漪。伴随着一声惊叫，他醒了过来。

刚开始，好像根本无法解释这个梦。这位做梦者作为一个神学家，应该能清楚地记得这个水塘就是病人受洗的水塘——贝提斯塔水塘，在梦中，它被一阵风吹得起了涟漪。这个水塘之所以被认为可以治病，是因为一个天使下凡时触了一下水面。那阵轻风其实就是可以随意到处吹的圣灵。正是这个吓坏了做梦者。这位守护神，本来过着自己的生活，却被突然现身的圣灵，这个看不见的存在，吓得发抖。对于"贝提斯塔水塘"这一联想，这位做梦者很难接受。他根本不想接受这种联想，因为他觉得这样的事与心理学没有丝毫关系，只有在《圣经》里才可能遇到这样的事情，或者说这样的事情顶多在星期天早晨布道的时候谈到。这是一种根本无法体验的现象，当然在有些场合里提到圣灵还是很好的！

只有这位做梦者克服了他的惊恐，他的精神病才能痊愈，而他也真的克服了自己的恐慌。当然，我不会把问题的结果强加给病人，如果他们不愿意走已经给他指明的道路并愿意承担后果的话。我并不赞同那种敷衍了事的假设，即认为病人具有一种反抗性才拒绝这样做，这种反抗性一般人都具有。反抗性，尤其是那种显得非常顽强的反抗，由于这些反抗是不能轻视的警告，因此值得加以注意。治疗病人使用的方法，可以是一种毒药，不过这种毒药并不是每个人都可以服用；也可以是一种致命的手术，这种手术如果遇上了禁忌证就可能致命。

这位神学家的情形说明了这样一种情况：当触及最深处的体验，触及人格的核心时，大多数人都会惊恐，会被吓坏，从而选择逃之夭夭。当然，我也很清楚，比起其他人来，神学家们的处境更加麻烦。一方面是因为他们更加接近宗教，另一方面是因为他们受教会和教规的束缚更大。对于大多数人来说，在任何情况下探究内心体验和精神都难以接受。让他们感到讨厌的是，这种体验有可能具有心灵的真实性。如果这件事具有一种超自然的或者有一点"历史性的"根基，那一切都可能变得顺利。但对于心灵的东西来说呢？病人往往会对心灵表示出一种浅薄的蔑视，当他们面对面遇到这个问题的时候。

在当代的心理疗法中，医生或心理疗法者往往被要求要"顺着"病人及他的情感，但我不认为这样做正确。医生进行的积极干预，在有时候是很有

四 精神病治疗活动

必要的。

有一次，一位贵族夫人来我这里看病。这位贵夫人习惯用巴掌扇她的仆人，有时候甚至也扇她的医生。因为得了强制性精神病，她一直在一所疗养院里疗养治疗。自然，她的主治医生很快就得到了她的一记耳光。因为在她看来，医生也不过是一个高级跟班而已。她不是付了工资给他吗？于是，这位医生便把她送到了另一所医院。在那里，很快也发生了同样的事情。后来，那位倒霉的医生又把她送到了我这里。由于这位夫人并不是真疯，她显然需要灵活而温和的方式加以治疗。

这位夫人的身高应该有6英尺（约1.8米），是一个高大威严的女人。我敢说，她那巴掌扇起人来，一定非常有力，也真够人受的！不久，她来了，我们刚开始谈得很投机。不过，该来的时刻总是要来的，我需要对她说点让她不高兴的事了。果然，她听了非常生气，跳了起来，举起手就威胁我说要给我一巴掌。我也跳了起来，面对面站在她面前，对她说："好啊！您先打，女士优先，您是位夫人呢。不过等你打完了，我可是要还手的！"然后，我就做出真要那样干的样子。她一下子就泄气了，一屁股又坐回到椅子上。"在你之前，谁也不敢对我这样说话！"她对我的行为表示了抗议。不过，我的治疗也就从那一时刻开始取得了成功。

这位病人尽管是一位女病人，需要的却是一种男子汉式的反应。如果在这一病例中"顺着"病人，那可就弄错了方向，比起什么作用都不起，这要坏得多了。她自己会患上强制性精神病，就因为她无法给自己施加道德的约束力。只有给这种人施加某种别的约束力，就能够随之产生强制性的、为这一目的服务的象征。

好多年前，我曾统计过自己治疗过的所有病人的结果。现在，我已经无法准确地回忆起这些统计数字了，但保守估计一下，大概有1/3的病人确实被治愈了，1/3的病人症状有了好转，还有1/3的病人根本上没什么任何改变。好多事情必须是在好些年之后，病人才能认识到和有所理解，而且只有到了那时候，这些东西才能发生作用，因此，这些没有得到治愈的病例很难判断。我的一些之前的病人经常写信对我说："我到您那里治病，但我却在10年之后才认识到这一切到底是怎么回事。"

曾经，有几个病人从我这里离开，到别处去求医，不过这种情况很少见。但即便是这些病人，在后来的日子里仍有一些人写信告诉我说，当时在我这里的治疗起了作用。为什么确定治疗是否成功往往这样难，原因就在这里。

显然，在一个医生的行医过程中，他必然会遇到一些对自己会产生重大影响的人。他会遇到这样一些人，公众不会对这些人是好是坏感兴趣。但正是因为这样，这些人或者具有非同寻常的资质，或者命中注定需要经受些他人从未经历的发展与灾难。他们有时候属于具有非凡才华的那一类人，能够激起另一个人愿意为他们献出自己的生命；但也正是这些人，可能天生具有某种古怪的精神气质，让我们分不清楚，这到底是个天才的问题呢，还是个发展不平衡的问题。在这片收获艰难维持生存的土地上，还会常常出现这样的情况，少见的心灵之花时常出现在社会的平原上，盛开怒放，而我们却很难想象自己能找到它们。只要当医生和患者建立了密切的关系时，心理疗法才能产生效果。这种密切的关系，要求医生对人的各种痛苦，无论是惨烈或深切，都要深深体会。归根结底，这种关系就在医生和患者不断地比较和相互的理解中，在于两者能够辩证地看待两种相对立的心灵上的现实。如果这些相互产生的印象，由于某种情况无法互相撞击，那么病人的症状就不会有所改善，心理治疗也不会有任何作用。想要找到解决方法，只有医生和病人之间形成一个与双方都有关系的问题才行。

在别的时代，我们今天所谓的精神病人，他们中的许多人都不会成为精神病人；由于产生了人格的分裂，这些人才成了精神病人。如果他们生活在一个别样的时代和社会里，他们是可以避免人格分裂的。在这样的时代和世界里，通过神话，人就能与他们祖先的那个世界联系起来，也就是与真正体验到的本质联系起来，而不是只从外部看到的本质联系。这些人属于那些无法忍受神话失落的人，以及下面所说的这样一类人，这些人不但无法找到一条通向外表性世界的道路，也无法找到一条从科学的角度来看世界的道路。同时，这些人又不希望通过聪明地玩弄字句来自欺欺人，因为这样做简直属于愚蠢的范畴。

我们的时代造成的这些精神分裂的牺牲者，都是一些非强制性的精神病患者。想要他们的症状消失，只要他们自我与潜意识之间的鸿沟弥合就可以。那些对分裂本身感受颇深的医生，才能更加深入地理解潜意识的心理过程，才有可能避免沾沾自喜，这种错误是心理学家很容易犯的。如果医生遇到这样的原型性病人，还没有学会从自身的体验中懂得各种原型的神圣

四　精神病治疗活动

性,那他有很大的可能性在治疗这些病人的时候获得不利的疗效。由于这位医生只从理智上而不是经验上来看待问题,他自然会做出过高或者过低的估计。正是从这里开始,危险的心理失常开始了。而企图让理智来主宰一切,就是这种失常的第一种表现。这悄悄把医生和病人远远地与本源性作用隔开了,自然也与实际经验隔开了;而且,它还把心理现实代之以一个显然稳妥的观念世界,也就是人为的但只是两维性的世界。在这样一个世界里,各种条理清晰的观念完全遮盖了生活的真实性。现实被一些名称取代了,同样,经验的本质也被剥夺殆尽,被名称取代。观念之所以让人乐于接受,就在于对于一种观念,谁也不必承担道义上的责任,而且它还保护您免受经验的侵犯。经验居住在行为和事实中,并不是居住在观念里,花言巧语没有任何作用。但就算这样,这种没有任何作用的做法却重复又重复,直到无穷。

因此,除了说谎成瘾的人,最难对付的病人是那些知识界人士,他们还是最忘恩负义的一类人。对于他们,甚至能够出现一只手不知另一只手在干什么的情况。他们已经习惯了"各自为政的心理"。只要理智不被感情控制,那它就能解决任何问题。但要是感情不够丰富,知识界人士同样会遭受精神病的折磨。

通过我与病人的接触,通过我与各种心灵现象的接触,我学到了很多东西,这些现象通过无穷的形象之流的形式展现在我的面前。不仅仅是知识,具有洞悉自己本性的能力才最重要。不过,通过我的错误和失败,我学到的东西也不少。我的患者大部分是女性,她们往往依靠不同寻常的自觉性、理解力和聪明才智参与到工作中来。正是因为她们,我才能从根本上在治疗方面创造种种新途径。

我的一些病人甚至变成了我的虔诚弟子,还把我的想法传播到了全世界。我跟他们的友谊经受住了时间的考验。

我的病人让我得以深入人生的现实,让我得以从他们身上学习到很多根本性的东西。对我来说,相比与名人们进行短暂的交谈,遇见如此多的各类人,而且这些人的心理状况还是这样不同,对我来说,后者的重要性要大得多。我一生中进行过的最美好和最有意义的谈话,都是在和那些无名的小人物之间进行的。

五　西格蒙德·弗洛伊德

　　我成为一位心理疗法学家，踏上了探索自己智力发展的道路。曾经，我非常天真地从外部以及临床角度上观察精神病患者，还在这个过程中发现了带有显著特色的心理过程。我把这些事情记录下来加以分类，尽管我一点都不明白它们的内容。由于人们对这些事情已经进行了充分的分析和评价，大家便认为它们是"病理学上的"，并对此置之不理。后来，我的兴趣日夜集中在这些病例中，通过它们，我能体验到某种自己可以理解的东西，它们是妄想狂症、狂郁性精神病及心理发生性精神障碍。自从开始执精神治疗业后，我就开始研读了布鲁厄、弗洛伊德及皮埃尔·雅内的著作，它们给了我极大的启迪与教益。在这些书中，弗洛伊德对梦进行分析与阐释的技巧，以及在精神分裂症的各种表达形式方面，让我大开界眼。我早在1900年就已经开始阅读弗洛伊德的《梦的解析》了。不过，我并没有理解和掌握那本书，所以我读过以后便放到了一边。直到我25岁，我都缺乏欣赏弗洛伊德理论的勇气和经历。后来，我拥有了这种经历。我于1903年再一次读起《梦的解析》，才发现它是如此接近我自己的想法。这之中，最让我感兴趣的是，弗洛伊德把受压抑机制的概念——这一概念是从精神病人的心理导出来的——应用到梦的方面。由于当时我正在进行词语联想测验，这之中我经常遇到压抑性机制，因此这对于我来说很重要。对于一些激发性词语，病人做出的反应或者根本不做出联想性回答，或者他的反应时间非常长。后来我们才发现，这种障碍之所以会每次发生，原因就在于使用的激发性词语触到了一种心理上的创伤或矛盾冲突。不过，病人在大多数情况下不会意识到这一点。病人会以一种非常做作的方式来回答，当他们被问及这种障碍的原因时。我观察到的事实与弗洛伊德的《梦的解析》的理论一致，就在这个地方，我们一致认为是压抑机制在起着作用。就这样，我证实了弗洛伊德的一系列论点。

　　但在受压抑的内容方面，情形就不一样了，在这方面我就不认同弗洛伊德的观点了。弗洛伊德认为一种性方面的损伤导致了压抑。但通过我的实践,那些我熟悉的许多精神病方面的病例,都表明性的问题并不是最重要的。倒是其他的一些因素占据了突出的地位,比如,社会适应性问题、由悲惨事件造成的压迫感、重视声誉等等,这些因素的作用更加重要。后来,我向弗洛伊德阐明了这些病例,但他却仍然坚持是性方面而非这些因素才是最初的原因。这一点我并不是很满意。

刚开始,在我的生活中,要想让弗洛伊德占有一个适当的位置并不是一件容易的事,因此我也很难对他采取一种正确的态度。就在我慢慢熟悉他的著作的时候,我正在写一篇论文,希望能够以此获得晋级,并认真规划我的学术生涯。不过,在当时的学术界,弗洛伊德并不是一个受欢迎的人。在当时,只要与他发生任何的联系,学术界都会认为是有害而无益的。在会议室里,人们从来不会公开谈论他,"要人们"也只在暗地里说到他,在各种代表大会上,人们也只是在过道里讨论他。因此,我根本不会觉得开心,当我发现我的联想测验竟然和弗洛伊德的理论一致的时候。

一次,我又在实验室再一次思考这些问题,就在这时,魔鬼向我建议到,只要避免在文章中提到弗洛伊德,那么把我的实验结果和得出的结论加以发表将是合适的。因为我得到我自己的实验结果,是在我明白他的著作之前。但这时,我的第二人格却反驳道:"如果假装不知道弗洛伊德而去做这样的事情,只是一种诡计而已。你可不能让自己的生活充满谎言啊!"听到这样的话,我感到自己解决了这个问题。从那以后,我就成了弗洛伊德公开的支持者,并一直为他进行斗争。

我第一次为弗洛伊德进行辩护,是在慕尼黑举行的一次代表大会上。当时,一个参会者在发言中谈到强迫观念性精神病,但却没有提弗洛伊德的名字。想到这件事,我在1906年为《慕尼黑医学周报》写了一篇文章,针对弗洛伊德的精神病理,进行了详细的评述。这篇文章在了解强迫观念性精神病方面起到了很大的作用。有两位德国教授曾因为这篇文章,写信警告我,如果我仍然公开支持弗洛伊德并继续为他辩护,那我的学术生涯就会陷入危险之中。我在回信中这样回答他们:"如果弗洛伊德说的是真理,那我会一直支持他。如果学术的前提条件是限制探索及取消真理,那我是非常鄙视这种学术的。"我继续为弗洛伊德以及他的思想进行辩护。不过,在我自己的发现的基础上,我还是无法承认是性压抑或性损伤导致了一切精神病。在一些病例中的确是这样,但在另一些病例中却不是。尽管如此,在调查研究方面,弗洛伊德开辟了一条新径。那些认为这件事非常震惊,并因此而反对他的人，在当时的我看来真的很荒唐。

在《早发性痴呆心理学》中，我表达的看法并没有赢得很多人的赞同。事实上，我的同事还对我进行了嘲笑讽刺。但我对弗洛伊德逐渐了解，却是通过这本书。后来，弗洛伊德邀请我去探访他。1907年，我们第一次见面，地点在维也纳。那天下午1点钟，我们见面，然后就一口气交谈了13个小时。在我遇见的人中，弗洛伊德是第一个对我来说重要的人；在那个时候，在我的经历中，再没有一个人可以与他相比。他非常聪明、机智，态度中没有任何浅薄的东西，如此卓尔不群。然而我对他的第一个印象却不是很清晰，我无法用明确的语言来描绘自己对他的印象。

我被他说的有关性的理论吸引了。不过，我的犹豫和怀疑并没有因为他的话而消除。好几次我都想尽力提出我的保留性意见，但每一次他都认为我是因为缺乏经验才会有这样的看法。那个时期，我的确还没有足够的经验，来证明自己的反对意见是有道理的，在这一点上，弗洛伊德是对的。他的有关性的理论，无论从个人方面还是哲学方面，对于他来说都是非常重要的，这一点我可以理解，也给我留下了深刻的印象。不过，他对性如此强调与他主观的偏见的联系究竟到了哪种程度，他又有多少有据可查的经验，对于这一点我无法确定。

最重要的是，我非常怀疑弗洛伊德对精神的态度。只要一个人或者一件艺术品显现出灵性（这里的灵性是指在智力方面而不是在超自然的意义上），他便拐弯抹角地认为这是因为性欲受到了压抑，并对之加以怀疑。那些不能直接用性欲方面的理论来解释的，他就认为是"精神性性欲"。对此，我并不同意。按照他的逻辑，继续推论这种假设便会推导出文化寂灭的判断。文化因此而成为一种闹剧，是受压抑的性欲的病态结果。"正确，"弗洛伊德表示同意，"就是这样的情形。我们没有任何力量与它对抗，这才是一种真正的厄运。"对此，我根本不想同意他的这种观点，也不想就此罢休，但我仍然觉得自己无法与他争个明白。

在我与弗洛伊德的第一次会面中，我得到了某种对我自己有意义的别的东西。在我们的友谊结束后，我才想起某些事并对它们进行解释。可以确定的是，弗洛伊德已经在情感上深深地陷入了他的理论中，就是关于性的理论。当他提到它时，他的声调就变得急迫，甚至达到了焦急的程度，随之不见的还有他正常的批判性和怀疑性的一切迹象。他脸上会现出一种奇怪的、深受感动的表情。我想没有人会知道这到底是什么原因。我有一种

五　西格蒙德·弗洛伊德

强烈的直觉，对于他来说，性欲已经变成了一种神秘之物。这一点，在3年后（1910年）当我们第二次在维也纳见面，并进行的一次谈话中得到了证实。

直到现在，我还能回想起弗洛伊德是如何跟我说的："亲爱的荣格，您一定要答应我永远不要放弃性欲这个理论。在一切事情中，这是最根本的。您知道，我们必须让它成为一种教条，一座无法撼动的堡垒。"他感情激动、诚恳地跟我说这番话，就好像是一位父亲："亲爱的孩子，请一定要答应一件事，那就是您每个星期天一定上教堂去。"我有点惊讶，不禁问他："一个堡垒？那需要防卫的是什么呢？"对于这个问题，他这样回答道："防的是烂泥沼里的黑潮。"说到这里，他在犹豫了一会儿后，又说了一句"关于神秘主义的"。首先，"教条"和"堡垒"这两个字眼儿让我感到非常震惊；因为教条，是一种不准反驳必须要相信的东西，设立只是为了永远地压制各种怀疑。可是，这个只与个人的冲动有关系，与科学的判断没有任何关系。

就是这个，成了我们友谊的拦路虎。对于我自己来说，是绝不可能接受这种态度的。弗洛伊德所说的"神秘主义"，实际上就是哲学与宗教，也包括当代正在兴起的灵学，包括在精神方面已经了解的一切。性欲的理论实在很玄，有点像那些推测性的观点，这些观点也是一种未加证明的假设。一种科学真理可以是一种假设，也可以在一个时期内存在，但却不应该被当作神物而永远存在。

我在弗洛伊德身上观察到了很多潜意识的宗教因素，尽管当时的我并没有清楚地理解这一点。显然，他想要我帮助他，和他一起建立起一道内容堤坝，用来防卫这些威胁性的潜意识。

我的思想因为这次谈话留下的印象变得更加混乱，直到现在，我还是不觉得性欲是人们必须遵奉的观念，更何况它还是一种靠不住却又让人陷入危境的观念。显然，对于弗洛伊德来说，性欲的含义要多于对于其他人。对他来说，性欲需要以宗教般的虔诚来对待并加以观察。面对如此根深蒂固的信念，一个人一般只好不再开口说话了。我也是犹豫了好几次，但最后还是欲言又止。没过多久，我们之间的谈话便结束了。

我既感到迷惑不解，又觉得尴尬狼狈。我已经有机会看一眼那个未知的新王国，在那个王国里，有各种新思想向我涌来。可以很清楚的一件事就是：弗洛伊德在以前一直对其不敬神性大加利用，现在他自己却创造了一种教条。更准确地说，他失去了一个好妒忌的上帝，用性的形象，咄咄逼人地代替了上帝。比起原先的上帝形象，性的形象同样固执、苛刻、盛气凌人、险恶和在道德上自相矛盾。正像用"神圣的"或"恶魔的"这样的形容词来形容精神上更强大的人一样，"性本能"取代了神的作用，这个神一直躲藏着或隐蔽了起来。对于弗洛伊德来说，这样的转换有一个好处，即让他能够把这样一个精神上的新原则，看成是科学上的无懈可击的理论，又能消除一切宗教性的色彩。然而，从本质上来说，这种神秘性是相同的，也就是说耶和华和性欲，这两种似乎不能比较的对立物的心理特质是相同的。只是改变了名称而已。当然，随着这种名称的改变，观点也改变了：想要寻求那个失去的神，只是现在在下界而不是在天上了。但是，对于那种更强大的理论，无论是叫这个名字还是叫另一个名字，有什么差别呢？如果心理学并不存在，如果存在的只是具体的物体，那其中一个肯定会取代或者毁灭另一个。在心理体验上，从实际上来说却并不存在什么是较不紧迫的、较不焦虑的、较不强迫性的等等。如何去摆脱或者克服我们的焦虑、内疚、冲动、潜意识和性本能，这个问题仍然没有解决。如果我们不能从光明的、理想主义的方面来解决这个问题，那还有一个方法也许有希望，即从黑暗的、生物学方面来解决这个问题。

在我的脑海里，这些想法闪过，如同熊熊燃烧起来的大火。过了一段时间，当我记起弗洛伊德的性格时，它就显现出了自己的意义。最主要是，有一种特色，即他的痛苦，完全吸引住了他的性格。在我们第一次见面的时候，我就对它产生了深刻的印象，但我却一直不能对此有任何解释，直到我将它和他对待性欲的态度联系起来看时，我才突然明白过来。尽管性欲属于一种神秘的事情，但对于弗洛伊德来说，它只是一种生物学上的功能，至少从他使用的术语和理论上来看是这样。只有在谈论它时，他才带有感情，显示出他内心深处的激荡，并回响着那些深刻的成分。他想从根本上教导人们，从内心深处看，包括了灵性的性欲有着一种本质性的意义，至少在我看来是这样。不过，他具体主义化的术语无法表达这种观念，因而显得非常狭隘。从本质上说，他所干的事情和他自己的目标是相违背的，这是他给我的印象。毕竟自己是自己最大的敌人，是人生最大的痛苦。他自己曾说，他觉得自己受到了一种"诽谤的黑潮"的威胁。与其他人相比，他尽力想让自己屈服这种黑潮，却又办不到，这在他身上要更加严重。

弗洛伊德他从来不问自己，为什么他会不由自主地不停地谈论性，为什么他对这种观念如此着迷？他一直都没有觉察到，他的那种"单调的阐释"，表达出来的却是一种对自身的逃避，逃避他身上的神秘性的另一个方面，大概可以这样说。如果他拒绝承认这一点，他就没有办法对自己妥协。他不知道从潜意识中产生的一切都有顶端和底部，也有内有外，他也不知道潜意识内容的矛盾性和模糊性。在我们谈及它的外在时考虑的其实只是一个整体的一半而已，弗洛伊德就是这样做的，但其结果却造成从潜意识中产生了一种反作用。

　　对于弗洛伊德的这种片面性，我是没有好的办法。或许他本人的某种内心体验会让他突然明白过来；不过他的智力，也会在这个时候用"纯性欲"或"心理性性欲"来归纳任何这样的体验。他成为自己能认识的那一个方面的牺牲品，而且一直没有逃脱出来，我把他看成一个悲剧性人物，也是因为这个；他是个伟人，但同时也是一个被他自己的恶魔控制的人。

　　在维也纳，我与弗洛伊德进行过第二次交谈之后，我了解到阿尔弗列·阿德勒的权力假说。但直到现在，我对这一假说还是很少关注。阿德勒做的事情，如同很多儿子做的事情一样，不是听从"父亲"的言，而是学习父亲的行为，时刻仿效自己的父亲。突然间，我的心上被爱（厄洛斯）和权力沉重地压上了，如同铅一样沉重。弗洛伊德曾亲自对我说过，他从来没有读过尼采的著作。不过，现在我却认为，弗洛伊德的心理学是向理智历史的一种靠拢，当然，这种靠拢非常巧妙；也是对尼采权力原则神化的一种补充。显然，这个问题已经不再是"弗洛伊德对阿德勒"了，而应该改写为"弗洛伊德对尼采"。因此，这场争论已经不仅仅是在精神病理学范畴内的一场国内之争了。我突然明白，厄洛斯和权力驱动力，在某种意义上就是两个意见相左的儿子，他们都有相同的父亲。或者像一个单一的促动性精神力量的两种产物，这一精神力量用对抗的形式以经验性的方式来表现自己，一如正负电子那样，如果厄洛斯为被动的一方，那么权力驱动力则为主动的一方，或者相反。厄洛斯与权力驱动力对彼此都有很高的要求。没有了厄洛斯，又怎么会有权力驱动力呢？人一方面屈从于驱动力，另一方面又企图驾驭它。弗洛伊德表明了客体是如何对这种驱动力表现出屈从的，而阿德勒则表明了另一面，即人如何利用这种驱动力，以便把自己的意志强加在客体之上。尼采给自己创造了一个"超人"，因为他自己无法支配自己的命运。我的结论是，弗洛伊德一定深受厄洛斯权力的影响，因此他才希望把它变成如同宗教守护神那样的精灵，把它提高到一种教条的高度。"查拉图斯特拉"作为一种福音的宣布者，已经得到很多人的认同，而弗洛伊德也企图把一种理论神圣化，以便能够超过教会。不过，他在这样做的时候肯定没有任何的夸耀；相反，他倒是觉得我想成为一个先知。他在提出自己灾难性的要求的同时，放弃了它。对于神秘的东西，由于一面是真实的，另一面又是不真实，人们的行为常常就是这样，而且有足够的理由这样做。神秘的体验可以与崇高和卑微并存。对性欲是神秘的这种心理事实，既有神性又有邪恶性，如果弗洛伊德多一些考虑，就不会一直被束缚在生物学观念的范畴内了。而对于尼采来说，如果他坚定地站在人类的生存基础上，就不会因为过分理智而走上极端了。

如果有神秘的体验让精神处于猛烈震荡的状态，那就会出现危险，如同一根支撑身体重量的绳子，随时都有可能会断掉。如果发生这样的情况，自然有人会掉进绝对肯定或者绝对否定的状态。我仍然记得，东方人的解决方法是超脱（摆脱对立物）。心灵的指针并不是在正确与错误之间摇摆，而是在理智和非理智之间。为什么神秘之物很危险，原因就在于它把人向极端引导，因而一种适度的真理就会被看成是真理，而另一个不是很大的错误就可能成为致命的大错。昨天的真理在今天可能是欺骗，而昨天的虚假推论却可能在明天成为启示物，一切都是变化的。心理学方面的问题更是如此，说真的，我在这方面知道的还是太少。对于下面的情况到底意味着什么，我仍然不能理解，除非意识已稍微或短暂地意识到它，否则就什么都不存在。

在我与弗洛伊德的谈话中，他向我表明自己很担心"泥沼的黑潮"会弄灭他对性的顿悟这一神秘之光。因此就产生了一种神话性的情境：光明和黑暗之间展开了斗争。这就解释了他所具有的神秘性，也解释了为什么弗洛伊德会借助教条来作为一种宗教性的辩护手段。在我的另一部著作《里比多的变化与象征》中，论述了英雄人物为争取自由而进行的斗争。对此，弗洛伊德的反应显得非常古怪，这促使我进行进一步的研究，对象是这一原型性的题材及其神话学方面的背景。一方面受到弗洛伊德对性的阐释的影响，另一方面又受到权力驱动力的影响，我在那几年一直考虑的是象征论，因为很有必要研究一下精神的极性和动力学。也就在那个时候，我开始对"神秘论泥沼的黑潮"进行研究，这个说法一直延续了好几十年。总之，我想尽一切办法想弄明白，意识和潜意识方面的种种历史性假设，它们可是我们当代心理学的基础。

关于未卜先知和一般灵学的看法，我很想听听弗洛伊德的意见。1909年，我到维也纳拜访他的时候，就咨询过他对这些事情有什么看法。他认为

五　西格蒙德·弗洛伊德

这些问题都是胡说，因为他具有实证主义者式的偏见，所以他谴责了这一大堆问题，还是使用非常浅薄的实证主义方式来谴责的。最终，我好不容易才把那些溜到嘴边，还是把打算对此进行尖锐反驳的话咽了回去。弗洛伊德直到好几年之后才认识到灵学的严肃性并承认真实存在"神秘"现象。

当听到弗洛伊德这样说时，一种异样的感觉在我身上出现。这时，我的横膈膜慢慢变得炽热，就如同铁做的一样，成了一个红光闪闪的拱顶。就在这时，突然书架"砰"的一声，发出了十分响亮的声响。书架就在我们身边，我和弗洛伊德都被吓得跳了起来，害怕自己被倒下来的书架压在底下。我对弗洛伊德说："看，这就是一个典型的催化性客观现象的例子。"

"哈哈，"他叫道，"这就是胡说嘛。"

"这一定不是胡说，"我答道，"教授先生，您错了。我现在敢预言，还有另外一声'砰'会过一会儿响起，足以证明我的看法！"果然，我刚说完这句话，书柜就发出同样响亮的一声"砰"。

我至今都不清楚，当时的自己为什么就那么确信。但我确信不疑地知道，一定还会再发出"砰"的一声。弗洛伊德吃惊地看着我，目瞪口呆的。我无法了解他心里是怎么想的，或者他看我的表情意味着什么。不管怎样，他对我的不信任就是由这件事造成的。对于我来说，则好像觉得自己干了一件反对他的事情。从那以后，我就再也不针对这件事和他进行讨论了。

1909年，对于我和弗洛伊德的关系有着决定性意义。我在这一年被邀请到克拉克大学开设有关联想测验的讲座，这座大学在麻省伍斯特市。与此同时，弗洛伊德也接到了邀请。于是，我们决定一起前往克拉克大学。我们在布莱梅会合，接着弗伦兹也来到布莱梅加入我们。后来，就发生了人们议论纷纷的弗洛伊德晕倒事件。因为我对"泥煤沼尸体"非常有兴趣，所以间接导致了这件事情的发生。人们有时候会在德国北部的某些地区，发现这种泥煤沼死尸。这些尸体属于史前人类，他们或者是在沼泽里淹死，或者是被埋葬在那里。由于泥煤水含有腐殖酸，如果尸体浸泡在其中，骨质部分会被这种酸腐蚀掉，但皮肤和头发却能得到完好的保存，且皮肤还会被染成棕色。实际上，这是一种自然木乃伊化的过程。在这个过程中，尸体被具有一定重量的泥煤压扁了。在荷尔斯泰因、丹麦和瑞典，泥煤采掘者都曾挖掘到这种尸体的残余。

当我在布莱梅的报纸上读到关于这种泥煤沼尸体的报道的时候，我便想起了它们。因为不是很明白，就想当然地以为它们就是布莱梅市铅棺里的木乃伊。弗洛伊德对我的这种兴趣感到很不愉快。"为什么您会如此关心这些尸体呢？"有好几次他都这样问我。对于这一整件事，他都觉得非常生气，并在我们谈论这件事的时候，说着说着就突然晕了过去，当时我们正在吃饭。这之后，他告诉我，他敢肯定，我盼望他早点死掉，因为我是如此热衷于谈论这些尸体。我对这样的阐释感到非常吃惊。我也很震惊，他竟然具有如此强烈的想象，以至竟然使他晕倒了。

还有一次，弗洛伊德又一次在我面前晕了过去，这次事件和上次类似，发生在1912年在慕尼黑举行的一次心理分析大会期间。会上有人谈到了阿曼诺菲斯四世（依克纳顿）。谈话者提出了一个观点，他认为阿曼诺菲斯四世毁掉石柱上象形文字的花框——这个石柱是他父亲竖立的——是因为阿曼诺菲斯对他的父亲抱有一种否定的态度。因此，他创立一个新的神教的伟大行为，背后的原因隐隐约约包含着一种仇父的情结。我被这种看法激怒了，便企图说明，作为一位有深刻宗教信仰和富有创造性的人，阿曼诺菲斯的所作所为都不能简单地通过他反对他父亲的行为来解释。相反，我继续说道，他一直尊敬自己的父亲，还保留着他父亲的纪念物。他热衷破坏的，不是父亲竖立的石柱，而是阿曼这个神的名字。无论这个名字出现在什么地方，他都要把它就地销毁掉；包括他父亲阿曼霍特普石柱上的"阿曼"两个字，这两个字是象形文字刻在花框上的。此外，其他法老也有这样的行为，即用他们自己的名字来取代他们真正的或神话性祖先的名字，这些名字一般都刻在纪念碑和雕像上，他们觉得自己有权利这样做，是因为他们也是同一个神的化身。不过，我同样也指出，他们并没有开创一种新风格或者一种新宗教。

弗洛伊德就是在这个时候，晕了过去，他的身体软绵绵地从椅子上滑落。大家不知所措地将他围了起来。我扶起他并把他背进了隔壁的房间，安放在一把沙发上。他的知觉恢复了一半，就在我背着他的时候，他投向我的眼神，让我终生难忘。当时，他浑身一点儿力气都没有，只能看着我，就好像我是他父亲一样。尽管当时的气氛很紧张，也不管是什么造成了他的昏厥，至少这两次晕倒很明显都是由父杀子的幻觉造成的。

那时候，弗洛伊德希望我能成为他的继承者，并经常做出种种暗示。不过，这些暗示常常让我不知所措，因为我很清楚自己是绝对不会成为他所希望的那样的继承者，或者说不能恰如其分地坚持他的看法。但另一方面，他仍然没有觉得我做出的批评有什么分量。我对他非常尊敬，因此并不想强迫

五　西格蒙德·弗洛伊德

他认真对待我的看法。实际上，我对于当某个党派的领袖没有一点儿兴趣，也不想让自己的思想背上这个包袱。第一，我的天性并不适合这种事情；第二，我不想以我的思想的独立性为代价；第三，我自己也很不欢迎这样的荣耀，因为它会让我偏离自己的真正目的。我关心的不是个人威望的问题，而是探索真理的问题。

1909年，开始于布莱梅的美国之行一直持续了7个星期。我和弗洛伊德每天都聚在一起，彼此分析对方所做的梦。我在那时候做了好多重要的梦，但弗洛伊德却无法对它们进行解释。对他来说，这不是什么丢脸的事，因为就算是最好的分析者，有时候也会无法揭破一个梦的谜底。这是一种任何人都可能会遇到的失败，而我也绝不想因此就停止对梦的分析。相反，对我来说，这种分析意义重大，而且我很珍惜我们之间的关系。我把弗洛伊德当成是自己的长辈，是一个比我自己更成熟也更历练的一个人，我也总是在这方面以晚辈自居。但后来发生了一件事，这件事严重打击了我们两个的关系。

弗洛伊德做了一个梦——我认为，这个梦包含的问题不大适合公之于众，我尽自己最大的能力阐释了这个梦。不过后来，我说了一句说，如果他能对我详细讲解一下他私人生活方面的一些补充性细节，我能够做出更多的解释。在听了我的这句话后，弗洛伊德的反应很是古怪，他十分怀疑地瞧了我一眼。然后，他说："我可不想让我的权威性遇到危险！"可就在此时，他的权威性已经完全失掉了。这句话带给了我很深的印象，并烙进了我的脑海里。接着，也就不难预测我们的关系结束了。弗洛伊德已经把权威性放到真理之上了。

我曾说过，弗洛伊德有时候能够阐释我那时所做的不连贯的梦，有时候根本做不到。那些他不能解释的梦，是一些含有集体性内容的梦，带有大量象征性材料。有一个梦对我来说特别重要，它第一次将我引导到"集体潜意识"的观念上来，并成为《里比多的变化与象征》的一种序曲，这本是我后来写的。

这个梦的情况是这样的：我身处一所两层楼的屋子里，这个屋子我并不认识。在梦里，它是"我的家"。我走到了二楼，这里就像个客厅，家具是具有洛可可风格的、做工精致的老式家具，客厅的墙上挂着一些古老的珍贵名画。我很奇怪这怎么会是我的家，便想："真不错。"但紧接着我就想起来了，我还不清楚一楼的样子呢。于是，我沿着楼梯走到了一楼。在这里，一切东西显得更加古老，我觉得可以追溯到15世纪或者16世纪。这里显得非常阴暗，摆设都是中世纪风格的，用红砖铺的地板。我从一个房间走到另一个房间，心里想："哦，看来我得好好观察一下整座屋子才是。"我走到一道门前，这道门显得非常厚重，我费了不少劲才打开了它。我在门那边发现了一道通向地下室的石砌梯阶。我顺着石梯走下去，走到头后发现自己在一个有拱顶的美丽的房间之中。这个房间显得更加古老。我仔细察看了四壁，发现在普通的大石块上砌有一层层的砖，并且在灰浆里我发现有砖头的碎块。一看到这个，我就清楚地知道这墙壁可以追溯到罗马时代。到了这里，我的兴趣变得高涨起来。我更加仔细地观察地板，发现它是用石片铺成的，我在这些石片其中的一块上发现了一个环。我立刻拉动这个环，石片就抬了起来。我又看到了一道窄窄的石阶通往地下更深处。顺着这些石阶，我走了下去，最后走进了一个低矮的洞穴，这是一个从岩石里凿出来的洞穴。一层厚厚的灰土铺在石洞的地面上，灰土中散布着一些骨头和陶片，就好像一种原始文化的遗物。我还看到了两个人的头盖骨，显然它们的年代很久远，而且快要裂成碎块了。这时，我醒了。

　　弗洛伊德对这个梦最感兴趣的是那两个头盖骨。他翻来覆去地围绕这个方面进行解释，还鼓励我找出一种与此相关的愿望。他希望我能回答这些问题，如我是怎么想这两个头盖骨的？这是谁的头盖骨？当然了，我很清楚他这些问话的意思：掩藏在梦中的不能暴露的死亡愿望。"他到底想从我这里得出些什么呢？"我在心里想。我对谁抱有死亡愿望呢？我个人非常反感任何这样的阐释。我隐约可以预见，这个梦到底可能意味着什么。但在当时，我对自己的判断并不是很信任，而且我也很想听听弗洛伊德的看法，想向他学习。因此，面对他的意图，我屈服了，我说："应该是我的妻子和妻妹——"因为不管如何，我都不得不说自己希望死去的人的名字啊！

　　那个时候，我刚结婚不久，我心里非常清楚，我根本没有这样的愿望。但如果我告诉弗洛伊德我自己对这个梦的看法，肯定会引起他的误解和激烈反对，我不希望和他争吵。此外，我如果一直坚持自己的观点，我担心会因此破坏我们之间的友谊。不过，从另一方面来说，我也很想知道他将如何处置我的回答；如果我说一些让他认同的理论来骗骗他，他会做出什么样的反应呢。于是，我就对他撒了一次谎。

　　我知道，我的行为属于随机应变，不应该受到指责！我和弗洛伊德之间在这方面存在着很大的差异，因此让他洞察我的内心世界是不可能的。事实上，因为我的回答，弗洛伊德似乎感到轻松了不少。通过这件事我明白，他基本没有能力阐释某些种类的梦，所以只好在他的教条中寻求掩饰的理由。我认识到，必须得让我自己来找出这个梦的真正意义。

对我来说，屋子明显代表的是一种精神的形象，即我那时的意识状态以及直至现在的潜意识的附加物。大厅代表的是意识，里面显然是有人居住，尽管它的建筑风格是古代的。

地板代表的是潜意识的第一层，随着我的深入，景象便变得越来越黑暗，我也觉得越来越生疏。我在那个洞穴里发现了一些原始文化的残存物，也就是我身上的那个原始人的世界，意识几乎无法接近和照亮那个世界。人的原始性精神接近于动物的灵魂，如同在被人类占领之前，史前时代的洞穴的主人通常是野兽一样。

在这期间，弗洛伊德和我对待理智的态度，两者之间的差异已经很深刻了。我在19世纪末巴塞尔富有历史气氛的环境中长大，所得到的一些心理学史的知识也是因为阅读了古代哲学家的著作。每当我思考梦及潜意识时，总免不了做历史性的比较；就连那本克鲁格老哲学词典，上大学期间我也一直在使用。我特别熟悉18世纪和19世纪初期的作家。梦中二楼大厅的气氛展示的正是他们的世界。通过对比，我有了这样的印象，即弗洛伊德的知识史来自毕希纳、莫勒斯霍特、杜波依斯、莱蒙德和达尔文。

通过这个梦，我能了解到我自己刚才描写的意识状态还包含着更进一步的范畴：具有中世纪风格的无人居住的长长的地板、罗马人的地下室，以及最后那个史前的洞穴，意味着我意识过去的各个时代及阶段。

我在做这个梦之前的好几天，心里头一直在思考好些问题。这些问题包括弗洛伊德是在什么基础上建立他的心理学的？一般性的历史假定与他的排他性的个人人格至上论有什么关系？给我答案的正是我的这个梦，是它指明了有关文化史的基础问题，即一种意识的层次具有相继性的历史。因此，从这方面来看我的梦就构成了人类精神的一种结构图；它假定在这一精神之下潜藏着某种本性，某种完全非人化的本性。它"咔嗒"地响了一声，于是这个梦便变成了我的一种在将来会得到证实的指导性形象，从一开始我就对证实的程度无法加以怀疑。

这就是我对集体性的潜意识的一点模糊想法，这种潜意识潜藏在个人的精神之下。最初，我认为它是较早期的各种功能方式的迹象。后来，因为经验的增加以及我获得了更加可靠的知识，我了解到它们是各种本能的形式，即是种种原型。

弗洛伊德认为，梦是一个"表面"，它的背后隐藏着梦的含义面，虽然意识已经了解了这种含义，却恶毒地扣留了它。对于弗洛伊德的这种观点，我一直很不同意。我认为，梦是天性的一个部分，它不但根本没有欺骗人的想法，而且还尽它的最大能力来表达某种东西。我们的观察力也不会被生命的这些形式欺骗，因为它们没有这个意图。为什么我们会欺骗自己呢，是因为我们的眼睛近视了。我们可能会听错，因为我们两只耳的听力变得很差，不过这却不是我们的耳朵想要欺骗我们。在我与弗洛伊德见面之前，我就认识到潜意识及梦，即潜意识的直接阐述者，都是一种自然的过程。这样的过程中不会存在任何武断的说法，尤其是诡计花招。我不明白什么理由能让人做出假设，潜意识的这种自然过程被意识的种种花招捉弄。相反，我从日常经验中得知，潜意识一向都是激烈反对有意识的头脑的种种倾向的。

这座屋子的梦，重新激起了我旧日对考古学的兴趣，这种作用还是挺古怪的。返回苏黎世后，我就阅读了一本关于巴比伦考古发掘品的书，以及各种有关神话的著作。在阅读的过程中，我无意中发现了一本让自己大开眼界的书，即弗里伊德里希·克鲁泽的《古代各民族的象征主义与神话》! 我发疯似的开始阅读它，并带着非常大的兴趣读完了大量的神学资料。接着，我又读了诺斯替派的著作，最后却掉进了一片混乱之中，大脑中一团乱麻。我处在一片迷茫之中，就像那次我在医院里经历过的那样，那个时候我极力想弄明白精神病患者心理状态的含义，仿佛处在一所想象中的疯人院里，并开始治疗和分析克鲁泽著作中的所有马人、林神和男女神，如同对待我的病人一样。就在我忙得不可开交时，我意外地发现了古代神话和原始人的心理之间存在着密切的联系，于是，我开始深入地研究起后者来。

就在我进行这些研究的期间，我无意中发现一篇关于一个年轻的美国人——米勒小姐的幻想的报道，我完全不认识这位小姐。这个报道刊登在《心理学档案》(日内瓦版)上，作者是西奥多·弗劳内伊，他是我的朋友，一个慈祥的人。我一直很敬重他。我被这些幻想所具有的神话性特色深深地触动了。像催化剂那样，它们对我大量存贮起来的种种想法发生了作用，这些想法毫无条理。慢慢地，从这些想法以及我现已经获得的神话知识中，我的新书《潜意识心理学》诞生了。

当我正在写《潜意识心理学》这本书的时候，我又做了一些别的梦。这些梦预示了我和弗洛伊德即将分开，其中最重要的一个梦，是关于瑞士和奥地利交界处的一个山区的景象的梦。在梦中，时间是黄昏，我看见了一个上

五　西格蒙德·弗洛伊德

了年纪的人，他穿着奥地利帝国海关官员的制服。他有点驼背，从我身边走过，不过他一点都没有理我。他表情乖张，充满心事，一脸愁苦。在梦中，我还看见其他人，其中一个人对我说，这个老人其实是死去多年的一位海关官员的鬼魂，并不是活人。"他就是那些不愿死去的人之一"。那个梦的第一部分就是如此。

我开始对这个梦进行分析。联系"海关"，我立刻想到的一个词是"检查"。联系"交界"，我想到了两个方面，一个是意识和潜意识之间的交界，另一个则是我的观点和弗洛伊德观点之间的界限。边境上极为严格的海关检查，我觉得暗喻的是分析。在边境海关，每一个提包都必须打开以供检查有没有带违禁品。在检查的过程中，自然就揭露出潜意识的假设来。至于那位年老的海关官员，可想而知他一点都没有从他的工作中得到快乐和满意，因此，对于这个世界他一直抱有一种尖酸刻薄的看法。对于这一点，我不得不承认他与弗洛伊德相似。

这个时候，弗洛伊德对我来说已经失去了一定的权威性。不过，他仍然是一个比我显得更优越的人。我在他的身上投射了父亲的形象。在这个梦中，仍然还存在着我的这种形象投射的印记。只要存在着这种投射，我们两个人都不可能是客观的；我们就会一直处在一种判断无法统一的状态。一方面，我们之间存在着依赖性，而另一方面我们又互相抵制。在做这个梦的时候，我仍然对弗洛伊德有很高的评价，但与此同时我对他也存在批评的态度。这种不一致的态度表明，我直到现在都还没有意识到这种局势和还没有下任何的决心。几乎所有的形象投射都有这样的特色。这个梦逼迫着我不得不去弄明白这种局势。

以前，面对弗洛伊德的个性影响，我把我自己的判断尽可能抛到一边，也尽可能把我的批评性看法暂时放弃。我与他合作的前提条件正是这个。我对自己说："比起你来，弗洛伊德更加聪明和练达。到目前为止你最好听从他的意见并认真向他学习。"然后，让我没有想到的是，我竟然在梦中把他看成是奥地利王国的一位官员，这位海关检查员性格乖张，虽然已经去世但是他的鬼魂还到处游荡。这会是弗洛伊德暗示我的那个愿望吗？他认为，我有想他死掉的愿望。但是，我并没有在自己身上发现任何地方不正常，并怀有这种愿望。现实中，为了获得与弗洛伊德的合作机会，我甚至希望不惜一切代价。如果说在这个交往中，我有什么私心杂念的话，就是想分享他丰富的经验。他的友谊对我来说非常重要，我实在没有什么理由希望他死掉。

不过，这个梦也可能被看作是一种集体意识的反映，由于我在意识中高度评价他和钦佩他，因此这也可能是我的潜意识对此做的一种补偿或矫枉。所以，这个梦建议我应该采用一种比较富有批评的态度来对待我对弗洛伊德的反应。对于这个梦，我非常震惊，虽然我认为梦里的最后一个句子暗示了弗洛伊德有可能变得不朽。

还没有到那个海关官员的插曲的地方，这个梦便结束了。这之后没多久，我又做了第二个梦，这个梦对我显得更加重要。我梦见正值中午，大约12点到1点之间，我正在一个意大利城市。狭窄的街道上洒满了耀眼的阳光。这个城市依山而建，让我不由得联想到巴塞尔的一个特别的地方——科伦堡。窄窄的街道向下一直延伸到山谷区——伯西格塔尔，这个山谷横贯整个城市，街道有些部分由一道道台阶组成。在梦中，有一道台阶向下通到巴弗塞普拉茨。梦里的这个城市就是巴塞尔，同时也是一个意大利城市，还有点儿像贝加莫市。当时是夏季，烈日当空，灼人的阳光照射着世界万物。一群人向我涌来，并行色匆匆地赶回家吃饭，商店也正在关门。就在这人流中间，出现一位骑士。他顶盔掼甲地从台阶下方向上朝我走来。他的头戴着那种叫作轻型钢盔的头盔，眼睛那里有缝隙供人观察，身上穿的是锁子甲，前后均织有一个大红十字的法衣，罩在锁子甲上。

这个时候我的想法，估计人们很容易能够想象出：中午时分，下班时间，在一个现代城市突然看见向我走来一位古代的十字军。更让我觉得特别古怪的是，那些来来往往的人们，好像谁也没有注意到他。没有人回过头来看他或者跟在他的后面盯着他。好像除了我，谁也看不见他，他好像是个隐身人。我问自己，这个鬼魂到底有什么意义呢？然后，尽管在场没有一个人在说话，却有一个声音在回答我的问题："对啊，这个鬼魂总是准时出现。在12点到1点之间，这位骑士总是经过这里，而且有很长时间了，我想是好几个世纪了吧，一直这样，大家也习惯了。"

这位骑士和那位海关官员都是对比鲜明的人物。海关官员的影子模模糊糊，是个"依然不能算是彻底死掉了的人"，属于正在消失的鬼魂。而那位骑士却是如此生气勃勃，并显得完全真实。简而言之，这个梦的第二部分是神秘的，边界上的那个景象非常普通，并没有让人印象深刻的东西存在；我只是后来品味它的时候才忽然有所感悟。

这两个梦之后的一段时间，我想了很多关于骑士这个神秘的人物。但我获得关于这个梦的含义的一些想法，是苦思冥想这个梦很长一段时间之后才获得的。就算是在梦里，我已经知道这个骑士属于12世纪。就是在这个时期，炼金术开始出现，人们开始寻找圣杯。我在15岁那年第一次读到有关圣杯的故事，之后对我而言它便具有最大的重要性。我或多或少知道一些，隐藏在这些故事背后的是一种巨大的秘密。因此，对我来说，这个梦召唤出来那个世界是很自然的，那个世界正是圣杯骑士团及他们追索圣杯过程的那个世界。从最深刻的意义上说，这也是我的天地，只是这个天地与弗洛伊德的那个天地几乎没有任何关系。我的整个生命一直都在追寻某种直到目前我还不得而知的东西，这东西很有可能会给平庸的生活赋予意义。

这实在是一种很大的失望，因为我通过我自己喜欢探索的头脑，费尽心思发现的仅仅是"极富人性"的种种局限性，那些我在心灵的深处发现的东西不过是大家都很熟悉的。我生长在乡下的农民中间，而那些我不能从马厩中学到的东西，我从拉伯雷式的智慧以及那些农民的民间传说的幻想中学到了，这些幻想往往不受限制。对我来说，乱伦和性反常并不是什么新发明，也不需要做出特别的解释。它们与犯罪行为一起组成了社会阴暗面的一部分，而且还清楚地让我展示了，人存在的种种丑恶和没有意义而破坏了生活的意趣。我一向认为，蔬菜在粪堆上才能生长茂盛，这些都是理所当然的。可以肯定地说，我根本无法在这样的知识中发现那些能给人以启示的洞察力。"只有城里人，才会一点都不了解大自然和人的肮脏。"我想到，心里极度厌烦这些丑恶的事情。

那些对大自然一无所知的人，由于无法适应现实，自认容易患有精神病。他们天真烂漫，像小孩子一样，因此告诉他们生活中的种种实情非常必要。比如说，要让他们明白，他们其实和其他人一样。这样的启蒙当然无法根治精神病人，但他们如果想要恢复健康，只能爬出平庸这个泥沼。但是，他们实在太眷恋自己先前受压抑的状态，如果分析不能帮助他们认识到一些更好的或者不同的东西，他们是不会跳出这种状态的，就算当时理论能说服他们，向他们发出的命令也很简单，即仅仅要求他们放弃这种幼稚性的合理的或"有道理的"命令。他们无论如何也做不到这一点，但如果他们找不到立脚的地方，他们又怎能这样做呢？人们无法简单地放弃一种生活方式，除非它可以变成另一种。就像经验已经表明的那样，根本不可能存在完全合理的生活方式，尤其是当一个人像精神病人那样不可理喻的时候。

现在，我终于意识到为什么自己会对弗洛伊德涉及个人的心理学产生那么炽热的兴趣了。我急于想要了解他那"合情理的解决"的真谛，而且我还准备好做出重大的牺牲,以便能够获得这个答案。如今,我感到我自己仍在追寻着这个目标。在我和弗洛伊德的那次美国之行中,我便已经发觉他本人也有一种精神病,无疑,我是可以诊断出来这个病以及它那令人担心的症状的。当然,他曾教导过我,我们必须养成忍耐的习惯,因为每个人都有点儿精神病。不过,对此我根本无法感到满足,相反,我还想知道一个人如何才能避免得精神病。很明显,如果连弗洛伊德这个导师本人都无法对付自己的精神病,那么无论是他本人还是他的门人都无法理解精神分析的理论与实践到底意味着什么。因此,当弗洛伊德宣布他想要把理论与方法结合起来并让它成为某种教条的时候,我再也无法与他合作了。对于这种情形,我只能选择与他脱离关系,因为我别无选择。

当时我正在写那本关于里比多的书,并快要写完"献祭"这一章的时候,我就知道,我和弗洛伊德的友谊将因为这本书的出版而中断。因为我打算在这一章中写我对乱伦的看法,这个观点在里比多的观念上具有重大的变革性,以及其他许多我与弗洛伊德不一致的看法。我认为,乱伦只有在非常罕见的情况下才意味着个人的精神错乱。乱伦一般说来都具有一种高度宗教性的外表。正是因为如此,乱伦的题材几乎决定了所有的宇宙起源说和神话。不过,弗洛伊德却对具有一种象征的乱伦坚持进行就事论事的阐释,而不能领悟其在精神方面的意义。我知道,我在这方面的任何看法,弗洛伊德都不可能接受。

我跟妻子谈论此事,把我的担心告诉了她。她试图安慰我,因为她觉得弗洛伊德胸怀宽广,不会提什么反对意见,还可能会接受我的观点。我自己也相信他不会做那样的事情。整整两个月,我的内心一直在遭受这种冲突,甚至让我无法继续写作。我应该把自己的想法隐藏起来呢,还是冒失去如此重要一位朋友的危险呢?最后,我决心继续写下去,这也的确让我失去了弗洛伊德的友谊。

在我与弗洛伊德决裂之后,那些朋友和熟人们也一个个离我而去。我的这本书被认为是一派胡言,我被认定为神秘主义者,至此事情就再也无法挽回了。接受我看法的只有里克林与梅达。不过,对于我会被孤立,我早已预见到,因此我也不会对我的那些朋友们的反应抱有什么幻想。在事前,我就已经彻底考虑过了这些事情。我早就料到,如果想为自己的信念表明立场,那一切事情就得冒点风险。我也早就意识到,"献祭"那一章意味着我得牺牲自己当祭品。因为心里非常清楚这个,所以就算我知道世人不会理解我的想法,我还是果断地写了下去。

现在回想起来,只有我才注定了会继续研究"古代遗迹"与性欲这两个问题,而这两个问题正是弗洛伊德最感兴趣的。普遍存在的错误是那种,认为我是一个看不到性欲价值的人。其实正好相反,在我的心理学中,性欲起着非常重要的作用,它是作为精神的完整性的一种本质上的表达,这种表达并不是唯一的。不过,我主要关心的是,如何探究性欲精神性方面的内容及其神秘的含义,在超越个人性的意义和生物学上的功能之后,进而去解释弗洛伊德从来没有把握住的东西。他是如此醉心于这些东西啊。这方面的想法,被我写进了《感情转移心理学》一文和《神秘的联系》里。作为神秘精神的表达,性欲具有头等的重要性。这个精神就是"上帝的另一面",也就是上帝形象的阴暗面。自从我开始沉迷在炼金术的世界之后,我的身上便一直萦绕着神秘的精神的疑问。在与弗洛伊德进行第一次谈话后,我才开始让这一兴趣活跃起来;当时我实在不能理解他为什么会被性欲现象深深打动。

弗洛伊德的最大成就,大概是他开始严肃对待精神病人,并深入探究他们怪僻的个别的心理。他的勇气促使他能让病例说话,这样他就能深入病人的真实心理之中。例如,他用病人的眼光来看待周围的世界,从而得以更加深刻地来理解精神病,这是比以往任何时候都要深刻的理解。他在这方面确实是一位勇敢的、不为偏见所左右的人,因此他成功地纠正了大量的偏见。如同《圣经·旧约》中的一位先知,他推翻了虚假的神祇,将掩盖种种不诚实与虚伪的幕布彻底撕去,从而将当代精神的腐朽性无情地揭露出来。当他因为进行这样的工作而被人们冷落时,他并没有徘徊退缩。他发现了一条通向潜意识的坦途,这正是他对我们文明的推动。他把一种好像已经丢失了的工具重新交回到人类的手里,由于他肯定了梦是关于潜意识过程最重要的信息之源的价值。直到那个时候,潜意识的精神还被认为需要一种哲学上的假设才存在,特别是只存在于C.G.卡鲁斯和爱德华·冯·哈特曼的哲学之中,而弗洛伊德从经验上论证了它的存在。尽管现代人已经用超过半个世纪的时间来面对潜意识的观念,但是当代的文化意识还是没有将潜意识的观念及其包含的全部意义吸收进一般的哲学中。未来的任务之一,就是把精神生活两种极性的基本思想加以吸收消化。

六　正视潜意识

　　与弗洛伊德分道而行后，我的内心有好长一段时间产生了一种无所适从的感觉，甚至可以说失去了方向。那个时候，我还没有找到立足点，感觉就像完全被悬在了半空中。我觉得最主要的是必须要对病人采取一种新的态度。我想看看他们到底会说些什么发自内心的话，因此决定暂时不往他们的头上添加任何理论性前提。我这样做的目的是，想让事物顺着自然的方向发展。结果，我只需要问问病人："您发生过什么事情与这件事相关呢？"或者"您为什么会这样认为呢？"又或者"您是从哪里得来的这种想法呢？"以及"您对这个有什么想法？"这就会让病人自动地向我报告他们所做的梦和种种幻想了。于是，对梦的解释，就显然是从病人自愿做出的回答和联想中得出的了。我只帮助病人去理解梦的意象，并避免运用一切理论的观点，也不应用任何法则和理论。

　　没过多久，我就认识到这样做的正确性，运用这种方式作为释梦的基础便是梦想要达到的目的。我们依据的出发点的事实正是如此。自然，这个方法导致了各种各样的问题，因而建立一种标准就显得非常重要且迫切了。几乎可以这样说，这需要有某个初始的出发点。

　　大概就是在这个时候，我很清晰地回忆了自己过去走过的道路，并体验到了一种非同寻常的状态。我想："现在，您已经拿到了一把钥匙，利用这把钥匙您可以打开神话学的大门，还可以自由地打开潜意识精神的所有大门。"不过，同时又有某个东西悄悄问我："为什么非要把一切大门都打开？"于是，有一个问题立马就显现出来，即到底我取得了什么成就。我解释了古人的种种神话，我写了一本关于总是生活在神话中的英雄及人的书。可是如今，人们生活在怎样的神话当中呢？可能答案是：生活在基督教的神话中。我问自己："您也生活在其中吗？"老实说，并不是。对我来说，我会依靠什么生活这件事根本不存在。"那么我们不再需要任何神话啦？""当然，我们确实不再需要任何神话了。""但是，您的神话，您生活在其中的神

六 正视潜意识

话,究竟是什么呢?"我与我自己的对话在这一点上变得让人非常不舒服,我只好放弃继续想下去。无疑,我已经走进了死胡同。

1912年的圣诞节前后,我做了一个梦。梦中,我在一间富丽堂皇的有不少柱子的意大利凉廊里,凉廊里的地板和栏杆都是大理石的。我正坐在一把金椅子上,这把椅子是文艺复兴时期的,面前摆着一张桌子,非常漂亮和稀有。桌子好像是用绿色的宝石做成的。这个凉廊建在一座城堡的高高的塔楼上,我坐在那儿,朝外面的远处望去。我的孩子们也围桌而坐。

突然,一只白色的小鸟飞过来落在桌子上,这是一只小海鸥或者鸽子,它姿态优雅,慢慢伏在桌子上休息起来。我让孩子们都安静地坐着,免得吓跑了这只漂亮的白鸟。一瞬间,这只鸽子变成了一个大约6岁的小姑娘。她长着满头金黄色头发,跟孩子们一起玩了起来。他们跑着离开了桌子,在这城堡的廊柱间跑来跑去。

我陷入了沉思,思考着我刚才的体验意味着什么。这时,这个小姑娘回来了,用双臂温柔地搂住了我的脖子。突然,她消失了,又变回鸽子的样子,并用人的声音慢慢地向我说:"只有傍晚的那几个小时我才能变成一个人,因为这个时候,雄鸽子忙着埋葬那十二只死掉了的鸽子。"说完,她就飞向了湛蓝的天空,同时,我也醒了过来。

我变得激动起来。一只雄鸽子和十二个死人两者之间有什么关系呢?想到那张绿宝石做成的桌子,我的脑海中突然浮现出塔布拉·斯玛拉格丁娜的故事,我想起了炼金术传说中的霍姆斯·特里斯米基斯扎斯的那张绿宝石做的桌子。据说他死后留下了这张桌子,在它的上面刻满了用希腊文写的炼金术的基本条文。

那十二只死去的鸽子,还让我想到了那十二个门徒、一年中的十二个月、黄道带的十二个星宫等。但我仍然找不出这个谜的答案。最后,我只好放弃了这种努力。我唯一可以肯定知道的是,这个梦表明了我的潜意识中的一种和往常不一样的活跃。但是我却找不到任何技术来探索自己这种内心过程,所以,我只好干等着,无事可做,还是像以前那么生活并密切注意自己的各种幻象。

在我的头脑中,有一个幻象总是不断去而复返,有某种东西死去了,但同时它又是活着。比如,已经把尸体放进了焚化炉,可后来发现它还是个活人。这些幻象进入我的头脑中并转变成梦的形式。

在一个梦中,我好像在阿尔斯冈那样的一个地区里,这个地方属于阿尔地区。那里有一条由大理石石棺铺成的巷道，这些石棺的年代可以追溯到梅洛温王朝。在梦里，我从城里出来，看见我的前方是一条由一长列陵墓组成的巷道。这些陵墓是一些基座，上面有摆着死者的石板。这让我想起了教堂里的那个古老的墓穴，那里有戴着头盔、穿着铠甲的骑士们躺在那儿，手脚伸开。我梦中的死者也是这样躺着，穿着古代的服装，紧握着双手。不同的是，这些骑士是由某种古怪的方式变成的木乃伊，而不是用石头凿出来的。我站在第一个坟墓前，一动不动地观察那个死者，他是个19世纪30年代的人。当我正充满兴趣地看他的服饰的时候，他突然活过来了，还活动起来。他松开了双手，仅仅是因为我瞧着他。我心里涌起了一种非常不快的感觉，就走开了，来到了另一个尸体的旁边。这个尸体可以追溯到18世纪。这里发生了和刚才完全一样的事：当我看着他的时候，他也活了过来并松开了双手。我顺着这一整排的尸体往前走，一直走到一具12世纪的尸体那里。这具尸体是一个穿着锁子甲的十字军，他也紧握着双手躺在那儿，他的躯体好像是用木头刻成的。我看了他好长一段时间，在心里想着他是否死了。突然间，我看见他左手的一只手指轻轻地动了起来。

最初，我坚持弗洛伊德的看法，也同意存在潜意识的古代的经验的种种迹象。但是，像这样的梦以及我对潜意识的实际体验却告诉我，这样的内容应该属于有生命的存在，而不是死去了的、过时了的形式。我的研究已经证实了这种假设，在以后的研究中，根据这个发展起了有关各种原型的理论。

然而，我那失去了方向感的感觉，并没有因为这些梦的帮助有所减轻，我仍然生活在恒定的内心压力之下。这种感觉有时候会变得十分强烈，甚至让我怀疑自己是不是得了某种精神障碍。所以，我费尽心思地回忆了两遍自己整个一生的所有细节，特别是童年时代的各种记忆，因为我的精神障碍，很可能在我的过去中就有某种我无法明白的东西。但这种回顾并没有产生任何结果，除了再一次承认自己的无知。这时，我对自己说："我还是做一些自己想做的事情吧，既然我什么都不懂。"就这样，我便有意识地让自己听从潜意识的种种冲动。

我首先回忆起来的是我10岁或11岁时发生的事情。那个时候，我有很长一段时间非常喜欢玩积木。我清楚地记得，当时的自己怎么样用积木搭建小房子和城堡，而门窗和拱顶是用瓶子来做。不久后，我就开始用一般的石头来搭建小房子，并用泥浆做灰浆。我曾有很长一段时间对建造这样的建筑物非常着迷。伴随着这个回忆而来的还有大量的情感，这让我感到惊异。

六　正视潜意识

"哦,"我自言自语地说,"看来这些东西还是具有生命力的呢。那个仍然还在不远处的小孩,具有我所缺乏的一种创造力。不过,我要怎样才能找到正确的道路通向这种创造力呢?"作为大人来说,不可能在现在的我和10岁的我之间搭起一座桥,以缩短这么大的一段距离。如果我想与那个时期重新建立起联系,除了返回那个时期并再次经历那个小孩的生活以及玩那种幼稚的游戏,我没有其他的选择。这一个时刻,在经过了无尽的思想斗争以及带着一种欣赏感之后,迎来了我的命运的转折点,最终我不得不做出让步。除了继续进行幼稚的游戏,我没有其他办法,这实在是一种痛苦而丢脸的体验。

尽管有这样不好的体验,我还是开始收集那些适用的石子,有时候我从湖边捡来这些石子,有时候则从湖里捞。收集了不少石子后,我便开始建造起别墅、城堡、整个村庄等。刚开始没有设计教堂,我便建造了一个长方形的建筑物作为教堂。在它的顶部我修建了一个六角形的圆柱形墙壁,上面是一个圆顶。不过,对于一座教堂必不可少的祭坛,在动手建造的时候,我却犹豫了。

一天,我一边思忖着如何才能完成这个任务,一边像往常那样沿着湖边散步,顺便在砾石堆中捡可以为我所用的石子。突然,我发现了一块红色的石子。这是一块棱锥形的方石,有1英寸半高。它纯粹是一件偶然的产物,原本应该属于一块石头,被打碎后加上湖水的冲刷而被打磨成了现在这个样子。我眼前一亮:这就是那个祭坛!我把它放在圆顶下方的正中处。在这样做的时候,我回想起那个自己童年时曾做的梦。在那个梦里我看见了位于地下室里的阳物。这种联想让我产生了一种快感。

只要天气不错,我每天吃完午饭之后,就会继续进行我这个建筑游戏。吃完饭,我就立刻开始玩起来,一直到我的病人到来。如果下午的诊治工作结束后时间还很多,我便继续建筑工作。我的思维在这一活动的整个期间变得清楚了,于是便能够把握住种种幻象的含义,这些幻象只是模模糊糊地出现在我的脑海中。

我自然就联想到自己现在正干的工作的意义,我问自己:"老实说,你现在干的事情到底是什么呢?好像你要举行祭礼一样,你正在建筑一个小城镇!"我并没有回答这个问题但在内心坚信,我正走在发现我自己的神话的路上。这个建筑游戏只是个开始,它释放出一系列的幻象。后来,我仔细地将这些幻象全都记录了下来。

对我来说,这种事情具有一贯性,在我接下来的生活中,每当我遇到一堵墙——这堵墙根本没有门,挡住了我的去路时,我就会选择画一幅画或雕刻石头。对于那些我很难进行下去的各种想法和工作，这样的体检就是一种"入门礼"。自从我的妻子去世后，这两年中我写的一切东西，如《未被发现的自我》《飞碟：一个现代的神话》《从心理学上看良心》等，都是来自我刻石雕带来的灵感。即将结束的生命、死亡以及通过它我所认识到的，都在猛烈地分离开我与我的自身。我花了很大力气才重新站稳了脚跟，在与石头的接触中，我获得了很大的好处。

接近1913年秋天的时候，我觉得自己身上的压力好像开始慢慢向外移动，好像空气里有什么东西一样。在我看来，周围的气氛确实比之前的沉闷。那情形就像这种压迫感来自外在的具体现实，而不仅仅来自精神方面的情势。而且，这种感觉越来越强烈。

那年10月份，我独自一人外出旅行，在旅途中，突然有一种压倒一切的幻觉把我镇住了。我看见了一场大洪水，它淹没了北海和阿尔卑斯山之间的北部和地势低洼的所有土地。当洪水到达瑞士时，为了保护我的国家，群山长得越来越高。我觉得，目前正在酝酿着一场可怕的大灾难。滔天的黄色巨浪，水面上漂浮的是文明的残片，以及无数被淹死的尸体。最后，这片汪洋大海就变成了一个血海。这个幻觉持续了差不多1个小时。我感到非常困惑、心里不住地作呕，同时又为自己的无能为力感到惭愧。

在同样的情况下，这个幻觉在两个星期之后再一次出现在我的面前，景象比上次更加形象生动，血海也显得更加突出。我心里有一个声音这样告诉我："好好看看这个吧，根本不用怀疑，这完全是真实的，不久的将来就会实现。"那年的冬天，有人问我如何看待将来的世界政治形势。我回答，我并没有深入地思考过这一点，但我看见了堆积如山的尸体和血流成河的大海。

我问自己，这些幻觉是否说明了将来可能会爆发一场革命，不过实际上我自己根本不会想象这种事。于是，我得出结论，这正好确认我自己可能会得精神病，这只与我本人有关。我根本无法从中得出战争的想法。

这件事情之后不久，也就是1914年的春末夏初，我一连三次做了相同的梦。梦中，时间是仲夏，但有一股北极的寒流猛烈地袭击了我的国家，整个大地全被冻得结了冰。我看见整个洛林地区和运河全都冻上了，人们逐渐逃离这个已经是一片荒芜的地区。一切活着的绿色植物都被严霜冻死了。1914年的4月和5月，我做了两次这样的梦，最后一次做这个梦的时间是6月。

在第三个梦里，令人害怕的严寒再次从天而降，与前两次梦不同的是，这个梦有个让人意外的结局。寒气中出现了一棵树，这棵树只长树叶却不结

六　正视潜意识

果。我想这可能是我的生命之树。它的叶子由于霜的作用变成了能够治疗疾病的葡萄。我摘下一串葡萄，送给很多抬头等待的人。

1914年7月的下旬，我受到英国医学协会的邀请在阿伯丁举行的学术大会上做学术报告，报告的题为《潜意识在精神病理学上的重要性》。由于那些幻觉和梦常常带有一定的预言性，因此我做好了要出事的准备。那个时候，我的精神感到了种种恐惧，在这样的情况、这样的时刻下，我还得针对潜意识的重要性做报告，这不是命运又是什么？！

8月1日这天，世界大战爆发了。我的职责也明确了：我得努力去了解究竟发生了什么事，在我个人的体验与人类的体验之间，两者到底巧合到什么程度。因此，我的第一个不容推辞的责任就是研究我自己的精神的深处。这种研究的开始，是我仔细记录下那些出现在自己头脑中的种种幻想，尤其是在我做建筑游戏期间的幻想。相比其他的事情，这一工作显得尤为重要。

面对蜂拥而至的各种幻象，我尽量保持冷静和理智，并努力寻找方法来理解这些奇怪的事情。在一个不同于我自己的世界面前，那里的一切都显得如此别扭和让人不能理解，我毫无办法，呆呆地站着。我目前生活在一种越来越紧张的状态中，巨大的石块正向我滚滚而来，后面跟着雷鸣闪电。除非具有兽性的力量，否则根本无法经受住这些暴风雨。其他人，例如尼采、荷尔德林及其他许多人，都曾被这种暴风雨吓倒。但是，我身上拥有恶魔般的力量，从一开始，我便非常自信，相信自己一定能发现事情的意义，就是那些我曾在这幻想中体验到的。在我被潜意识猛烈冲击的时候，我坚信自己正在服从一种更高的意志，正是这种感觉一直支持着我，帮助我最后控制住了情势。

我常常心烦意乱，只好做一些瑜伽动作来让自己能够控制自己的情感。不过，我练习瑜伽也只练习到让自己平静下来就停止了，因为我的目的是要弄清楚自己心中发生的事情的意义，所以一旦我平静下来就会继续对潜意识进行探讨。一等到自己平静下来，我就放弃对情感的束缚，让各种意象和内心的声音重新开始说话。和这个不同的是，忘记大量的心灵内容和种种意象是印度人练瑜伽的目的。

当我可以把各种情感变成意象，即发现了掩藏在这些情感中的意象后，我的内心自然心平气和起来。如果这些潜藏在情感中却没有被发现，它们很有可能会把我撕个粉碎。我只有一次机会可以成功地把它们一个个分离出来；但如果没有成功，我就会变成无法医治的精神病人，并最终被它们毁灭。通过我的实验，我知道从治疗的观点来看，找到潜藏在情感后面的特定意象是非常有帮助的。

我尽可能详细写下自己的种种幻觉,并认真地分析它们产生依靠的精神条件。不过,我只能通过语言来进行,语言通常很笨拙。刚开始,我用"夸张的语言"来阐述观察到的事情的样子,因为这能对应原型。用那些极端修辞性的、甚至装腔作势的语言来描绘原型,这种风格让我感到非常难堪,我的神经被它刺激,就像有人在抹了灰浆的墙上刮指甲,又像有人在粗糙的石板上磨刀。但由于我根本不了解正在发生的事情,我没有其他任何方法,除了用潜意识自己选定的风格描述。有时候,我就好像用自己的耳朵听它说话,又或者用嘴来感觉它,好像我的舌头正在编词造句一样;时不时地,我听见自己在大声嘀咕着。一切生命都在意识的阈限以下沸腾。

我从一开始就把自己自愿面对潜意识当成是一种科学实验,这个实验是针对我本人进行的,并且我对结果非常感兴趣。直到今天,我同样可以问心无愧地说,这次的实验是在我身上进行的。对我来说,如何应对我否定态度的情感是最大的困难之一。那个时候,我自愿让自己服从的情感,正是我自己无法真正赞同的。面对我当时写下的幻觉,我常常觉得是胡说八道,并对它们产生了强烈的反感。只要我不能想明白这些幻觉的意义,它们便将崇高与古怪的邪恶混合在一起。尽管我费尽力气才忍受住它们,但我还是遭遇了命运的挑战。我最后能从迷宫中走出来,是因为付出了极大的努力。

那些幻觉总是"暗地里"活跃在我身上,为了控制住它们,我必须让自己深入其中。对于这件事,我感到非常反感,并怀有一种明显的恐惧。我担心自己无法控制自己,最终成为幻想的牺牲品,作为一个精神病专家来说,我很清楚这意味着什么。然而,长期的犹豫之后,我很清楚自己没有其他的方法,除了这个。我觉得自己可以冒冒风险,想办法取得驾驭它们的权力,因为如果我不那样做,我就得冒着被它们驾驭的危险。还有一个动机促使我做出这种冒险,那就是如果我自己都不敢去做的事,那我更不可能希望我的病人去做。认为有一个帮助者和他们站在一起的借口是不靠谱的,因为那个所谓的帮助者就是我自己,而我自己根本无法帮助,除非他们依靠自己的直接体验,能够明白他们幻觉的材料;此外,这个帮助者拥有的一切只不过是一些理论性的偏见而已,而且是让人怀疑的偏见。为了自己,更是为了我的病人,我不得不承担起一种危险的事业,这种想法帮助我度过了好几个重大的阶段。

我决定采取决定性步骤,是在1913年基督降临节期间,准确地说也就是12月12日。那天,我正好坐在桌子旁,反复思考自己的恐惧究竟是怎么回事。然后,我自己从椅子上滑落了下来。突然,我脚下的地面好像真的裂开

六　正视潜意识

来了，我掉进了黑暗的深渊。一种恐怖感油然而生。但没多久，我便踩到了一堆软绵绵、黏糊糊的东西，这个洞并不太深。我大大地松了一口气，尽管目前我仍然处在一片黑暗之中。接着，我的眼睛慢慢地习惯了这种很像迟暮的黑暗，我看到，一个黑森森的洞穴就在我的前面。一个矮个子像个木乃伊干尸似的站在那里，他的肤色像皮革一样。我从他身边挤了过去，通过狭窄的洞口走进洞里，然后跳进齐膝深的冰水里，艰难地来到另一个洞口处，这个洞口在洞穴的一块岩石上。在这里，我发现一块闪闪发光的红色水晶石。我双手抓住这石头，用力把它搬了起来，发现石头下面居然还有一个空穴。刚开始，我什么也看不清楚，等到适应后我才看到里面有流水。从水里漂过来一具年轻人的尸体，伤口在他有满头金发的头上。接着，在尸体的后面漂过来的是一只巨大的黑色圣甲虫，然后就有一轮红色朝阳从水中深处升起来。阳光弄花了我的眼，于是我企图把石头放回洞口。但这时，一股液体，一股血水，涨了出来。看到一大股血水喷起来，我觉得自己很想呕吐。这血水喷涌起来似乎没有停止的意思，时间长到令人无法忍受。最后，随着它停止喷涌，我的幻觉也结束了。

这个幻觉把我惊得目瞪口呆。这是一个关于英雄与太阳的神话，是一出关于死亡和复活的戏剧，那只埃及圣甲虫就象征着再生。但是，在结束的时候，本该是代表新的一天的黎明的到来，可是被让人难以忍受的喷血取而代之。我认为，这种现象完全不正常。但是接着，我放弃了进一步解释这个幻觉的一切努力，因为我回想起就是在这一年的秋季，我所有过的关于血的幻觉。

6天之后，也就是1913年12月18日，我做了下面的这个梦。我跟一位圣贤一同在一个人迹罕至、风景优美的石山上，这位圣贤皮肤棕色，但我不知道他是谁。当时，天还没有亮，但东方的天空已经发白，群星开始慢慢隐退。这时，我听到了在群山中回荡的西格弗烈的号角声，我知道必须要杀掉西格弗烈才行。我和那位圣贤拿起来复枪，埋伏在一条狭隘的岩石小道等着他。

西格弗烈沐浴在朝阳的第一道金光里，出现在山巅之上。他驾驶一辆用死人骨头制成的战车，快速地驶下陡峭的山坡。在他拐弯的时候，我们开枪射击了他。他应声中弹，倒下就死掉了。

我的心里充满了厌恶感和悔恨，因为我毁灭了如此伟大和如此之美的一件东西。再加上，我担心别人会发现这一谋杀，便拔腿逃跑。但恰恰在这个时候，老天却下起了倾盆大雨。我知道关于死者的一切痕迹都会被雨水冲洗掉，尽管仍然有一种犯罪感存在我的内心，让我无法忍受也甩不掉，但我确实逃离了被发现的危险，我的生活可以像平时一样进行。

当我梦醒之后，我反复琢磨这个梦，却始终没有明白它的意思。于是，我便想让自己再次入睡，但内心的一个声音却向我说："您必须要马上弄明白这个梦！"随着内心的催促越来越紧，可怕的时刻终于来了，于是我听见这声音继续对我说："您必须开枪杀掉自己，如果您无法明白这个梦的话！"这天晚上，我使用的桌子的抽屉里就放着一把子弹上了膛的左轮枪，这简直吓坏了我。接着，我再次陷入深深的思考，突然，我恍然大悟，明白了这个梦的意思。"啊，正在世界上演出着的问题，不就是这个吗？"西格弗烈代表的是德国人希望取得的，即不顾一切地想把自己的意志强加给他人，还有那个不受拘束的自行其是。我早就应该做同样的事情了，我感慨道："有志者事竟成啊！"不过，现在还不是最好的时候。这个梦表明，我已经不适合西格弗烈这位英雄代表的态度，因此我不得不消灭这种态度。

在这件事之后，我感受到了一种压倒一切的怜悯之情，就像我自己已经被枪杀了一样。这种迹象表明，我暗中把自己等同于西格弗烈，这个过程充满了悲伤，因为一个人被迫要牺牲他的理想及他自觉的态度。由于存在着比自我的意义更崇高的事物，必须要抛弃这种同一性和英雄式的理想主义，一个人确实应该对这些事物表示低头服从。

目前，这些想法都是合理的，因此我就又睡着了。

伴随着我的一直是那个棕色皮肤的矮个子圣贤，就是他主动提出杀人的建议，他是那个原始的影子的体现。那场雨显示，意识和潜意识之间的紧张关系已经和平解决。当时除了这几点暗示，我还无法把握这个梦的更多含义，却释放出了我身上种种新的力量，并帮助我将对潜意识的实验进行到能够得出结论的阶段。

我常常想象自己正在走一段陡峭的下坡路，是为了紧紧把握住这些幻觉。为了弄清楚真相，我还做了几次努力。例如，第一次，我想象自己到达了约1000英尺（约300米）的深度，第二次我却发现自己处于一个看不到底的深渊的边缘。这个深渊如同一条通往月球或进入空无一物的空间的路，一条没有尽头的路。刚开始出现的意象是一个火山口，我感觉自己处在一个死人的国度中，这个国家的气氛属于另一个世界。我在靠近一块岩石的陡坡处看见了两个人，其中一个是长着白胡子的老人，另一个是美丽的年轻姑娘。他们好像还活着，于是我鼓足勇气向他们走进，并认真地听他们说话。当那个老人对我说他就是以利亚的时候，我觉得非常吃惊。但那个姑娘竟然说

六 正视潜意识

自己是莎乐美,这让我更加吃惊!走进之后,我才发现她是个盲人。这对夫妇,莎乐美和以利亚,多么奇妙的组合。但是以利亚证实说,从天地伊始直到永恒,他和莎乐美就一直是夫妻,我被这句话完全骇住了……还有一条黑色的大蛇跟他们生活在一起,这条大蛇好像很喜欢我。由于以利亚好像是三者中最讲道理以及最明智的人,因此我紧紧地靠近他。我对于莎乐美心存怀疑。以利亚和我有一次长长的谈话,不过我却不懂他说的话。

自然的,对于这两个出现在我幻觉中的《圣经》里的人物,我尽力想要寻找到一种说得通的解释。我提醒自己说,我的父亲就是一位牧师。但是,这种说法算不上是什么解释,那位老人和莎乐美。他们到底意味着什么呢?为什么他俩会在一起?多年以后,我懂得的东西比这个时候多得多了之后,我才发现老人和那年轻姑娘之间的联系是完全自然的。

人们常常在这样的梦境中遇见年轻的姑娘陪伴着老者,在许多神话故事中也能找到这种老夫少妻的例子。按照诺斯替教派的传统,西蒙·马格斯就常常带着一位年轻的姑娘到处走,他是在妓院里结识这位姑娘的,她的名字叫海伦,被认为是特洛伊的海伦的化身。属于这一类的还有克林格梭与肯德利、劳泽与舞女等。

我曾经说过,在我的幻觉中,除了以利亚和莎乐美,还有一条黑色的大蛇。蛇在各种神话中常常就是英雄,有无数的故事说到他们之间的相似性。例如,英雄有一双蛇那样的眼睛,或者英雄死后变成了一条蛇并像蛇一样被尊敬对待,或者他的母亲就是蛇,等等。因此,蛇在我的幻觉中出现,就显示这是一个英雄神话。

莎乐美则象征的是女性,她之所以是瞎的,是因为她不明白事物的含义,她代表的是情欲。以利亚是聪明的老先知的形象,代表的是理智与知识。可以说,这两个形象分别是逻各斯与厄洛斯的体现。不过,这样一个定义显得过于理念化。暂时不对这两个形象的意义进行引申,认为他们仅仅是事件和经验而已,对我来说含义可能更加丰富。

在这个幻觉出现后不久,我的潜意识又产生了一个形象。我把他命名为费尔蒙,是从以利亚的形象中发展出来的。费尔蒙是个异教徒,他带来的是诺斯替教派色彩的一种埃及与希腊合一的气氛。他的形象最初出现在我下面的这个梦里。

在梦中,天空像大海那般蔚蓝,天上飘浮着的是平平的棕色土块,而不是云彩。土块好像正在裂开,在这些土块之间可以看见蔚蓝的海水,不过这海水就是蓝天。突然间，一个有翅膀的人从右方飞过天空。我发现这是个长着牛角的老人，带着四把结成一串的钥匙。他好像要打开一把锁一样，他的手紧握着其中一把钥匙。他长着翠鸟的羽翼，颜色也跟翠鸟的一样。

由于不明白这个梦中的意象，我就只好暂时先把它画了下来，以便自己能够记住它。就在我正忙着画这幅画的那几天，我竟然在花园里发现一只死了的翠鸟，这个花园靠近湖边！我感到非常吃惊，像被雷击了一样，因为翠鸟很少出现在苏黎世这一带的地方。在这件事发生之前，我也从来没有发现过一只死翠鸟。这只翠鸟死去最多两三天的时间，身上也没看见有外伤。

看到这里，我突然明白幻觉中的费尔蒙及其他形象：那些在心灵中存在着的种种事物，它们拥有的生命是通过自身生发出来的，并不是通过我生发出来的。费尔蒙代表的力量并非属于我自己。在幻觉中，他与我进行交谈，他告诉了我那些我心中并没有想到的东西。我清楚地看见，是他在说话而不是我。他说，我对待思想如同是我自己产生了那些思想一样。不过他认为，思想像森林里的各种动物，或者像一个房间里的人们，或者像天上飞的鸟儿。他接着说："如果您看见了一个房间里的人们，您会认为是自己造就了这些人吗？或者您会觉得自己应该为他们负责吗？"我具有的精神上的客观性，即精神的现实性，正是他教会我的。我自己和我思维的对象之间的区别，也是因为他而变得清楚明白。他对待我的方式是客观的。于是我就知道，在我的身上存在着某种东西，它会说出来一些我不知道和不想说的事，甚至说出来一些反对我的东西。

对我来说，费尔蒙从心理学的角度看代表了更高级的洞察力，他是个神秘的形象。有时候，他就像一个有生命的人，对我显得很真实。我与他在花园里到处散步，对我来说，他就如同印度人说的宗教导师一类的人。

每当我的幻觉出现一种新的化身的轮廓时，我几乎觉得这就意味着我个人的一种失败。它表明："这个新出现的化身，又是您直到现在仍然不懂得的某种东西！"一种恐惧悄悄爬上了我的心头，我很可能会被无知的深渊困住，因为这样一连串的形象可能会没有尽头。在世俗的事情中，尽管我取得了一定的成就，这些成就可能会打消我的疑惑，但事实上，我的自我感到了贬值。在我的黑暗里（"清除掉我们头脑里可怕的黑暗。"《曙光同现》里这样说），我真希望能出现一个真实的、活生生的宗教导师而不是别的，希望出现某个人，他拥有更多的知识和更高的能力，能够帮助我清理各种东西，尤其是那些我的想象力不由自主创作的东西。不管我愿不愿意，费尔蒙承担下来了这个工作，并且我不得不承认他是我的招魂巫师。实际上，他确实告

六　正视潜意识

诉了我许多使人茅塞顿开的想法。

15年后,甘地的一位朋友拜访了我,他是一位有很高修养的印度老者。我们针对印度的教育进行了交谈,谈得最多的是关于宗教导师和弟子之间的关系。我带着犹豫的表情请求他,希望他能告诉我一些有关他的宗教导师的个人和性格方面的事儿。对于这个问题,他以一种实事求是的口气说道:"哦,没错,他就是商羯罗。"

"您指的是那个对《吠陀经》进行评论的人吗?他不是已经死去几个世纪了吗?"我问道。

"不错,我说的就是他。"面对我的惊讶,他这样回答。

"那您指的应该是一种精神吧?"我问道。

"当然指的是他的精神。"他同意道。

这个时候,我不由得想到了费尔蒙。

"还有一些宗教导师是幽灵性的,"他接着说,"大多数人的宗教导师是活的,但也有些人让鬼魂来当导师的。"

这个消息不但对我启发很大,而且还消除了我的疑虑。显然,我并没有完全脱离尘世,而只是体验到了某种东西而已。只要某个人付出相似的努力,他就能体会得到的这种东西。

后来,我的幻觉中出现了另一个形象,我叫它"护卫灵",因此费尔蒙变得具有相对性了。在古埃及,"国王的护卫灵"是属于有形体的灵魂,具备其尘世的形。在我的幻觉里,护卫灵的灵魂来自下方,来自大地内部,好像是从一个深井出来的一样。我为他画下了一幅肖像画,通过他的尘世的形象来表现他,我把他画成了青铜的隐士,不过他的座基是石头的。在画面上,高高的上方是一只翠鸟的翅膀,在这翅膀和护卫灵的头之间,飘浮不定的则是一团圆形的、发光的星云。护卫灵带着某种恶魔的表情,有点像糜菲斯托弗里斯的表情。他一手拿着东西,好像是一个颜色丰富的宝塔,又好像是一个圣骨盒;他另一只手拿着一支铁笔,在圣骨盒上刻画着什么。他正在说:"我就是要把众神埋进金玉之中的他。"

费尔蒙是个有翅膀的精灵,尽管他跛了一只脚,而护卫灵代表的是一种地精或金属之精。费尔蒙属于精神方面的,或者说是"含义"。护卫灵却是个自然之精,就像希腊炼金术中的安替洛巴黎恩。那个时候,我对炼金术还不是很了解。护卫灵会把一切变得真实,但他也会把富饶的精神即"含义"变得含混,或者用美这个"永恒的影像"来取代它。

随着时光的流逝，我对炼金术的研究也比之前多了，就把这两个形象结合在一起了。

在我写下这些幻觉的时候，我又一次问自己："我到底在做什么呢？可以肯定的是，我做的这些与科学没有关系。那它又是什么呢？"这时，我的心里冒出来一个声音："它是艺术。"我对这个回答非常吃惊。我从来都没有想过，艺术与我正在写的东西有什么联系。然后，我想："可能是我的潜意识正在形成一个新的人格，这个人格并不是我的人格，它坚持要通过表达显现出来。"我可以肯定的是，是一个女人发出来的这声音。我认出这是一个病人的声音，这位病人很有才华，并在治疗过程中曾热烈地移情于我。她已经变成了我心灵中一个有生命的形象了。

显然，我干的这些都不属于科学。除了艺术，它还可能是什么呢？按照女人的思考方式，这好像就是世界上唯一的选择对象了。我带着强硬的态度告诉这个声音，我的幻觉与艺术无关，但接着我的内心就产生了一种强烈的反感。可是，没有任何声音传出来，于是我就又继续写起来。接着，又出现了第二个重大的疑问，同样的声音再次回答了我："那就是艺术。"这一次，我抓住她了，并反驳道："不，它是自然，这不是艺术！"我准备与她进行争论，但并没有发生。我认为，原因是"我心里的这个女人没有具备语言中枢"。于是，我便提议她使用我的。她同意了，并发表了一通长篇大论。

这件事让我非常感兴趣，一个女人竟然在我心里干扰我。我得出这样的结论：她一定是原始意义上的"灵魂"。我开始思考，为什么要将"女性意向"的名字赋予灵魂？为什么要把它设想成是女性呢？慢慢地，我才明白，在男人的潜意识中，这个内心的女性形象起着一种典型的或者说是原型性的作用，因此，我才用"女性意向"来称呼她。相反，在女人的潜意识中，对应的形象为"男性意向"。

开始时，女性意向在否定性方面让我印象最为深刻。我感到自己好像被她镇住了，那种情形就好像自己能感觉房间里有个看不见的人一样。后来，突然我有了一个新想法：在我记录下所有这些材料，以方便自己分析的时候，我实际上是在给我自己的女性意向写信，也就是从不同的观点出发，我意识的一部分给我意识的另一个部分写信。我获得的这个结论是如此出乎意料，性质也与平常的不一样。我就像一个病人，一个在对鬼魂和女人进行分析的病人！我每天晚上都坚持记录，因为我如果不写，女性意向就无法通过这些记录来明白我的种种幻觉。另外，我通过把它们写出来，从而让她没有机会把它们编织成阴谋。想

六　正视潜意识

把某件事说出来和真正能把它说了出来，两者之间存在着巨大的差别。在这个过程中，我遵照一句希腊的古老格言，即"有施于人者才能受之无愧"的教导，很仔细地记录下一切，从而尽可能对自己忠诚老实。

不过，在我正写着的时候，有时候会产生古怪的反应，导致思想开起小差来，这种情形经常存在。后来，我才慢慢学会将我自己和这种干扰区分开来。当我的心头涌上某种情感上庸俗和平庸的东西时，我便这样对自己说："这是真的，在这个时候或那个时候，我曾想到过和这样感受过，不过，我现在完全没有必要这样想和感到这样了。这样做很丢脸，也实在没有必要，因此我不必永远接受自己的这种平庸。"

通过将这些潜意识的内容具象化，从而让自己对它们有利，同时又使它们与潜意识发生关系，这才最重要。使用这个技巧可以剥夺它们的权力。它们总是具有一定程度的自主性，一种它们自身的独立存在，因此想要把它们具象化会很容易。如果想要人迁就它们的这种自主性，反而是一件让人很不舒服的事。潜意识正是通过这种方式来表现自己，却反而让我们获得了控制它的最佳手段。

我觉得女性意向说的话，处处都充满了狡辩。如果我认为潜意识的这些幻觉就是艺术，那它们不会让人信服，就像观看一部电影那样只会给人带来视觉的观念，我会觉得对它们不负道德责任。这时，在女性意向的诱使下，我很容易相信自己是一个被人误解的艺术家，再加上我的艺术天性，这些足以让我忽视现实。如果我听从她的话，在未来的某一天，很有可能她又会对我说："您觉得自己正忙着写的那些胡说八道就是艺术吗？它们根本不是。"就这样，女性意向这一潜意识的喉舌，利用这种讽刺，就能完全毁掉一个人。说到底，意识可以理解潜意识的种种表现形式，并对它采取某种立场，意识总是决定性因素。

不过，女性意向也存在积极的一面。正是她，把潜意识的各种意象传达给有意识的心灵。而我之所以看重她，也是因为这个。几十年以来，一旦我情感不安的时候，或者当某种东西模模糊糊地积聚在我的潜意识中的时候，我就会求教女性意向。这时，我会问女性意向："快点告诉我，我很高兴知道，您现在到底又在耍什么把戏？您看见什么了吗？"在经过一阵子的不高兴后，她通常会产生一种意象。只要这个意象一出现，我所有的不安和压迫感都会随着它的出现而消失。对这意象的兴趣与好奇，将代替情感的全部能量。我需要尽最大的努力去理解它，就像对待梦一样，因此我就会和我的女性意向谈论她传达给我的这些意象。

如今，由于我自己已经不再拥有这样的情况，我也没有必要再去和女性意向对话了。但如果哪一天我又有了，我还是会用同样的方式来处理它们。现在，因为我已经学会了接受潜意识的内容，并能够理解它们，所以我是直接意识到女性意向的想法的。我知道当自己在面对这些内心的意象时该怎么做。从我的梦中，我可以直接读出它们的含义，不需要再有一个沉思默想者来为它们传信。

刚开始，我把这些幻觉都记录在"黑皮书"中，后来又在"红皮书"中记录它们。在这本"红皮书"里，我画了些插图作为装饰，这些插图大多是关于曼荼罗（魔圈）的图画。在"红皮书"里，我试图从审美上来详细地叙述自己的这些幻觉，不过却没有写完。我还是没有找到正合适的语言来记录它们，我仍然只能把它改变成某种别的东西。因此，后来我就转到了一种严格的理解上来，放弃了这种审美化的倾向。我必须让自己第一时间回到现实中去，因为许多幻觉需要的是坚实的土壤。现实，对我来说就意味着合乎科学的理解。我必须从潜意识赋予我的洞察力中提取到具体的结论，可以说，我终生的工作就是这一任务。

作为一位精神病医生，我在实验中进行的每一步，几乎碰上的都是同样的精神性材料。具有讽刺意味的是，这种材料是在精神病方面发现的，而且还是在精神病人方面发现的。这是使精神病人产生的那些潜意识意象的贮备物，通常是致命而失常的。而这些正是创造神话的想象力的本源，自从我们的理性时代开始后，这些神话的想象力就消失了。这样的想象力被认为是禁忌和让人害怕的，因此尽管它们无处不在，但无论谁踏上了这条变幻莫测的路，走过这条通向潜意识的路都被认为是一种危险的实验或一种前途难卜的冒险行为。人们认为这是一条错误的路，一条前途未卜的路和一条误会的路。我回想起了歌德《浮士德》中的一句话："现在让我勇敢地打开那人类的脚步从不曾犹豫地跨越过的大门。"《浮士德》的第二部也不仅仅是一部文学作品。它是《金链》中提到的一种连接，从最初的哲学上的炼金术和诺斯替教派起直至尼采的《查拉图斯特拉如是说》一直存在。这是一条能够发现世界另一端的航线，尽管很少有人知道、难以辨认和充满危险。

尤其在这个时候，在我正深思这些幻觉的含义的时候，我十分需要在"现实世界"有个支撑点。可以说，这个支撑点就是我的家庭和我的职业工作。对我来说，在现实世界里过着一种正常的生活，通过这个来抗衡那个奇异的内心世界，实在非常重要。作为我可以随时随地回归的根基，我的家庭

六　正视潜意识

和我的职业起着肯定我是一种实际的存在、肯定我是一个普通人的作用。本来，我会被潜意识的内容变得失去理智，但是我有家庭。此外，我有一个一所瑞士大学颁发的医科学位证书，我的病人需要我的帮助，我有妻子和五个孩子，我的家在库斯纳克特市西斯特拉斯228号……这些实实在在的存在，对我提出了种种要求并一再向我证实，我是确实存在着的，我并不像尼采那样，如同一张白纸在精神的强风中到处乱飞。由于尼采除了他思想里的内心世界，一无所有，他失去了自己的根基。也可以这样说，相比他占有他的内心世界，他的内心世界拥有他更加厉害一些。他不得不采用虚夸和不现实的办法行事，就是因为他没有根基，在大地上空飘荡。但对我来说，我一向以今生今世为宗旨，因此这种不现实就是可怕的根源。无论我是如何执着或如何骄傲自豪，我正在经历的一切，最后都要归结到我的现实的生活中。我决心要履行生活的职责并让生活的意义显得更加完美。我的座右铭是：一定要用自己真实的行为来面对大家，不会隐瞒！

因此，我的家庭和职业一直以来都是一种愉快的现实，并且还保证了我确实正在过着一种正常的生活。

慢慢地，我的身上开始出现一种内心变化的轮廓。

1916年，我感觉到了一种冲动，即需要给某种东西赋予具体的表现。内心的冲动逼着我去详细地阐述和表达，比如说，费尔蒙可能要说的话，"对死者的七次布道词"及其中使用的怪僻的语言，就这样产生出来了。

一种惶恐不安一开始就出现在这个布道词的开头处，不过对于它想要说的内容或者"他们"要我表达的东西，我却一点都不清楚。一种不祥之兆的气氛包围在我的上下左右。我总感觉，空气里到处都是鬼的实体，然后，我的屋子好像就开始闹鬼了。我的大女儿曾看见一个穿白衣的人穿过房间。我的二女儿说，她在夜里睡觉的时候，被子两次不知什么原因掉在了地上，这一点和她的姐姐不一样。同一天晚上，我9岁的儿子做了一个梦，让他感到焦虑不安。第二天一大早，他就吵着让他妈妈给他蜡笔。拿到蜡笔后，他画了一幅有关他自己梦境的画，要知道，这个孩子平常根本不会画画。他用"渔夫之画"这个名字来命名这幅画。这幅画的中央是一条河流，河边站着个拿着钓竿的渔夫，他钓到了一条鱼。渔夫头顶的上方有一个正冒着熊熊烈火和浓烟的烟囱。河的另一边，从天空中飞来的正是魔鬼，他开口咒骂着，因为他的鱼被偷走了。不过，还有一位天使盘旋在渔夫的上空，他说："不准你伤害他，他只钓你那些作恶的鱼而已！"这就是星期六我儿子画的画。

那个星期天的下午5点钟左右,大门上的铃发疯似的叮叮叮响了起来。这一天的天气很好,阳光灿烂,两个女佣都在厨房,并能从这里看到大门外空旷的场地。听见铃声,大家立刻起身去看到底是谁在那儿,可是却看不见一个人影。当时,我正坐在门铃旁边不但听到了铃声,还看到了铃在动。见此情景,大家都目瞪口呆,你看我我看你,气氛十分沉闷。我说这话可不是瞎说的!紧接着我便意识到某种事情发生了。一大群人仿佛涌进了屋子,房子被塞得满满的。那些鬼密密麻麻地挤满了房子,一直挤到门口,空气沉闷得让人都喘不过气来。而我呢,浑身抖个不停,心里说道:"看在上帝的分上,这到底怎么回事啊?"接着它们全都喊叫起来:"我们是从耶路撒冷回来的,在那里我们并没有找到想找的东西。""七次布道词"的开头就是这句话。

然后,这些便在我的笔下奔涌而出,仅仅经过三个晚上,我便写成了这篇东西。只要我拿起笔来,这群鬼就立刻消失不见了。房间恢复了安静,空气也变得清新了。到了这里,闹鬼的事就结束。

对待这种体验,需要按它本来的情形,或者它看来应是的情形来对待。毫无疑问,它与我当时的思想状态有联系。这种思想状态,对于灵学现象来说,非常有利。它拥有一种怪异的气氛,属于一个潜意识的世界,它就是一种原型的引导力量。"它到处走动,在空中飞着!"当然,理智总是宣传自己对这种事情拥有某种科学的和物理的知识,或者情愿一笔勾销整个事情,认为这违反了科学法则。但是,如果这些法则总是被坚持执行,这个世界会多么沉闷无聊啊!

在这次体验之前,我记下了自己的一个幻觉,即我的灵魂从我自己的身上飞了出去。对我来说,这件事情非常重要:我的灵魂,即女性意向,最终确立了与潜意识的关系。从某种意义上来说,由于潜意识对应的是全部死者的神话性世界以及先人的世界,这其实表明对已经去世的全人类的一种关系。因此,如果一个人产生了他的灵魂消失了的幻觉,其实意味着的是灵魂退缩进了潜意识之中,也可以说是退到了全部死者的国土。在那个世界中,它变得活力充沛,拥有神秘的力量,并用那些能够让人观察得到的方法赋予祖先种种形迹,也就是集体性的各种内容。就像是一种媒介,它使死者有机会显现他们自己。所以,我的灵魂消失后不久,我的面前就出现了那"死去的",于是《七次布道词》这篇东西便因此产生。这个例子就是所谓的"丢魂",在原始人中经常会遇到这种现象。

从那个时候开始,对我来说,死者作为没被回答、没被解决和没获赎救

六　正视潜意识

者的声音便显得越来越清楚了；既然外部世界无法给我那些注定需要我来回答的问题和要求，那只得通过内心世界来告诉我了。与死者进行的这些谈话，形成了一种序言，即我需要把潜意识方面的东西传达给世人，接着就是潜意识的一种有序的格局和对它进行的阐释，这就是我需要传达给世人的。

今天，当我开始认真回顾所有这一切，并开始思考我对种种幻觉进行的研究对我产生什么影响的时候，这种情形就像我的身上突然降临了一种信息一样，而且还没法阻止。这些意象包含了各种各样的事物，不但和我自己关系密切，而且和其他许多人都关系密切。那个时候，我不再只属于我自己了，也没有权力这样做。从那时候开始，我的生命便属于大多数人。在当时的科学里，我根本无法找到自己关心的，或者说正在找寻的知识。那些独特的体验，还需要我自己去经历，还需要我自己在现实的土壤中，种下由我的体验结出的种子；如果不这样做，这种体验就会被认为是没有经过证实的主观性假设。就是在这个时候，我决定让自己献身于精神服务。作为我人生最大的一笔财富，我对它的感觉是既爱又恨。我把自己托付给了它，这样做的结果就是，我不得不忍受自己的生存，并尽可能充分享受它的唯一方式。

如今，我一直保持着自己与这些初始体验之间的联系。1912年，也就是差不多50年前，我经历的这些最初的幻觉和各种梦，成了我所有的著作、我的一切创造性活动的来源。包括我晚年取得的一切，也都包含在它们之中，只不过刚开始的时候，它们包含在各种情感和意象的形式之中。

我能够挣脱那种混乱的唯一手段，就是我的科学知识。如果不这样的话，我很可能就会被这些材料拉入荆棘丛中无法脱身，或者像原始森林里的那些匍匐植物一样，因缺氧而死。针对每一个单独的意向，我总是小心谨慎地用尽方法去理解；针对我的精神存货中的每一项，我总是尽力将它们进行科学分类，当然，最重要的是在现实生活中理解它们。通常，我们总是忽视这样做。当我们让意象出现的时候，可能很惊异，但也仅仅如此。我们并不想极力去理解它们，也没有想过从其中引出伦理方面的结论。潜意识会因为这种突然性的中止而产生种种消极的影响。

还有一种严重的错误，即认为只需要对这些意象有某种浅尝辄止的理解就足够。必须用一种伦理性的职责来代替对它们进行的简单观察，如果不这样做，就会让自己成为权力原则的牺牲品，从而产生种种危险的后果。这种后果对观察者本人、对其他人都是毁灭性的。潜意识的意象在一个人的肩上放置了一种重大的责任，不管选择理解它们，还是选择逃避伦理上的责任,都会让一个人失去完整性而变得四分五裂,从而造成生活的痛苦。

从1905年开始,我已经在大学讲了8年的课,但就在我全神贯注地观察潜意识的这些意象的这段时间,我决定辞去大学的教职,成为保留职位却不再领薪水的老师。我的智力活动在我进行潜意识的实验和体验期间,变成了停止的状态。我发现自己已经没有了任何阅读科学书籍的能力,在我完成《潜意识心理学》的写作之后。这样的情况一直持续了3年之久。我再也追不上知识界的脚步了,也没有能力讨论那些让我着迷的事情。我差点让自己变成哑巴,因为要把潜意识的这些材料公之于世。对于这件事,我既不能理解也不能让它具有形式。在大学讲课的时候,我暴露在世人面前,我首先必须要找到一个新的不同的方向,才能把课程继续讲授下去。我的脑袋里装了一大堆怀疑与困惑,却还要继续教年轻的学生,那可真的会误人子弟。

因此,现在我面临着一个选择,要么继续我平坦而顺畅的教学生涯,要么听从内心的人格法则,听从更高的理性的安排,选择那个古怪的任务,以及那个面对潜意识所做的这种实验。不完成这事,我无法让自己暴露在公众面前。

由此来看,放弃我的教学生涯是我有意为之。我觉得在自己的身上即将发生某种伟大的事,而我自己是信任这种事情的,在永恒性方面来看,我觉得这件事更为重要。它会充实我的生活,为了这一目的,我愿意面对任何危险。

我是不是当教授,对我而言又有什么关系呢?当然,我不得不放弃教师这个职业,这件事本身令人讨厌;在很多方面,我不能让自己局限于普通人理解的材料上,对此我自己觉得很遗憾。有时候,我甚至会出现短时间的反抗命运的行为。不过,这并没有什么作用,因为这种感情并不长久。相反,如果我们能够留意自己内心的人格所希望的和所说的,这种痛楚自然会消失殆尽,这种情形更加重要。我曾再三体验到这样的事情,并不是仅仅出现在我放弃教师职位后。当我还是个小孩时,我就已经体验过好几次了。我在青年时代,脾气很暴躁;但每次情感突然上升到高潮时,它就会突然转向,紧接而来的就是一种宇宙般的宁静。每当来到这样的阶段,我便觉得飘然物外,而刚才还让我暴跳如雷的事情,这时看来却如同是一个来自遥远的过去的东西。

由此,我陷入了一种非常孤单的状态,因为我的这个决定以及我进行的这些事情。这些事情无论是我自己还是别的其他人都不能理解。我四处走动,我的脑子被种种思想填满,但我却找不到一个能够与之交谈的人,只会被他们误解。我发现在外部世界和这些意象构成的内心世界之间,存在着巨大的鸿沟。这种鸿沟通常以一种最痛苦的方式表现出来。两个世界的互相

六 正视潜意识

作用，我仍然看不懂，尽管我理解它们。我看到的只是不可调和的矛盾，一个存在于"内"和"外"之间的矛盾。

然而，我非常清楚，只要我肯花费精力，能够成功地证明精神体验的内容是实有的，不仅是针对我个人的体验，还是针对其他人的体验，这种体验是大家都拥有的那种集体性的体验，我就能找到与外部世界和与人们的接触点。后来，使用科学的工作方法，我尽力去证明这一点，并努力介绍一种看待事物的新方法给关系密切的朋友们。如果我不能获得成功，一定会陷入绝对孤立的境地。

第一次世界大战快要结束的时候，我才慢慢地从黑暗中走出来。造成这种情况的有两件事：第一件事是我与一个女人断绝了关系，那个女人一心想让我相信我的幻觉具有艺术价值；第二件事是我开始理解曼荼罗的绘画，这件事才是主要的事件。这件事发生在1918—1919年之间，就在我写完《七次布道词》之后。我画出了第一张在当时我并不了解的曼荼罗的画。

在1918—1919年间，作为英军战区战俘监管上校，我驻扎在夏托达堡。在那里的时候，我会在每天早上画一幅小小的圆形的图在笔记本上，即一个曼荼罗，来对应我当时的内心状态。通过这些图画的帮助，我能够逐天观察我的精神变化。例如，有一天，我收到了一封信，也就是那位具有审美性的夫人寄来的信。在信中，她仍然坚持认为，我的潜意识产生的这些幻觉，应该被认为是艺术的，因为它们具有艺术价值。对于这封信我感到很不高兴，并不是因为它是愚蠢的，而是因为它具有危险的说服力。毕竟，很多现代的艺术家确实想通过潜意识来进行创造。我很怀疑，掩藏在这一论点后面的功利主义与妄自尊大。也就是说，我不敢确信自己正在产生的这些幻觉，究竟是自发的和自然的，还是我自己随心所欲虚构编造的？我自己应该还不属于那种在意识里没有偏执和狂妄自大的人。那种人很愿意相信，只要一个人行为高尚，就会产生任何中间性的高尚的灵感；如果出现卑下的反应则只是出于偶然，或者是来自和自己不同的各种源泉。第二天，我画了一幅画。这是一幅变形的曼荼罗的图画，原因在于我自身的这种刺激和不协调。在这幅画中，周边有一部分断开了，对称性也被破坏了。

这件事后我才慢慢发现真正的曼荼罗是什么："成形、变形、永恒心灵的永恒创造。"这就是自性，即人格的完整性，如果一切顺利的话，自性是协调的，不过它却容不下自己欺骗自己。

我画的那些曼荼罗图，是关于自性的状况的一些密码，我的脑海中每天都呈现很多这种崭新的密码。我在这些密码里看到了自性，即我的整个存在，在活跃地工作着。可刚开始，我并不能清晰地理解它们；不过，我还是认真地将它们保存了下来，如同对待珍珠一样，因为他们对我来说显得极为重要。它们是某种至关重要的东西，对于这一点，我很清楚。随着时间的推移，我获得了有关自性的一个活生生的观念，正是通过它们得来的。自性如同我的个体，也是我的世界。曼荼罗代表的就是个体，对应的就是那个精神世界的微观性。

  我自己也记不清到底在这个时期画了多少幅曼荼罗，不过，肯定有很多很多。每当我画着的时候，我的脑袋里一再浮现这个问题：这样一个过程导向的是什么？它的目的又是什么？根据我自己的经验，我不能自己决定选择一个没有什么价值的目标，这个是直到现在我才明白的。实际情况已经向我证明，我必须放弃那种自己高高在上的想法。最终，我还是抛弃了这个目的，而且如此突然，在我本来企图保有它的时候。我本来想继续从事对神话进行科学分析这项工作，在《变化的象征》里我就已经开始了。尽管这个仍然是我的目标，但现在我却无法再继续考虑它了！这个时候，我正在经历潜意识的这一过程。我不得不被这股急流裹胁着前进，根本不知道自己会被它引向哪里。然而，当我开始画曼荼罗时，我就知道，所有的一切，都在导向一个单一点，也就是那个居中的点。那些我一直走着的所有道路，我一直在采取的所有步骤，都是如此。事情对于我来说，变得越来越清晰，中心就是曼荼罗。它代表着一切的道路，是一条通向中心以及个性化的路。

  在1918—1920年间，我逐渐开始明白，自性才是精神发展的目标。精神发展有的只是自性的弯弯曲曲的演变，没有直线性的演变。只有在开始时才会存在均匀性的发展。之后，一切便围绕这个中心点发展。我的内心因为这一顿悟而安定下来，慢慢地开始恢复平静。在找到曼荼罗这个工具来表现自性之后，我便获得了我自己认为的终极性的东西。可能也会有其他人知道得更多，但这个人不是我。

  几年之后，也就是1927年，我做了一个梦，证实了我对有关这个中心及自性的想法。我可以用一幅画来表示它的本性，我用"望向永恒的窗户"来称呼这幅曼荼罗的画。后来，《金花的秘密》一书中印上了这幅画。1年后，我又画了一幅画，这幅画同样是曼荼罗。在这幅画的中央，有一个金色的城堡。画完这幅画后，我问自己："这画怎么有那么重的中国味？"我总觉得这幅画具有很浓厚的中国味，尽管表面上看并没有什么中国画的元素，可是，它给我的感受确实是浓厚的中国味。我对于它的形式和色彩的选用印象很深。无独有偶。不久，我收到了一封信，是理查德·威尔海姆寄给我的。在信中，

六　正视潜意识

他附有一篇论述道教炼金术的标题为"金花的秘密"的文章草稿，并要求我针对这个写一篇评论文章。我立刻一口气把这篇草稿读完，如饥似渴。文中描述的内容，对我关于曼荼罗及围绕这中心的想法给予了证实，这是我做梦也没有想到的。这也是打破我的孤独的第一件事。一种共鸣慢慢出现在我的意识中，我终于可以与某件事和某个人建立联系了。

直到现在，当我回想起这种巧合的时候，回想起这种"同步性"的时候，我忍不住在这幅让我印象深刻的中国画味儿浓厚的画下面，写下这样的话："这幅画创作于1928年，画的是一个守卫严密的金色城堡。当时，在法兰克福的理查德·威尔海姆给我寄来一篇三千年前的中文文章，内容是关于黄色古堡即长生不老之源。"

这个就是我在前面已经提到过的那个梦：我忽然发现自己在一个煤灰满地的肮脏城市中。当时是黑暗的冬夜，天又正在下雨，非常寒冷。这个城市是英国的利物浦。我与其他人在一起，好像是六七个瑞士人。我们一起穿过好几条黑洞洞的街道。我有一种感觉，好像我们正从港口往外走，但真正的城市却位于上方的悬崖之上。我们爬上了那儿。看到那个地方，我便想起了巴塞尔，不过巴塞尔的市场在下方，然后需要经过托滕嘉申，也就是"死者之巷"往上走；这条巷子一直通向上方的一片高地，再延伸到彼得广场和彼得大教堂。当我们来到这片高地后，发现有一个大广场，广场由昏暗的街灯照着，许多街道在这里汇聚。围绕这个广场，城市的各个街区成辐射状排列。有一个圆形的水池在广场中央，水池的中央则是一个小岛。尽管我们无法看清周围，因为雨、雾、烟和昏暗的灯光照不透的黑暗，但是这个小岛却在阳光的照耀下非常光辉灿烂。这个小岛上只长着一棵树——一棵木兰树，树上开满了红花。这棵树好像就在阳光之中，又好像它本身就是光源。对于恶劣的天气，我的朋友们一直在说三道四，却都没有发现这棵树。他们说到另一个住在利物浦的瑞士人，对他竟然在这里定居感到很吃惊。面对这棵鲜花怒放的树，以及灿烂阳光照耀下的小岛，我觉得心旷神怡，心里想道："我可是很清楚，他为什么要定居这里啊。"然后我就醒了过来。

我还得对梦中的一个细节加上一点补充说明：在这个城市中，每一个单独的街区的布局都是绕一个中心点成辐射状排列的。这个点就好像是一个开放性小方块，有一盏更大的街灯照耀着，因此每个街区又都是这个岛的一件复制品。我心里很清楚，那个"另一个瑞士人"就住在这些次级的中心点之一的附近。

这个梦代表着我这个时候的心境。直到今天，我仍然对黄灰色的雨衣及它上面闪烁着的水光记忆深刻。梦中的一切都让人觉得很不舒服，不是黑的就是灰蒙蒙的，就像我当时感到的那样。但是，在那样压抑的环境中，我却有过一次非尘世之美的幻觉，也正是因为这样我才又融入生活中。利物浦就是"生命之池"。根据古人的看法，"利物"一词就是"生命之根"的意思，而这就是"创造出了生命"。

一种命中注定感，也随着这个梦到来。在这个梦里，已经对目的是什么给出了启示。一个人根本没有办法走到这个中心之外。这个中心就是目的，所有的一切都在向这个中心聚拢。我通过这个梦，明白自性就是方向与含义的原则与原型。在它之中包含着治疗性作用。对我来说，这种顿悟，暗示了通向这个中心的方法，当然也是到达这个目标的方法。并且，还从中产生了有关我本人的神话的第一点细微迹象。

在做过这个梦后，我就不再绘曼荼罗的画了。潜意识发展全过程的最高阶段都被这个梦描绘出来了。我感到非常满足，因为它把我心中的一整幅图景完全描绘了出来。可以肯定的是，我正在做的事情是某种重要的事，尽管我自己对它并不是很了解，我的同事们也没有一个了解的。由于这个梦，我头脑清晰，可以客观地、辩证地看待各种存在于我存在空间里的事物。

如果没有这个幻觉，我很可能会不知走向何处，并不得不放弃命定的事业。在梦里，已经对含义做了清楚的揭示。在我与弗洛伊德分道扬镳的时候，我就知道自己正在进入那个未知世界。尽管我对弗洛伊德学说以外的世界一无所知，但是我还是迈出了决定性的一步，向着黑暗迈出了第一步。这种情况一旦发生，而我又做了这样的一个梦，难免会让人觉得这是一种天意。

我花了足足45年的时间，来思考与提炼那些事情，那些当时我体验到了的并写下了的各种各样的事情。作为一位年轻人，在科学上有所成就一直都是我的理想。但是，我在后来又接触到了这股熔岩流，我的生活被它的火焰和热重新改造了。正是这样根本的东西，促使我去研究它，而我的著作，之所以还能算是一种成功的尝试，就在于把这种闪闪发光的东西结合进这个世界的当代图景中。

在我的一生中，最重要的岁月是那段我追溯自己内心那些意象的年头，一切根本性的东西都在其中确定了。一切都是从那个时候开始的，后来的细节详情只不过是在补充和论述这一材料而已；从潜意识中爆发出来这材料，刚开始的时候我完全被它淹没了。可供终生进行研究的"原始素材"，就是这个。

七　著述

当我的生命进入后半生时，面对潜意识的各种内容就成了我的工作。对潜意识进行研究是一件长久的事，而我能够在一定程度上理解自己的各种幻觉，是在经过大约20年的研究之后。

首先，我需要确认历史上是否存在和我这些内心体验类似的先例。也就是说，我需要问问自己："在历史上，有没有什么地方已经出现过我的这些特定的前提？"如果不能找到这种例证，让我的想法具体化就不可能实现。炼金术给我提供了直至此时我仍然缺乏的历史基础，接触到它对我而言，具有决定性意义。

分析性心理学基本属于一门自然科学，但是与其他任何学科相比，它受观察者个人偏见影响的程度更大。因此，心理疗法医生如果想要排除错误，至少是那些判断上的大概率错误，他在最大程度上就需要依赖历史上的和文学上的类似性人物。在1918—1926年间，我对诺斯替教派的一些作家的著作进行了认真的研究。他们也曾经探讨过潜意识这个最早的世界，以及种种意象，虽然直觉世界已经污染了这些意象。但是，能够查找到的资料实在太少，所以很难弄明白他们究竟是如何去理解这些意象的；另外，这些资料的提供者，是他们的反对者，也就是基督教产生后头6个世纪解释教义的一批作家们。对于这些意象，他们不可能产生一种心理上的观念。但是，诺斯替教派距离现在实在太遥远了，因此，面对我现在的问题，我没有办法与他们建立任何联系。传统已经被割裂了，这个教派推崇的神秘的直觉与现在的联系已经断了，因此，要想找到两者之间联系的桥梁，即从诺斯替教派，或者新柏拉图派与当代世界联系的桥梁，已经被证明是不可能的。但是，当我开始接触并理解炼金术后，我感到它连接着诺斯替教派的历史性，一种连续性出现在过去和现在之间。因为炼金术是基于中世纪的自然哲学，所以一方面它成了通往过去的桥梁，另一方面也成为通往未来以及现代潜意识心理学的桥梁。

弗洛伊德就是这方面的开创者,他还引入了古典的诺斯替教派的性欲动机及邪恶的父辈的权威。诺斯替教派的耶和华与造物之神的动机又一次出现在弗洛伊德的超我的神话中,这些神话是关于他的本源性父亲及这位父亲衍生出来的阴暗的超我。弗洛伊德在他本人的神话中变成了一个魔鬼,创造出了无穷无尽的失望、错觉及痛苦。炼金术士们高度专注物质的秘密,并流露出来物欲的倾向。对弗洛伊德来说,这个倾向具有掩饰作用,用来掩盖诺斯替教派的另一本质性。精神的原始意象作为另一个更高的神祇,送给人类一个混合器皿,一个转变精神的器皿。这个器皿是一种女性原则,弗洛伊德的家长式世界并没有给她留下任何地位。顺便说一下,他绝不是唯一一个具有这种偏见的人。在那些天主教思想主导的国家里,上帝之母及基督的新娘在经过千百年的犹豫后,直到最近才被接纳进了神圣的内室(洞房)里,获得了部分性的承认。但是在那些新教和犹太教的范围里,像以前那样继续起着主宰性作用依然是父权。另一方面,女性原则在哲学意义上的炼金术里,和男性原则一样,都具有同样的作用。

在发现炼金术之前,我做了一系列反复出现同样主题的梦。我的房子旁边立着我看起来觉得非常奇怪的另一所房子,好像是另外的一个配房或者一座附属建筑物。在每一次的梦中,我都觉得很奇怪,这座房子为什么会一直在那里,为什么我自己对它一无所知?最后,我梦见自己终于走进了这个侧房。我发现房子里有一个奇妙的图书室,好像已经存在了很久,从16世纪或17世纪时就已经在那里。一册册对开本的书,用猪皮包着封皮,沿墙的四壁摆放着。其中几本饰有风格古怪的铜版画,它的插图是一些古怪的象征性符号,我以前从来没有见过这些符号。那个时候,我并不清楚它们的用意是什么,在很久以后才认出它们是炼金术符号。在梦里,这些符号及整个图书室让我产生了一种心旷神怡的美。原来,这是一个收藏所,收藏的是中世纪的古版书和16世纪的印刷品。

这个未知的附属建筑物就是我人格的一部分,也是我自己的一个方面,它代表着某种属于我的但是我却还没有意识到的东西。我对这个建筑物,尤其是那个图书室中涉及的炼金术,仍然一无所知,但很快我就会开始研究它们。大概15年后,我收集了很多的书,已经能够满足一个图书室了,与梦中所见的图书室十分相似。

1926年左右,我又做了一个梦,这个梦预示着我一定会遇到炼金术。当时,还处于战争时期,我正在南蒂罗尔。我身在意大利前线,正坐着马车从

七 著述

前线回来,马车由一个矮个子的农民驾驶着。我们的周围时不时有炮弹爆炸,弹片乱飞;当地的情况非常危险,因此我们必须尽快赶路。

我们不得不在通过一座桥后再穿过一条隧道,炸弹已经把这条隧道的拱顶摧毁了。当我们穿过隧道到达另一头的时候,一片阳光灿烂的美景,展现在我们面前;我认出,这个地方在维洛纳附近。维洛纳市横卧在我们下面,在明亮的阳光照耀下显得光彩照人。我松了一口气,感觉轻松了不少。我们继续驾着马车前进,进入生机勃勃、葱葱绿绿的隆巴德平原。一路上,我们看见了春意盎然的可爱的乡村;看到了不少的稻田、油橄榄树和葡萄园。然后,在这条路的斜对过处,一座富丽堂皇的大庄园出现在我们面前,这个庄园就像是某个北意大利公爵的宫殿。这座庄园非常典型,拥有许多的附属建筑物和外屋。这条路穿过一个大庭院,然后从宫殿旁边经过,和卢浮宫一样。我和矮小的马夫坐在车上,穿过一道门,然后进入庭院中。我们可以透过在远处另一头的第二道门,看见外面那一片春光明媚的风景。我看了看四周:我的右边是庄园的正面,左边是仆人住宅区、马厩、谷仓和其他建筑物,一直伸展到很远。

当我们到达这个庭院的中央,也就是那个宫殿的大门口的时候,一件让人意外的事情发生了:随着"砰"的一声,庭院的两道门忽地关上了。那个马夫农民立刻从马车上跳下来,大声喊道:"这下好了,现在我们被关在17世纪了。"我也无计可施,暗自想道:"哦,的确如此!不过又有什么办法呢?我们很可能从现在起要被关上好几年了。"与此同时,我心头也涌上了一种安抚性的想法:"从现在起再过几年,总有一天,我一定会离开这里的。"

梦醒之后,我翻遍了一大堆有关世界历史、宗教史和哲学史的书籍,可是并没有找到一点能够帮助我解释这个梦的东西。很长一段时间之后,我才意识到,它指的应该是炼金术,因为17世纪的时候炼金术发展到了巅峰时期。可是,奇怪的是,我居然记不起来赫伯特·西尔比勒曾写过关于炼金术的任何著作。他的那本书在当时已经出版了,但在我看来,炼金术是一种旁门邪道,是非常可笑的,这个情形就和我欣赏西尔比勒神秘的或建设性的观点的时候一样。那时候,我与他保持着书信来往,还曾告诉他我对他的作品有很高的评价。西尔比勒曾发现过这个问题,但后来却没有领悟它,就像他悲剧性的死亡所表明的。他用过后期的主要材料,而我对这件事情不是很清楚。关于炼金术的后期文本都非常奇特;想要弄明白它们里面埋藏的到底是什么宝藏,只有懂得如何去阐释它们才行。

我对炼金术的本质有所了解，是在读了《金花》的文本之后，理查德·威尔海姆在1928年将这篇中国炼金术的样本寄给我。一种欲望激励着我，让我迫切想进一步了解更多有关炼金术的文本。我委托一个慕尼黑的书商，告诉他如果他得到了任何关于炼金术的书，请马上通知我。不久之后，书商寄给我这些书的第一本《炼金术卷二》（1593），这是一本内容繁多的拉丁文炼金术论文集，其中的几篇文章可以称为炼金术的"经典之作"。

这本书被我闲置了差不多两年。偶尔，我会翻看一下里面的图画。每次，我都忍不住发出这样的感慨："天啊，这东西完全是胡说八道！简直让人无法理解！"但是我的兴趣却不断地被它挑起来，于是我下定决心要深入彻底地研究它。第二年冬天，我就开始动手研究，没过多久就发现它是如此令人兴奋和引人入胜。在我看来，这些文本还是明显地让人不知所云，但我觉得有些章节非常重要，偶尔我还能理解其中的几句话。直到最后，我才意识到炼金术士是在用象征说话，而我可是与这些象征是老相识啊。"啊，这想象力太丰富了，"我心里想道，"看来，我只好自己学着破译这一切了。"直到现在，我仍然对此完全着迷，我只要一有时间就会埋头研究这些文本。一天晚上，我正在研究这些文本，突然想起我的那个梦，就是陷入17世纪的那个梦。这时，我终于明白了它的含义。"原来是这样啊！看来，我不得不从头开始进行对炼金术的研究了。"

我是在过了很长一段时间之后，才在炼金术思想发展过程的迷宫中，最终找到了自己的路，因为阿里阿德涅并没有在我手里塞过任何线团。在阅读《哲人的玫瑰园》时——这是一本16世纪的书——我注意到书中会反复出现某些奇怪的表达方式和措辞，如"分解与凝结""神秘管""石头""本源物质""水银"等。我可以看出，这些表达方式都是按照特定的含义被一次又一次使用的，但我自己却弄不清楚它的含义到底是什么。于是，我决定自己动手编一本关于主要用语的词典，其中的用语可以互相参照。这些年来，我积累了好几千个这样的主要用语和词汇，也有好几本摘抄下来的摘录集。我的研究是沿着语言学的方向开展的，就像我正在努力猜谜一样，只是这个谜是关于一种未知的语言的。按照这种方式，我逐渐发现了炼金术表达方式的意义。这个工作，我专注地一做就是十余年。

很快，我就明白，分析性心理学与炼金术不谋而合，依靠一种非常奇怪的方式。在一定意义上，炼金术士们的体验就是我的体验，他们的世界就是我的世界。对我来说，这简直就是一个重大的发现：无意中，我触碰到了潜

七 著述

意识心理学历史上的对等物。可以与炼金术进行比较，及存在着一条智慧与知识之路，这条路通向诺斯替教派，并一直都没有中断，它们为我的心理学提供了具体的例证。当我研读这些古老文本的时候，一切便都各自回归到自己的位置了，包括各种各样的幻觉意象、我的那些经验性知识——这些知识是我从实践中积累起来的，还包括我从这些经验中得出来的各种结论。直到现在，我才开始明白，从历史观点来看，这些精神性的内容到底是什么意思。我加深了对它们典型特征的理解，在我对各种神话的调查研究中，我就已经开始了这种理解。在我的调查研究里，占据主要地位的是本源性的意象及类型的性质；如果没有历史，就不可能有心理学，也不可能会有潜意识心理学，对我来说这一点很清楚。一种有意识的心理学，会根据个人的生活而获得材料，这一点不容怀疑。但是，如果我们希望解释一种精神病，我们就必须要一份既往病史，因为比起意识里的知识，它反映得更加深刻。在治疗过程中，每当我们需要做出重大的决定时，我们就会做梦，而相比个人记得的知识，对梦进行阐释需要的知识要更多。

我对炼金术的研究，被我认为是自己与歌德之间存在内在联系的一种迹象。歌德身上存在一个秘密，即千百年来，他一直被一种原型性变化过程支配着。他把自己的《浮士德》当成是一种"重要工作"或"神圣工作"。他认为它是自己的"主要事业"，他一生的所有行动，都没有逃脱这出戏剧的范围。因此，一种具有生命力的本质一直在他的身上活跃着，这是一种超人的过程，是原型世界的伟大之梦。

我本人同样也陷入了梦的把握之中，因此我从11岁那年起，就不得不开始从事一种独一无二的工作，也是我一生的"主要工作"。一种观念和一个目标浸润着我的生命，依靠它们，我的生命才能维系，这就是渗透人格的秘密。根据这个中心点可以解释一切，我的所有著作阐述的都是这一个主题。

1903年进行的联想测验的实验，才是我真正的科学研究。在从事自然科学方面，这个研究从意义上来说是第一次科学研究。《词语联想研究》写出后我又写了两篇精神病学方面的论文：《早发性痴呆心理》和《精神病的内容》，这两篇论文的起因我已经说过了。1912年，我的著作《转变的象征》出版了，这也意味着，我与弗洛伊德的友谊彻底结束了。也正是从那时候开始，我必须要独自去闯天下了。

我本人十分迷恋自己潜意识的种种意象，因此就有了一个开始的点。这个时期一直从1913年持续到1917年；之后，那些不断出现的各种幻觉开始日渐减少。在这些幻觉还没有完全消失的时候，而我也不在魔幻之山内迷茫的时候，我便得以采取客观的态度来对待这整个的体验，并开始对它们进行深思。针对自己，我提出的第一个问题是："人们是如何看待潜意识的呢？"在《自我和潜意识之间有着种种关系》一文中包含了我的答案。针对这个，我曾在1916年的巴黎举行过一次讲座；但这次讲座内容的出版却在12年以后，并以德文出版，不过我大大扩充了内容。在这个讲座中，我描述了潜意识的某些典型性内容，同时我还表明，意识着的头脑对它们的态度可不仅仅是麻木不仁的问题。

那个时候，我还同时在为《心理类型》一书做准备工作，1921年，这本书第一次出版。之所以写这本书，是我觉得有必要在我自己的观点和弗洛伊德的及阿德勒的观点之间进行界定。在解决这个问题的时候，我又遇见了类型这个问题；这种心理类型属于个人所独有的，一个人进行判断的方式就是由它决定或者受它限制的。因此，试图探讨个人对世界、对他人和对事物的关系就是这本书的目的。在书中，我探讨了意识的各个方面，即面对世界，意识着的头脑可能采取的各种态度。因此，从临床的角度来看，它便构成了一种意识心理学。我在这本书中加入了大量的文学作品里的东西。其中占有特殊地位的，就是斯比特勒的作品，而引用最多的是他的《普罗米修斯与厄皮墨透斯》。不过，我也讨论了席勒、尼采和古典时代的知识史。后来，我曾冒昧地给他寄去了这本书。我没有收到他的回信，但他却在不久后做了一次报告，在报告中他肯定地说，如同他会唱出"春天来了，啦啦啦……"一样，他那本《普罗米修斯与厄皮墨透斯》也不存在任何"有"的含义。

通过论述类型的这本书，我明白了，个体做出的每一判断都受到他人格的制约，而且每一种观点一定是相对的。这就产生了一个统一性的问题，即必须对这种多样性进行补偿，于是我就被它直接引导到中国"道"的观念上了。在之前，我已经讲过理查德·威尔海姆曾寄给我一个道教文本，并且这本书引起了我内心的变化。1929年，我和他一起写了《金花的秘密》。只有当我的思想和我的研究来到了一个关键之处，或者说接触到了自性的时候，我才再一次找到了一条重返现实世界的归路。我进行了很多场的专题讲座，还四处旅行。这些年，我进行了一系列的内心探索，而衡量的砝码就是这些各种各样的论文和讲演稿。其中还包含我的读者和病人向我提出的各种问题的答案。

《转变的象征》问世后，我关切的课题便转移到性本能（里比多）理论的问题上。我设想里比多是一种精神类似物,但它具有物理性能量,并多少带有一种具有数量性的观念,因此不应该用质的术语来界定它。我想跳出里比多理论具体化的窠臼,尽管这在当时很流行,也就是说,我希望把饥饿、侵略和性等现象看作是精神性能量的表现方式,而不再提起本能这个词。

在物理学里,提到能量及其各种各样的表现方式,我们一般会想到电、光、热等等。在心理中的情形和这个也差不多。在心理学领域,我们处理的主要也是能量,即要遇到数值大小的强度测量问题。这种能量往往依靠各种各样的伪装出现。如果我们假设里比多是能量,那么我们就需要采取一种综合的和统一的观点。至于里比多,不论它是性欲、权欲、食欲还是别的什么,它的性质的数量问题,就处于一种背景性的地位了。就像能量学理论在物理各个学科中的重要性一样,我希望自己能为心理学做的事,就是找到某种合乎逻辑、彻底的观点。我的论文《论精神性能量》(1928)里追求的东西,正是这个。比方说,我认为,人的各种动机其实是能量变化过程的表现方式,这些方式种类繁多,五花八门,因此也就类似于热与光等各种各样的力。现代的物理学家不会认为只从热能就可以导出一切的力,同样,心理学家也应该警惕这样的做法,即认为性欲是一切的本能的原因。最初,弗洛伊德犯的就是这个错误,不过后来他纠正了这一偏差,提出了"自我本能"这个说法。接着,他又提出了"超我"这个说法,并在实际上赋予它至高无上的地位。

在《自我与潜意识之间的关系》一文中,我只谈到了自己对潜意识的着迷及与这种着迷的性质有关的某些事情,但并没有写太多关于潜意识本身的事情。当我致力于研究我的幻觉时,我才知道,潜意识会经历或引起变化。但在我熟悉了炼金术后,我才意识到,潜意识是一个过程,而它的内容是精神利用自我的关系而变化或发展来的。在个性方面,从梦和幻觉中可以推断出来这种转变。在集体生活中,它主要显现在各种宗教体制及其变化着的各种象征里。我的心理学的关键性概念:个性化的过程,就是通过研究这些集体转变过程及通过了解炼金术的象征性得到的。

我的研究工作很快就开始接触一个人的世界观的问题,触及心理学和宗教之间的种种关系,这是一个根本性的方面。我曾详尽地研究这些问题,并在《心理学与宗教》(1938)一文中阐述了研究的结果。作为这篇文章的直接产品,之后又写进了《自大狂》(1942)里。从这种观点来看,这本书的第二篇文章《作为一种精神现象的自大狂》就显得特别重要。大量独创性的看法都能在巴拉塞尔索斯的著作中找到，包括清晰地回答炼金术者提出的各种裹上了死人古怪外衣的问题。说起巴拉塞尔索斯，我不得不讨论炼金术的本质，它本身就与宗教和心理学密切相关，因此换句话说，就是讨论作为一种宗教哲学的炼金术的本质。我也确实这样做了，结果就是出版了《心理学与炼金术》（1944）这本书。自此，我便终于重新回了地面上，它的下面埋有我从1913—1917年的各种体验；我在那时经历的过程，与那本书描述的炼金术上的变化过程正好对应起来。

还有一个问题，不断地出现在我的脑海中，即潜意识的象征性与基督教及其他宗教有什么关系，这种情形太自然了。我不但为基督教的启示打开了大门，同时我还认为它对西方人具有不可忽视的重要性。不过，需要用新的目光，按照当代精神造成的种种变化来对待它。否则，它就会与时代脱节，并对人的整体性没有一点好处。我一直极力在自己的著作中表明这一点。我曾从心理学角度阐释过三位一体的教义及弥撒文本，我也曾将它们与帕诺波利斯的佐西莫斯——他是公元3世纪的一位炼金术士，和诺斯替派教徒描写过的种种幻觉进行比较。我本意是想在分析心理学与基督教之间找到关系，却最终引出来一个心理形象的基督的问题。我早就在1944年出版的《心理学与炼金术》中，论证过基督形象和炼金术士的关键性概念"哲人之石"之间存在对应关系。

1939年，我举行了一次讲谈会，关于依格纳蒂乌斯·洛尤拉的《精神修炼》的。同时，我正在为《心理学与炼金术》的写作忙碌着。一天晚上，我半夜醒来后，在明亮的月光下，发现床脚处有一个身背十字架的基督的形象。它没有真人那么大，模样却一样，他的躯体是用金子构成的，金子带着一点绿色。我被这一景象深深地震撼了，因为它具有惊人的美。不过我经常在快要醒来的时候看到这些非常生动的形象，因此像这样的幻觉对我来说并不是不同寻常的事情。

我一直对出自《精神修炼》的冥想之一的基督之灵思考得很多。这个幻觉的出现好像是在告诉我，在我的沉思中我忽略了某种东西：基督、炼金术士的非凡之金、带点绿色之金，这三者之间具有类同性。这一幻觉指出来的正是这个关键性的炼金术的象征，意识到我自己获得的这个幻觉是针对基督本质上已经属于炼金术时，我便感到轻松自在了。

那带点绿色的金，是不仅仅在炼金术士，还在人，甚至在无机的自然物中看到的质，充满生命力的质。它是人类的一种表现，是生命精神、人的灵

七　著述

魂或宏观世界之子、使整个宇宙活跃起来的人类。这个精神把自己融入一切事物里，包括无机物里，它同样也出现在金属与石头中。我的这个幻觉，其实就是基督的形象与宏观世界之子的一种结合，也就是与它在物质中的相似物的结合。如果我没有被那带点绿色的金震慑，那我大概可能会假定，从我的"基督教的"视野里消失的是某种本质性的东西。也就是说，不知道为何，我的那个传统性的基督形象有缺陷，而我仍然还得跟上基督教发展的某些部分。然而，对金属的强调却向我表明了，炼金术清晰表达出基督的观念就是精神上活着的物质和肉体上死了的物质的一种结合。

我在《伊涌》中，又一次研究起了基督的问题。但是在这本书里，我关注的是基督的形象与心理学的关系，而不是历史上出现的各种相似物。我并没有认为基督是一个失去了一切外在性的人物。相反，我倒是很希望他所代表着的是宗教内容的发展，这一发展已经延续了千百年。对我来说，这两者同样重要，一个是表明占星术会怎样预言基督的到来，以及他那个时代的时代精神，另一个是人们如何理解他，在两千年的基督文明的发展过程中。我们需要描绘的还包括在几千年的过程中积聚在他周围的种种光辉，这些光辉是古怪且有争议的。

就在我正在探究所有这些事情的时候，跟着出现的就是那个历史人物——作为人的耶稣的问题。这具有重大的意义，因为"人类"的本源性形象，或者说依靠当时的时代智力，已经集聚而成的原型，已经凝结在这位无人不晓的犹太预言者的身上了。人类的古老观念，一方面植根于犹太人的传统中，另一方面植根于埃及霍律斯神神话中；人们在基督教纪元的初始就已经开始接受这个观念，因为它属于时代精神的一部分。它关心的主要是"人子"，即上帝之子。耶稣公开反对被神化了的奥古斯都大帝，站到这位世界的统治者的对立面。原本属于犹太人的弥赛亚问题，在和这个观念混淆后，一起成了一个世界性的问题。

有一种观点认为，这位木匠的儿子——耶稣传播福音、变成了救世主是出于"纯粹的偶然"，这实在是一种严重的误解。因为耶稣能够非常准确地表达和陈述那个时代人们的各种期望，这些期望是人们普遍有的，但却在潜意识中存在，所以他一定是个具有非凡天赋的人。只有耶稣这位特定的人才能做到这一点，其他人不可能完成这个任务，成为希望的传播者。

在这样的时代里，罗马帝国，它的代表就是神圣的恺撒，用它无所不能又无处不在的权力创造了这样一个世界。在这个世界里，无数的个人，确切说是所有的民族，他们文化上的独立性以及精神上的自主性都被剥夺了。今天，同样的威胁仍然存在着，个人和文化同样有被大众吞没的危险。人们渴望得到救赎，由此，许多地方都出现了渴望基督再次出现的浪潮，到处都在传播看见基督再世的谣言。然而它采取的形式，只能算是"技术时代"的产物，与过去的任何事情都没有办法比较。这就是遍布全世界的"飞碟"现象，也就是不明飞行物体。

因为充分论述我的心理学与炼金术是否具有对应性，又或者完全相反，是我研究的目的，所以我就希望加上上面提到的宗教方面的问题一起，看看在炼金术士的著作中有什么特别的问题，特别是在论述心理疗法方面。在临床上，移情是心理疗法面临的主要问题。在这件事上，我完全同意弗洛伊德的意见。经过证实，我发现炼金术中有某种对应于移情的东西，具体地说就是相合的概念，西尔贝勒已经注意到了它突出的重要性。这种对应性的证据在我的著作《心理学与炼金术》中就有。两年之后的1946年，我在《移情的心理》中对这个问题进行了深入的研究，而我的著作《神秘的相合》一书，就是通过这方面的研究写出来的。

与所有让我感到关切的问题一样，这些问题通常是关于个人方面或者科学方面的，相合的问题一出现，也出现了作为预兆的种种梦境。在其中的一个梦中，这个问题和基督的问题都被凝聚成了一个十分明显的意象。

我又一次梦到我的屋子旁有一座新的附属建筑物，同样我一直没有进去观察过。我决心去看看，就走了进去。这个建筑物有一道很重的大门。当我打开门时，发现自己在一个实验室模样的房间里。房间的窗户前摆放着两张桌子，桌子上摆满了玻璃器皿以及动物学实验室的所有实验用具。这个工作室属于我父亲，但他却不在里面。几百个瓶子整齐地摆放在书架上，书架靠着墙立着。瓶子里装的是能够想象得出的各种各样的鱼类。原来我的父亲现在正从事鱼类学的研究，这让我大吃一惊！

我站在那儿四处张望，发现有一道布帘不时鼓起来，好像有很大的风吹过。突然，一个年轻的乡下人——汉斯出现了。我让他去看一看，布帘后面的房间有没有开着窗户。他离开了，而且去了好长一段时间。当他回来的时候，我发现他露出非常害怕的神情。但他只对我说："不错，那里有某种东西在出没！"

随后，我走了进去，发现有一道门通向我母亲的房间。我走进房间，发现房间里没有一个人，非常空，不过，它的气氛却显得很神秘。这个房间很大，五个一排的两排柜子悬挂在天花板上，离地面大约有2英尺高。每个柜子的面积大约6平方英尺，每个柜子里都装有两张床，看起来就像花园里的小亭子。我知道，这个房间就是我母亲回到阳世时居住的房间，她已经去世很久了。这些悬吊着的床是给来访的鬼魂睡觉用的。它们是成双结对的鬼夫妻，不仅晚上在这里过夜，有时候连白天也在这里过。

正对着我母亲的房间有一道门。打开门，我就走进了一个大厅；这大厅让我联想到大饭店的门厅。大厅里安放着安乐椅、小桌子、豪华挂饰品，还撑有柱子。一个铜管乐队正在大声地演奏着；在后面的房间里，我就已经听到这些音乐声了，只是不知道它们从哪里传来的。除了铜管乐队在大声吹奏着舞曲和进行曲，大厅里没有一个人。

大厅里的这个铜管乐队，意味着豪华的寻欢作乐和世俗性。谁也没有料到，在热闹的门后面其实是阴间，而且在同一幢建筑物之内。这个梦的意象显示出一种嘲讽，讽刺我这个好好先生或世俗的欢乐。不过，这仅仅是表面现象；某种完全不一样的东西隐藏在它的后面，在喧闹的管乐声中，根本无法对这些东西进行深入研究，那些鱼类实验室以及为鬼魂而悬吊着的亭子。这两个都是阴森森的地方，笼罩着一片神秘的寂静。我感觉它们这里才是黑夜的居处，而大厅代表的是白天的世界及庸俗和浅薄。

在这个梦中，"鬼魂招待室"及鱼类实验室才是最重要的意象。"鬼魂招待室"表现相合的方式是以一定程度的闹剧性方式；鱼类实验室则暗示了我对基督的先入之见，也就是说基督本人就是鱼类。这两者都是我不间断研究了十余年的课题。

不过，对鱼类的研究却成了我父亲的工作，这一点让人觉得奇怪。在梦里，我的父亲是一位照管基督徒灵魂的人，古代人认为，基督的门人彼得用网捉到的鱼，就是这些人。在这同一个梦里，我的母亲却成了那些被拆散了的鬼魂的保护人，这一点同样令人惊奇。这样，在梦里我的父母都承担着"治疗灵魂"的重担，可实际上却是我承担了这重担。应该还有某件事没有完成，并且仍然压在我父母身上；就是说，这件事仍然潜藏在潜意识中，等到未来才能解决。这个梦提醒我，相合问题是我仍然没有解决的"哲学上"炼金术的主要事情，因此也就是还没有回答基督徒的灵魂向我提出来的问题。此外，我妻子有关圣杯的传说的主要研究工作也没有完成，她将这个工作当成是自己终生的任务。

我回忆起来，我曾在《伊涌》中探讨过鱼类的象征意义，我脑海中浮现出翠鸟的形象以及追寻圣杯的情景。由于我非常不愿意闯进我妻子的研究领域，因此并没有把圣杯的传说融进我对炼金术进行的研究中。

在我的记忆中，我的父亲显然受了安福塔斯式伤，他就是一只伤口无法治愈的"翠鸟"，这种伤其实就是在替基督受罪，而炼金术士正在努力寻找治疗这伤的万灵药。童年期间，我见证了这种病症的情况，可是就像不能说话的帕斯法尔一样，我自己也说不出话来。我只能给出一点暗示。实际上，我父亲从来就没有对兽形的基督符号象征产生过兴趣。另外，直到他去世，他实际上都一直生活在痛苦中，这个痛苦是基督遇见和许诺的，并且他还根本就没有想到，这都是因为效法基督才产生的。他觉得，自己的痛苦属于个人的病痛，只要听从医生的忠告就能够得到治疗；他并不知道，这其实是普遍意义上的基督徒的痛苦。对于加拉太书中的话，"我活着，却不是我而是基督活在我身上"，我的父亲从来没有把它的全部意义装进自己的脑海里。因为他是那种只要一想到宗教的种种问题就会害怕得全身发抖的人。他想仅仅满足于信仰，可是对他来说，正是信仰打破了他的信仰。这种情形之所以会发生，往往是牺牲理性的结果。"能接受这一戒律的，只有那些该接受它的人，而并不是所有人……存在这样的阉人，他们让自己变成了阉人是为了天国。只要能够接受这一点，那就让他接受它好了。"（《马太福音》）盲目地接受不可能解决任何问题，它顶多只能导致停滞不前，并让下一代付出重大的代价。

众神不但延伸到超人的范围，还进入了不属于人类的王国里，这是由众神的兽形特征表现出来的。可以说，他们的影子就是各种动物，而大自然自己则联系起来这种影子和神的影像。"基督之鱼"这个形象表明，效法基督的那些人本身就是鱼。也就是说，那些人是潜意识的灵魂，他们需要动物式的照料。教会"对灵魂的照管"的同义词，就是鱼类实验室。就像受伤者使自己负伤一样，医治者也能治愈自己。具有决定性质的行动，是由死者在意识之外的那个世界，也就是潜意识的世界里，对死者做出的。这是这个梦具有的重要意义。

因此，在我的生活的这个阶段，我仍然没有办法对这个梦做出满意的阐释，自然也没有意识到我肩上责任的本质性意义。我只能隐约感觉到它的含义。我必须克服内心的巨大反抗，才能写出《答约伯书》。

在《伊涌》中可以找到上述文章的内心根源。我在《伊涌》里讨论了基督教徒的心理问题，而约伯则是某种基督的预兆。受苦受难的观念将两个人

七 著述

联系起来,基督和约伯都是代上帝受苦的仆人。在基督的情况里,产生苦楚的根源是世界上的种种罪恶,因此基督徒受苦是普遍性的结果。于是自然而然地会产生这样的问题:到底是谁该为这些罪恶承担责任呢?归根结底,正是上帝本人创造了这个世界及这些罪恶啊,因此,为了替人类的命运受苦,他便变成了基督。

在《伊涌》里,我提到过好几次关于这一神圣形象光明与黑暗的方面。我列举了"上帝的愤怒"、敬畏上帝的戒律,以及类似于"别让我们受到诱惑"这样的请求。在《约伯书》中,上帝的这种矛盾性形象起了非常重要的作用。在某种意义上,约伯希望上帝能够和他站起来反对上帝;由此,我们可以生动地看到上帝是处于怎样一种悲剧性的矛盾中。《答约伯书》的主要内容,就是这个。

还有其他一些外在性的力量促使我写这本书。因为公众和病人们提出的许多问题,我觉得自己必须更加鲜明地表明自己的立场,尤其在面对现代人的种种宗教问题的时候。对于这个问题,很多年来我一直犹豫不决,因为我非常了解,如果这样做了会掀起多么巨大的一场风暴。可是到了最后,这问题的全部紧迫性紧紧地支配着我,让我不得不勉为其难地做出回答。于是,我就这样做了。就像问题摆到我面前来的方式一样,解决问题的方式也是一种充满感情的体验方式。为了避免人们认为我一心想宣布某种永恒真理的印象,我是有意识地选择这种方式的。我的《答约伯书》也仅仅是为了表达一种个人的意见,希望能够引起其他公众的思考。我根本就没有想过要去阐述一种玄妙的真理。然而神学家们却用这个理由来指责,认为我已经这样做了。由于他们已经非常习惯与永恒真理打交道,自然无法去理解其他的真理。当物理学家说,原子就是这样的结构,然后画出一个结构图来时,他肯定不会想着去说这就是什么永恒真理之类的。但是,神学家们并不了解自然科学,尤其不懂得心理性思维。分析性心理学的材料,即主要的各种事实,构成了表述,这种表述在各种地方和各个时代,用一致的形式经常出现。

我在梦里,对约伯的问题在其所有的派生表述方面,同样有过预示。在这个梦中,我去看望早已去世的父亲。他住在乡下,具体是乡下的什么地方我并不知道。我看见了一座样式是18世纪的房屋,房子拥有很多房间,还有好几处相当大的附属建筑物。后来我才知道,这座房屋原来是一座旅店,坐落在一处矿泉疗养院内。许多要人、名人和皇亲国戚都在那里居住过。其中,好几个人已经死去,他们的尸身就存放在地下室里,属于这座房子的地下室。我的父亲就是看守这些尸身的看守人。

不过，我很快发现，我的父亲除了看守人这个职责，他还是一个合法的著名学者，在他活着的时候可从没有过这种事。我在他的书斋里见了他，奇怪的是，年纪和我差不多大的医生甲和他的儿子也在场，这两个人都是精神病医生。好像是因为我提了个问题，又或者是我父亲想主动解释点什么，所以他从书架上取下了一本很大的书，这是一本对开本的、沉甸甸的、用闪闪发亮的鲨鱼皮包起来的《圣经》，很像我图书室里的那本梅里安《圣经》。他打开《旧约全书》这部分，好像是翻到了首五卷处，然后便开始阐述某一章节的内容。他语速很快，语言流利，显然具有渊博的学识。我竟然跟不上他的节奏。我注意到通过他说的话，可以知道他知识丰富博杂，尽管我能对这种知识稍微有点领悟，但却根本没有给予适当的评判或掌握。显然，医生甲根本就没有听懂，而他的儿子却开始笑了起来。他们认为，我父亲正在干的事是他力所能及的，他说的话就是老年人喋喋不休的废话。不过，我自己却很清楚，他说这些话肯定不是因为病态的激动，也根本没有说什么愚蠢的话。相反，只是因为我们的智商有限，我们才无法领会他的高谈阔论、渊博的知识以及能够打动听者的理智。我被他说的极为重要的事深深地吸引住。他的脑海中充满了深刻的观念，他说话才如此激动。我感到非常惋惜，同时也觉得愤怒，因为他不得不在我们这三个白痴的面前说这番话。

那两位精神病医生代表的正是一种目光短浅的医学观点，作为医生我本人也曾被这种观点影响。他俩代表着我的阴影，以及与这个阴影比较相似的两个人，即父与子。

然后，景象变了。突然，我的父亲和我在这座房屋的前面，对面是一个堆放着木材的某种棚屋。沉闷的砰砰声不时传过来，就像又大又厚的木板被人扔到了地上或者到处乱扔一样。我猜想，至少得有两个工人在那里忙碌着。但我的父亲却告诉我，这个地方在闹鬼。这样的喧闹声显然是某种鬼怪弄出来的。

我们一同走进了这个棚屋，我发现它四周的墙壁都非常厚。顺着一条狭窄的楼梯，我们爬到了二楼。接着，我们看见了一种奇怪的景象：这大厅和法特赫布西克里苏丹阿克巴的会议厅一模一样。这是一个高高的圆形的房间，一道环形回廊沿着它的墙壁分布，回廊有四座桥通到一个被放置在一根大圆柱的顶端的盆形的中心。这个中心，成了这位苏丹的圆形座椅。他高高

七 著述

在上地向他的谋士和哲学家们讲话,而这些人则绕着回廊的圆形墙壁而坐。这个房间整体上构成了一个巨大的魔圈,与这真正的会议厅精确地对应着。

在这个梦里,我突然发现,有一个地方与真实的地方完全不对应,即这中央处有一座陡直的楼梯,直通到墙壁的一个高处,在这楼梯的顶端,有一道很小的门。这时,我的父亲对我说:"我现在要带你到最高的存在处。"说完,他就双膝下跪并在地板上叩了一个头。我的心情十分激动,也跟着跪了下来,就像他一样。但我叩头的时候头却不能碰到地板上,大概还差了1毫米。不过,我至少学着父亲的样子做了。突然之间,我一下子就知道了,也可能是我父亲早早就告诉我了,上面的这道门通往的是大卫王的大将乌利亚的房间,一个悲惨的人住在一间凄冷的房间里。为了得到乌利亚的妻子拔示巴,大卫王竟然命令兵士放弃乌利亚,把他丢给了敌人,从而可耻地出卖了他。

我还要做几点针对这个梦的解释。梦中刚开始的情景描述的是如何完成潜意识的任务,而我把这个任务留给了我"父亲",即潜意识来完成。显然,我的父亲迷上了《圣经》,也可能是《创世记》,他非常迫切地想把自己的顿悟转达给他人。鱼虽然有嘴巴却不会说话,因此鲨鱼皮表示的是《圣经》包含了一种潜意识的内容。可怜的父亲最终没能成功地把这两者传达给他人,原因是有的听众根本无法理解,有的听众愚蠢且心怀恶意。

这样失败之后,我们横过那个街道来到了"另一边",在这种地方活跃着鬼怪。通常青春期到来之前的年轻人的周围容易出现鬼怪现象;也就是说,我本人还处于一个未成熟的阶段和过于潜意识的阶段。在梦中,印度的那个环境表明的是"另一边"。当我在印度时,议会厅的魔圈结构让我觉得它代表的是一种与中心有关的内容,这的确给我留下了深刻的印象。阿克巴大帝的宝座就是这个中心,他统治着一个次大陆,是"这个世界的君主",就像大卫王一样。但是还有人在大卫王之上,即那位无辜的牺牲者,大卫王忠心耿耿的大将乌利亚,正是由于大卫王的出卖,他才被敌人杀死。乌利亚预示了基督的存在,而上帝抛弃的正是这位神人。"主啊,您为什么要抛弃我啊?"在这种呐喊声之上,是乌利亚的妻子被大卫王"取而享之"。只是我也是到了后来才明白这个关于乌利亚的暗喻到底意味着什么:对于《旧约全书》中上帝形象的这种二重性矛盾,我不得不公开地讲出来,这对我来说,是有害无利的,而且死神将从我手中夺去我的妻子。

这就是隐藏在潜意识里的事情，它一直在等待着我的明白。我对于这种命运，不得不逆来顺受，而且最好应该叩头到地，以便让我的谦恭顺服显得更加完美。但我却不能完全这样做，由于某种事情的阻止，距离温顺还差了一丁点的距离。我身上有某种东西一直在对我说："目前一切都很好，但不是完全很好。"我身上的某种东西不肯听从命运的安排并决心不做一条哑巴鱼；而在基督诞生前的几百年根本不可能写出《约伯书》，如果自由人身上没有某种东西的话。人总是在思想上具有一定的保留性，就算面对的是神的谕示也一样。否则，他哪里还有什么自由呢？如果这种自由不能给通常会威胁人的自由的上帝以威胁，这种自由又能有何用呢？

因此，乌利亚生活的地方高于阿克巴。就像梦中说的那样，他甚至就是"最高的存在"，恰当地说，这种说法只适用于上帝，除非我们谈论的是拜占庭的艺术品。在这里，我不禁联想到佛祖及他与众神的关系。对于虔诚的亚洲人来说，一切的至高者就是如来佛，就是绝对（上帝）。正是因为这个，小乘佛教总被人误会是无神论，这实在是冤枉。人之所以能够洞察造物主，全靠众神的威力。在本质性方面，人甚至被授予了消灭"万物"的权力，即消灭人对这个世界的意识。如今，利用放射性现象，人已经可以消灭地球上的一切高等生物。对于世界归于无有的观念，佛祖已经做过暗示：通过大觉大悟，就可以打断轮回（Nidana）的链条。这条链条的因果关系将不可避免地导致年老、疾病和死亡，于是乎存在的幻觉就结束了。叔本华对意志的否定，归结到现在已经成为迫在眉睫的关于未来的问题。这个梦揭示了一种思想和预兆：造物以一个虽小但具有决定性的因素胜过了造物主的观念，这个思想早就已经存在于人类之中。

经过了这次游览梦的世界后，我不得不再次回到我的写作上来。在《伊涌》里，我已经开始触到一系列需要分别加以解决的问题。我曾试图解释基督的出现如何与一个新的时间始源的初始，即鱼类的一个时代相对应。基督的一生与客观的天文学事件——春分进入黄道十二宫的双鱼宫处，之间存在着同步性。因此，作为这个新时代的统治者而出现的基督，就是"鱼"，就像他之前的汉穆拉比就是"羊"一样。我在论文《同步性：一种非因果关系的联结原则》论及的同步性问题，就是因此而导致的。

我怎样根据个人的体验来表达安索洛波斯（人），用心理学术语来说就是自性现象这个问题，是我在《伊涌》中提到的基督的问题导致的。我企

七　著述

图在1954年出版的《出自意识之根》中对这一点做出回答。在这方面，我所关心的三点，一是意识和潜意识之间的互相作用，二是从潜意识到意识的发展，三是每个单独的人的生活被更大的人格，即内心的人影响的问题。

到了《神秘的相合》，这种研究变得越来越充实。在这本书里，我又一次谈到了移情的问题，不过主要还是按照我原来的意图写的，即认为炼金术的全部内容是一种炼金术心理，或者是深度心理学的炼金术的基础。在《神秘的相合》里，我把一种现实的地位赋予了我的心理学，并把它建立在历史的基础上。如此，我便完成了自己的任务，我的工作也结束了，而且它现在也站稳了脚跟。我接触到了根底，根据需要达到从科学上加以理解的程度，达到了超验，甚至达到了原型本身的特性的程度。对于这种特性，不可能进一步做出科学的陈述。

对我的研究工作所做的概述，在这里当然只算是一种简单的概括。其实，我应该说得更丰富一些，或者再简洁一些才对。就像我在这里述说的一样，这是一种即兴性的东西，是临时产生的东西。对于懂得我的工作的人来说，它可能会有一些帮助，至于其他人，则需要他们了解我的观点，才能懂得。我所从事过的事情就是我的一生，也就是我的科学工作，它们密不可分。我依靠这个工作来表达我的内心发展；我这个人是由献身于潜意识的内容的研究构成的，也是由它改造的。从我的著作中，可以看到我一生历程中的各个中途站。

我所写的一切，都可以被认为是我的内心放到我肩上的任务，就是一件命中注定的、由不得我决定的事。我写的都是那些涌上我心头的事情。我的灵魂大受感动，我让它大声说出它想要说出来的话。我对于自己的著作，从不曾渴望会有强烈的反应，或者有力的共鸣。它们代表着对我们时代的一种补偿，而我也是非常无奈地说出这些没有人喜欢听的话。正是因为这样，我常常觉得自己凄凉、孤独，尤其在刚开始的时候。我很清楚，没有人会喜欢我说的内容，因为我们所在的时代的人们对这个有意识的世界唱的反调，非常不愿意接受。不过今天，我可以说，我获得了自己无法预料的极大的成功，当然我的成功是人们赋予的，我对此感到非常吃惊。其实，我只是做了自己应该做的一切。毫无疑问，这个工作，我应该可以做得更多、干得更好，不过，我没有能力做到的事也还有很多。

八　塔楼生活

　　通过科学工作，渐渐地，我开始把自己的种种幻觉及潜意识的内容放置在一种坚实的基础上。我并不认为文字和纸张是真实的，应该还需要某样东西。我内心最深处的想法和掌握的知识，还需要一种确定的表述方法，就像石头那样确定的方法。或者说，我的信念需要用像石头那样坚实的方式来袒露。"塔楼"的起源就在于此，它是我在波林根为自己建造的房屋。

　　一开始我就已经想好，要在靠近水的地方建筑房子。苏黎世湖那上湖的美景一直深深地吸引着我，虽然觉得奇怪，但我还是在1902年，在波林根买了点土地。这块地位于圣梅恩拉德地区，产权属于一老教堂，早先属于圣嘉尔修道院。

　　开始时，对于房屋的具体规划，我并没思考过，只是单纯地想把它建成一种原始的单层住宅。房子是圆形的结构，中央处应该有个火炉，四壁要嵌上大块的木板。在我的心中，我已经把它设想成是非洲人的一种小屋，火堆在屋子的正中，由几块石头围成一圈组成，全家人的生活都围绕这个中心转动。一种观念的整体性被这间原始的小屋具体化了，家庭式的整体性也被具体化了。在这种整体性中，参与其中的还有家中驯养的各种各样的小动物。不过，因为我觉得这个计划太原始了，所以在开始建筑的最初阶段，我修改了这计划。我感觉，它不应该仅仅是一座低矮、趴在地上的小屋，而应该是一座二层楼的正规的房屋。于是，第一座圆形房屋在1923年建立起来了。完工的时候，它已经变成塔楼式住屋了，这非常符合我的胃口。

　　一开始，我对这个塔楼抱有一种宁静和新生的强烈感情。它对我来说代表的是一种母性的温热。但是，我渐渐地感觉到，需要说出来的一切，它一定都没有表达出来，它还是缺少某种东西。于是1927年，也就是4年之后，我便给房子增加了一个中央性的结构，还添上了一些塔式的附属建筑物。

　　大约又过了4年，那种不完整的感觉又出现了。在我看来，这座建筑物仍然显得太原始了。于是，在1932年，我再一次扩大了塔形的附属建筑。我需要

八 塔楼生活

一间只供我自己一个人单独使用的房间,在这座塔楼里面。在我心里,这个房间应该类似于印度房屋的样子,如同我之前见过的那样。通常,他们的房屋里都有一个供其居住者静修的地方,可能这地方只是房间的一个角落而已,仅仅用一块布帘隔开。他们可以在这个房间或角落里静静地思考1刻钟或半个小时,或者练练瑜伽。在印度,因为人们总是挤在一起,所以这样一个静修的地方必不可少。

每当我退回到这间独居的房间时,我就觉得心情释然。没有我的许可,任何人都不许进入房间,我随身总是带着钥匙。我用了几年的时间,在房间的四壁上画了好多画,表达了我从时间里跳出来而进入幽居,从现在跳出来而进入永恒未来的所有事情。因此,塔楼的二楼就成了能够让我精神专注的地方。

1935年,我心中产生了一个愿望,即房子需要一片围起来的地。我想要一个更大的空间,一个开放在天空与大自然中的空间。于是,同样是过了4年,我又增加了一个庭院和一个靠近湖边的凉亭,它们构成了房子的第四种成分;不过,它们与房屋统一的三位一体性却是分离的。如此,就出现了四位一体的情形,这座建筑物由四个不同的部分构成,而且还是在长达12年的时间里一部分一部分建成的。

1955年,我的妻子去世后,我的内心产生了一种想要恢复自己本来面目的想法。用波林根这座房屋所用的语言来说,我突然意识到,潜藏得这么低、这样隐蔽的屋子正中的那个小小的部分,其实就是我自己!我再也无法在"母性的"和"精神性的"塔楼后面继续隐藏了。于是,就在同一年,为了代表我自己,或者说我的自我的人格,我在这部分上面又增加了一层。我以前不可能这么做,因为我觉得这样做是自以为是地突出自己。现在,它却意味着我的老年时代所达到的意识的扩大。伴随着这个而来的是这座建筑物变得越来越完善。在我母亲去世后两个月,即1923年,开始建造第一层塔楼。1923年和1955年,这两个日期具有深刻的含义,我们将来会发现,与这个塔楼有联系的,是死者。

一开始,我就觉得,从某一方面来说,这塔楼是一个能够让人变得成熟的地方,就像一个母亲的子宫或者是一个母性的形象,在这之中,我能够变成过去的我、现在的我和将来的我。它让我产生一种感觉,就好像我在石头中获得新生。因此,它就成了一种个性化过程的具体化,一种甚至超过青铜年代的纪念物。当然,我在建造房子期间,从来没有考虑过这些事情。我总是按照当时的具体需要去做,并把房子建造成一部分一部分的。因此,建造这所房子,我应该是在就像做梦的情形下完成的。只是到了后来,当房子完成后,我才发现,所有这些都配合得那么得当,这种形状包含了多么富有的意义:精神的完整性的一种象征。

在波林根,我生活在属于我自己的真正的生活之中,我恢复了自己的本来面目。在这里,我就是"母亲的上了年纪的儿子"。炼金术也采用这种明智的说法。我从小就已经对"老人""古人",也就是我的第二人格有所体验——这个人格会一直存在着,并在将来一直存在下去。他在时间之外存在,是具有母性的潜意识的儿子。在我的幻觉中,他依靠费尔蒙这个形象出现,而在波林根,他又一次恢复了生命。

时不时,我感觉自己好像融入了周围的风景与物体中,于是,我在每一棵树里生活,在浪花四溅的波浪里生活,在云彩里和来回奔走的动物里生活,在互相交替的四季里生活。塔楼里的任何东西,都在经历了十余年的时间后长大了,并且长成了自己的形式,任何东西都与我关系密切。这里的一切都有它自己的历史,包括我也是一样;这里就是为那个没有空间的王国,属于这个世界和精神世界的王国,预备下的空间。

我不需要电力,我亲自照料壁炉和火炉。只要一到黄昏,我就点燃几盏老灯。我也没有引来自来水,我自己动手从井里把水抽上来。我劈木柴来烧火做饭。这些简朴的行为让人变得很淳朴,而要保持住淳朴,是一件多么困难的事情呀!

在波林根,周围非常寂静,甚至可以听见最最微小的动静,我与大自然和谐地生活在一起。这种情况下,思想自然会浮到表面上来,往前回到千百年前,往后预见遥远的未来。在这里,缓解了创造的痛苦,创造性和游戏变得非常接近。

1950年,我用石头做了类似纪念碑式的东西,以表达这座塔楼对我的意义。我如何弄到这块石头的,这还有一个奇怪的故事呢。我需要一些石头修建花园的围墙,就从靠近波林根的采石场订购一些石料。石匠告诉采石场的主人所需石头的大小尺寸。采石场主人在笔记本上记录下了这些数据,当时我正好站在旁边。可是,当石头被船运来并卸到岸上来的时候,却发现,有一块石头的尺寸完全弄错了:原本拐角的那块石头是一块三角形的石头,可送来的却是一块厚度有20英寸(约0.5米)的方形的石头,而且比订购的足足大了1立方多。石匠非常生气,要运石的人把它立刻运回去,换新的来。

八　塔楼生活

但我一看见这个石头,就说:"不!这块石头我要了。我必须要这石头不可!"因为我立刻感觉到,这石头对我非常有用,我想用它做点什么,尽管当时我并不清楚自己想要怎么做。

首先,我想到了一首拉丁文的诗,它是由炼金术士阿诺德斯·德·威拉诺瓦(他在1313年去世)写的。我打算用凿子把它刻在那块石头上。这诗翻译过来就是:

摆在这里的是一块卑微的丑石,
它的价格非常便宜!
愚蠢的人总是看轻它,
智慧的贤人却十分爱惜它。

这首诗中指的石头,是炼金术士渴望得到的石头,即哲人之石。愚昧的世人对这样的石头自然看不起和不欢迎了。

很快,发生了某种别的事情。我发现这块石头的正面的自然结构里有一个像眼睛一样的圆圈,它在看着我。我在石头上把它刻出来,眼睛的中央处还刻出一个小小的侏儒。它与"小玩偶"(瞳仁)相对应,也就是你自己,你在别人的瞳孔中看见的你自己;一个好像是迦比尔或者阿斯克里庇阿斯的泰雷斯福鲁斯那样的人。古代的人把他雕刻成身穿钟形斗篷、手持一盏灯的人。同时,他还是一个指路者。在雕刻时,我灵感突发想到了几句献词,也把它刻在了上面。献词是用拉丁文写的,翻译过来是这样的:

时光如同一个小孩——像小孩那样游戏玩耍——玩着纸牌的游戏——这个小孩的王国。他就是泰雷斯福鲁斯,他游荡在这个宇宙的黑暗地区,像一颗星儿那样在茫茫的黑暗中闪闪发光。他指明通往太阳、通向梦幻的国度的门口的大路。

在我雕刻着石头的时候,这些词在我的脑海中一个接一个地浮现。

朝着湖的那一面是这块石头的第三面,我也在它的上面刻上了用拉丁文写的句子。这些词句多少有点像炼金术方面的语录,翻译过来是这样的:

我是一个举目无亲的孤儿,我一个人浪迹天涯。我是一个人,但却与自己相反。我同时是青年人和老人。我不知道自己的父母亲是谁,因为我是被人从深水中捞起来的,如同过去网鱼那样;又或者我是一块从天而降的白色的石头。我在树林和高山之中游荡,藏在人最深处的灵魂里。我一定会死,对每一个人来说,然而我又逃脱了时光的轮回。

最后,在阿诺德斯·德·威拉诺瓦那首诗的下方,我刻上了这样的文字,自然也是用拉丁文写的:"为纪念他的75周岁,为了表示感谢,C.G.荣格于1950年在这里制作并安放这块石头。"

安放好这块石头之后,我总是反复地观察它,心中对它充满了好奇,我问自己,到底是什么促使我雕刻它呢?后面究竟有什么在起作用呢?

这块石头就像是对上面的问题的解释,它静静地立在塔楼的外面。它表露的是这座塔楼的居住者的心态,只是其他人根本就不理解这种心态。知道我想再刻些什么在这块石头的背面吗?"梅林的呐喊声!"当梅林在这个世界消失后,他来到森林里。这块石头所表达的让我联想到他在森林里的生活情形。他的叫喊声仍然可以被人们听到,至少民间传说这样认为,但人们却无法理解或解释这些叫喊声。

梅林代表了这样一种意图,即中世纪的潜意识想创造一个与巴斯法尔对等的人物。巴斯法尔是基督徒中的一位英雄,他有一个阴险的兄弟,是魔鬼梅林和一个纯洁的处女所生的儿子。12世纪,在这个传说产生的时候,并没有存在任何前提可以用来了解这个传说的固有含义。因此梅林的最终结局便是流放,也就有了"梅林的喊叫声"这种说法,而在他死后,这喊叫声仍然从森林里传出来。这种喊叫声,没有人能够理解,这意味着梅林本人仍然无法得到赎救。他的故事依然没有结束,他仍在到处走动着。可以说,是炼金术使梅林的秘密流传了下来,主要是通过墨丘利乌斯这个人物流传下来。因此,我的潜意识心理学再次提及梅林这个人物,而且直到今天仍然无法理解,像个谜一样!因为大多数人都会认为,他们很难做到与潜意识密切地一起生活。我也是通过反复多次才算了解到,对于人们来说,要做到这样到底是多么难。

1923—1924年的冬天,在塔楼的第一层快要完工的时候,我正好在波林根。我直到现在还记得,当时应该是早春时节,地面上没有积雪。我独自居住了大约一个星期的时间,或者时间还要长。当时,有一种无法用语言描述的沉寂笼罩着一切。

我记得很清楚,一天黄昏,我正坐在壁炉前,在火上烧了一大壶水来洗脸。水开了,水壶也吱吱叫了起来。那声音就好像是许多声音在唱歌,又像是许多弦乐器,甚至像整个管弦乐队所发出的声音。它好像是一部多声部的音乐,如果出现在现实中我可真受不了。但在这种情况下,我却认为它非常有趣。当时的情形就像塔楼里有一个管弦乐队,塔楼外还有另外一个一样。一会儿塔楼内的声音占主导地位,一会儿塔楼外的声音又盖过了这个,好像它

八 塔楼生活

们在互相应答。

我坐在那里听得心情愉悦。我足足听了1个多小时,听这个音乐会,这个自然的旋律。不过,这个悦耳的音乐,同时也包含大自然的所有不和谐音。一点也没错,因为大自然本身就是不协调的,甚至充满了可怕的矛盾和混乱。这个音乐也是这种情形:各种声音纷至沓来,带着水声和风声的特色——它是如此奇妙,可是却不能形容。

1924年的冬末春初,在另一个同样安静的晚上,我又独自一人待在波林根,我被轻微的脚步声惊醒了,这脚步声正绕着塔楼在响。这时,远处响起了音乐声,而且越来越近。接着我就听到了笑声和谈话声。我暗地里想:"究竟是谁在这里来回走动窥伺着呢?这一切的目的究竟是什么?只有一只脚踩出来的荒凉的小路,从湖边延伸到这里,可是几乎没有什么人从那里走过啊!"一想到这些事情,我就醒过来了。于是,我起身走到窗口打开窗板向外瞧,什么都没有,一切都沉寂下来。没有一个人,也没有一点声音,甚至连风都没有,根本什么也没有。

"这可真是件奇怪的事!"我想。我十分肯定,刚才的脚步声、笑声和谈话声真的存在。但很显然,我刚才只是做了一个梦。我又躺回床上,仔细地思考着,想了解到底是什么原因让自己被骗了,还引出这样一个梦。就这样想着想着,我又睡着了。结果同样的梦立刻又开始了:我再一次听到了脚步声、谈话声、笑声和音乐声。这一次,我还看见了几百个穿黑衣服的人,他们好像是穿着主日服装的农家孩子。他们成群结队地从山上走下来,涌到我的塔楼附近,像潮水一样,而且还使劲地踏着脚,大声地笑着、唱着和拉着手风琴。我感到非常生气,心里想:"这就太过分啦!原本我还以为是做梦,这下却变成真的啦!"就在这时,我醒过来了。我再次从床上跳起来,把窗户和窗板打开,发现和刚才的情形一样:月光如水,死一般的安静。我心里想:"这到底怎么回事,简直就像闹鬼了!"

我自然会在心里问自己,一个如此逼真的梦,如此一而再地出现并把我弄醒,这到底有什么意味呢?通常遇见这样的情况,是因为我们看见了鬼。清醒的状态意味着可以观察得出真实。因此,这个梦表示的是一种真实的情境,在这种情境里它创造的是一种醒过来的状态。与一般的梦相反,在这种梦里,潜意识好像倾向传达一种与真实有关的有力印象给做梦者,由于重复,这种印象得到了加强。这种真实的来源,一方面人们认为是来自身体的感觉,另一方面认为是来自原型性的人物。

那天晚上，一切都显得是那样真实，或者至少在我看来是这样，我很难区分出这两种真实。我自己从这个梦本身也得不出什么结论。那些农家孩子，排着长长的队伍奏乐走过，到底意味着什么呢？我认为，他们是因为好奇，想要看一眼这座塔楼才从家里出来的。

从此以后，与此相似的事物我再也没有经历过或梦见过，我也记不清自己曾经在哪儿听到过与这个相关的事情。我找到解释，是在过了很久之后。有一次，我偶然翻到了17世纪伦瓦德·塞萨特写的《卢塞恩编年史》，并从中找到了解释。他讲述了下面这样一个故事：在比拉图斯山的一个高山牧场上，因为有鬼，所以这个地方特别出名，据说直到今天瓦坦还在那里施行着他的魔法。一天晚上，塞萨特在山上的牧羊小屋睡着了。突然，一长队人奏着乐从他那牧羊小屋两边蜂拥而过。但他醒来后发现什么都没有。这种情形和我在塔楼经历的一模一样。

第二天早上，他向和自己一起过夜的牧羊人询问，这到底是怎么回事。那牧羊人给了他一个现成的解释：这些人一定是那些去世的老乡，也就是那些受到祝福的死者，他们是由灵魂组成的瓦坦的大军。他说，这些人常常到处走动并把自己显现出来。

这种情况可能意味着，是一种真实存在的现象，通过一群人的形象的方式来补偿外表性的空虚和寂静。就像隐士见到的幻影一样，它们属于同一类，因为两者都是补偿性的。然而我们有可能知道这种故事的现实的基础是什么吗？还有另一种可能，就是因为我在当时太专注于孤独，以至认为有一大队"死去的老乡"经过我的身边。

有一种解释认为这种体验是一种心理补偿，不过我一直对这个解释无法完全满意，但要说这仅仅是一种幻觉，我又觉得这好像是用没有经过证明的假定来作为证据。我觉得，认为这种情形有可能真实存在，是有必要的，尤其在我偶然看见这个17世纪的记载后。

这很有可能是一种同时发生的现象。这些现象表明，常见的一种情况是，各种各样的预兆和幻觉与外在的真实性具有某种对应性。就像我发现的，确实存在着与我的体验很相像的真实的事情。年轻人的这种集会确实在中世纪发生过。他们是一些雇佣军，通常在春季时召集，从瑞士中部行军到洛迦诺，聚集在米奴西奥的卡萨迪法劳，然后便一起继续前往米兰。他们为外国的王公王储作战，在意大利服兵役。因此，我的幻觉，很可能就是这

八 塔楼生活

样一次召集,它定期在每年春季进行,年轻人们又唱又跳,非常快乐地向他们的故乡告别。

1923年,我们在波林根开始修建房屋。当时,我的大女儿前来看望我,当她看到地基时就惊叫起来:"天啦,您怎么把房子建在这儿了?这里遍地都是死尸啊!"我当时还想:"奇怪,怎么可能有这种事!"不过,我们确实在4年后建造那座附属建筑时,挖到了一具骷髅。它被埋在7英尺(约2米)处的地下。一颗旧式来复枪的子弹仍然嵌在他的肋骨上。很明显,各种各样的征象表明这具尸体是在已经腐烂时才被扔进坟墓的。1799年,在林斯河曾淹死过几十名法国士兵,后来被冲到上湖的岸上,他是其中之一。当时,奥地利士兵炸掉了法国士兵正在猛攻的格里诺桥。于是那些人就掉到河里淹死了。墓挖开后,我给这骷髅拍了照片,并在照片上面写下了发现它的日期:1927年8月22日。至今在塔楼里还保存着这些照片。

在我的那块地产上,我为这位士兵举行了一次正规的安葬仪式,还在他的墓上鸣枪三响,并为他立了块墓碑,亲自写下墓志铭。我的女儿已经感觉到了这位死者的鬼魂的出现。她从我外祖母那里继承了感觉这种东西的能力。

在1955—1956年的那个冬天,我在三块石板上刻下了父辈以上的先人的名字,并在塔楼的院子立上这三块石板。我在天花板上画上我自己和我的妻子以及我的女婿的纹章图案。原本,荣格家族是用凤凰做纹章,这种鸟显示着"年轻的""青春"和"返老还童"。我的祖父稍微改动了一下家族的纹章成分,可能是因为他对他父亲的一种反抗。他不但是一位狂热的共济会会员,而且还是共济会瑞士分会的领导人。这与他改变纹章的行为有很大关系。我说到的这件事,本来并不是很重要,但它属于我的思想及我的生活的历史性环节。

我保留了我的祖父对纹章做的改动,我的纹章的涂层也不再是原来的凤凰图案,代替的是用一片金黄色作为底子,右上方是一个蓝十字,一串蓝葡萄在左下方,一个金星的蓝带把这两者隔开。这样的纹章象征着共济会或玫瑰十字会。就像十字架和玫瑰花代表着玫瑰十字会的对立物("十字架对玫瑰"),也就是基督教和狄俄尼索斯两种成分一样,十字架和葡萄则象征着天国和地狱精神。金星,也就是起连接作用的那颗星,就是哲人之金。

玫瑰十字会原本来自隐逸派哲学或者炼金术哲学。它的创立者之一是迈克尔·梅厄(1568—1622),他是一位著名的炼金术士,他与杰拉德斯·多尼乌斯是同时代的人，后者比前者稍微年轻一点儿。虽然杰拉德斯·多尼乌斯名气不是很大，但更为重要，1602年那本《炼金术大全》的第一卷里有很多他的论文。这两个人都住在法兰克福。法兰克福一直是当时炼金术的中心。无论如何，迈克尔·梅厄在当地也算是个名人，因为他是鲁道夫二世的宫廷医生和巴拉丁伯爵。那时候，医生兼法官的卡尔·荣格博士（死于1645年）住在邻近的美因茨，不过，对于他我们除此什么都不知道，因为到我的高曾祖父那里，家谱就断了，而我的这位高曾祖父生活在18世纪之初。他就是西格蒙德·荣格，居住在从前的莫根廷，也就是今天的美因茨。因为美因茨市档案馆在一次战争中被焚毁了，所以家谱就中断了——那次战争属于西班牙王位继承战争期间的一次围城战。可以肯定的是，这位学识渊博的卡尔·荣格博士，非常熟悉这两位炼金术士的著作，因为当时的药物学仍然深受帕拉切尔苏斯的影响。多尼乌斯是帕拉切尔苏斯的信徒，非常直言不讳，曾写过一本厚厚的评论集来评论帕拉切尔苏斯的《长生》。相比其他所有的炼金术士，他谈论更多的是个性化的过程。不过，这一切都没有引起我的兴趣，因为我终生工作的大部分一直是围绕对立物问题的研究，特别是对立物在炼金术上的象征意义。

当我在那几块石板上刻字时，我感觉我与我的先人们注定要发生种种联系。我有一种强烈的感觉，我受到了种种事情和问题的影响，而我的父辈、祖父辈与先祖们对这些事情和问题并没有完成或者进行回答。事情的发展让人好像觉得，一个没有人格的羯磨（命运）存在于一个家庭中，并把它从父辈传到子辈。我总是感觉到，自己必须要回答那些问题，即命运加到我的先辈们身上但他们却没有回答的问题，或者我必须完成（可能是继续）那些事情，即先辈们没有完成而遗留下来的事情。让人难以确定的是，这些问题具有个人性多一些，还是具有一般（集体）性多一点。在我看来，后者更加符合情况。如果不这样认为的话，一个集体性的问题，就显得像是一种个人的问题，因而在单个人的情况下，这个集体性的问题，就给人一种某种事情乱了的印象，当然是在个人的精神王国里。的确，个人的领域受到了干扰，但这种干扰属于附属性的，并没有占据主导地位，结果造成了社会气氛发生不能容忍的变化。所以产生这种干扰，并不一定要到个人的环境中去寻找，相反，应该到集体性情势中去找寻。直到如今，对这种事情的考虑，心理疗法做得还太不够。

八 塔楼生活

我曾理所当然地认为,我人格上的分裂纯粹属于我个人的事,因此应该由自己负责,如同那些具有内省力的一样。可以肯定,浮士德因坦露心迹而说"天呀,居然有两个灵魂住在我的心中",这个时候他就已经算是在为我提出这个问题了,只不过他并没有对造成这种二重性的原因进行任何说明。从某种意义上来说,他的这种洞察力好像就是直接针对我的。当我第一次读到《浮士德》的时候,我远未猜出,歌德的这一奇妙的英雄式神话,在很大程度上是一种集体性体验,而且它还预见了德国人的命运。所以,我自己深深地沉浸在其中,由于狂妄自大和目中无人,浮士德导致费尔蒙和波西斯被杀害时,我便觉得自己也有罪,好像我自己曾帮助他人谋杀了两个老人一样。对于这种奇怪的想法,我感到震惊,因此我认为自己有责任去为这一罪行进行赎罪,有责任防止这种情形再一次发生。

这个错误的结论得到进一步证实,是因为我早年时期曾听到一些古怪的消息。我听人说,人们广泛地传播,我的这位荣格曾祖父是歌德的私生子。这个流言马上证实或解释了我对《浮士德》所产生的古怪的反应。我感觉这是个让人厌恶的故事。老实说,我并不相信再生,但我好像生来就很熟悉印度人叫作羯磨(命运)的这一观念。我在那个时期根本不知道存在着潜意识,因此,我也无法从心理上解释自己的反应。我也不清楚,好像直到今天,我知道的也不比其他人更多,潜意识在事先就确定好未来了,所以那些具有千里眼能力的人能够猜测出来。所以,雅各布伯克哈特会在凯泽·威廉一世在凡尔赛加冕登基时,惊叹地说:"德国到了末日!"瓦格纳的原型已经来到跟前,尼采的狄俄尼索斯的体验也随着这个原型来到了,这种体验更适合归属于狂喜之神瓦坦会。欧洲各国壁垒森严,在威廉时代的狂妄自大下,于1914年为灾难开辟了道路。

在我的青年时代,大约1890年,在不知不觉中,我被这种时代精神俘虏,一时找不到能够让自己逃脱出去的办法。我的心被《浮士德》深深地震动了,我被它以某种方式打动了,而我确实认为这个方式只是属于我个人的。它唤醒了我心中的善与恶、精神与物质、光明与黑暗这些两两相对立的问题,这才是最重要的。浮士德这位愚蠢无能的哲学家遇到了糜菲斯托弗里斯,也就是他自己黑暗的一面,邪恶的阴影;尽管糜菲斯托弗里斯有消极性的气质,但他却是真正精神的代表,这个精神代表的人生与那位在自杀边缘上彷徨的死气沉沉的学者正好对立。我自己的内心矛盾以一种戏剧的形式出现了；实际上，歌德在基本提纲和格局中就已经全部写出了我的矛盾和解决办法。我的身上集合了浮士德与靡菲斯托弗里斯的两重性，成了一个单独的人，就是我。换句话说，我直接被震动了并认为这就是我命中注定的事。所以，我被这出戏中的一切呼喊深深影响；我会在某个地方报以热烈的同意，又会在另一个地方持反对态度。不管哪一种解决办法，我都无法对它们保持麻木不仁。后来，我有意识地在自己的工作与浮士德所忽略的事情之间建立一种联系：尊重人永恒的权利，尊敬"古人"，并承认文化和知识史具有连续性。

个别的元素构成了我们的灵魂与我们的肉体，在我们世代相沿的列祖列宗的身上也同样存在着。所谓的个人精神中的"新"，其实仅仅是一种年代久远的各种成分的重新组合。具有深刻历史特征的灵与肉，在新的、刚开始出现的事物中自然无法找到任何恰当的地位。可以说，那些构成我们祖先的各种成分存在于这些事物身上的只有一部分。我们现代的精神假装我们已经远远告别了中世纪和典型的古代以及原始性，但实际不是这样。可是，我们已经一跃而跳进了时代前进的急流中，并被激流裹胁着冲向未来。这股激流将我们冲离原来的位置。我们离根越来越远，我们的狂暴性越来越厉害。如果一旦与过去断裂，过去通常就成了无，那这种前进运动根本就无法停下来了。但是，我们并不是生活在现在，而是生活在未来，因为我们失去了与过去的联系，失掉了"根"，这种情形导致人们对文明产生种种"不满"，导致人们慌慌忙忙。我们在关于未来那个黄金时代的虚无缥缈的许诺里生活，可是我们的整个进化背景并不能跟得上前进的脚步。在越来越高涨的不足感、不满感和惶惶不安感的驱迫下，我们急忙让自己扎进种种标新立异之中。我们依靠诺言，而不是我们所拥有的生活，我们生活在未来的黑暗中，而不再生活在现今的光明里；我们期待着未来的黑暗能最终给我们带来辉煌的日出。我们不愿意承认，只有更大的代价才能换来一切更美好的东西；不愿意承认，例如，由于国家施加的奴役的增强，更大的自由的希望正在消散，更不要说那些由最辉煌的科学发现给我们带来的可怕的灭顶之灾了。我们对于父辈和祖先想要寻求的东西了解得愈少，也不会对我们自己了解得更多，无疑，这样会让我们尽全力去斩断维系个人的各种根及指导性的天性，并让个人变成大众中的一个微粒，只能接受尼采的地心引力精神的控制。

由各种进步带来的改革，也就是通过新方法或新技巧带来的改革，刚

八　塔楼生活

开始的时候自然会让人觉得很新鲜,但从长远来说,却值得人们的怀疑,还可能在某种情况下为此付出高昂的代价。总之,这些改革不会给人们的生活带来更多的美满幸福。在大多数情况下,它们更像是裹着糖衣的骗人的苦药,正如生活中高速度的通讯一样。因为高速的通讯加速了生活的节奏,这让人很不愉快,留给我们的是比以前少得多的时间。如同古时的大师们常说的那句老话,"匆匆忙忙的只有魔鬼"。

相反,通过倒退而促成的改革,通常付出的代价很低,时间也更长,因为这是退回到过去更简朴的道路上,这些道路都曾历经过试验和考验,而且很少利用那些假装会节省时间的新发明,如报纸、电台、电视等等。

我在这本书里写的,其实一大部分是我对这个世界的主观性的看法,并不是合理思维的产物。相反,它是一种幻觉,这种情况就好像是一个人故意半闭着眼和半堵着耳朵,却想仔细查看形式和认真倾听声音,结果反而出现幻觉那样。如果我们的印象实在太清晰,我们就会局限于当前的时刻之内,从而无法了解我们的先人的心灵,无法了解他们是如何聆听和理解,也就是说,我们的潜意识无法对他们做出响应。这样,对于我们先人的组分在我们的生命中是否获得了一种本质性的满足或是否遭到了排斥,我们就会一无所知。一个人内心的平静与满足,在很大程度上取决于一种协调性,即个人身上与生俱来的历史上的家族与目前那转瞬即逝的各种情况是否能够相协调。

住在波林根的这座塔楼里,一个人就好像生活在许多世纪里一样。这个地方将长存于世,这是我不能和它相比的;但在地点和风格上,它却指向了以前那些时代久远的事物。现在的东西,在它身上暗示得实在太少了。如果一个16世纪的人来到这座房子,恐怕只有煤油灯和火柴能够让他觉得新鲜;否则,他就会像在自己家里一样。没有电灯也没有电话,更没有什么东西会打扰死者。另外,我列祖列宗的灵魂同样能接受这座房子的气氛,因为他们生活所遗留下来的种种问题,我都进行了回答。我尽自己最大的努力对那些问题进行了粗略的回答,甚至我还在墙上画上了这些回答。那个情形就好像是一个默默无言的大家族聚集居住在这座房屋里,而这个家族的人还包括延续了好几个世纪的人。我以我的第二人格的方式居住在这里,并形象地把人生认为是某种来来往往、周而复始的现象。

九　旅行

I　北非

1920年年初，一个朋友要去突尼斯办事，问我是否愿意一起去。我立即答应。我们3月份出发，先到阿尔及尔，又沿海岸东行，抵达突尼斯市，再南行到苏萨，我和朋友就在此分手，他要处理自己的事了。

我终于到了梦寐以求的地方，一个非欧洲国家。这里不说欧洲语言，基督教也不是主流，居住在此的也是截然不同的种族，脸上展现的也是一种不同的历史传统和哲学。我曾从外部观察欧洲人，观察被一种几乎是陌生的环境反映到他们身上的形象。遗憾的是我不懂阿拉伯语，为了弥补这一缺憾，我只能更加集中注意力去观察当地人及其行为。我常常在一家阿拉伯咖啡馆一坐就是几个小时，聆听只字不懂的谈话。不过，经过仔细观察当地人的手势，尤其是他们的表情；观察他们说话时和欧洲人手势的细微变化，我学会了用某种程度上有别于以往的眼光看待事物，并且观察离开熟悉的环境之后的白种人。

欧洲人见到的东方人的文静冷漠，只是一种面具，在这副面具背后，是我感受到的某种无法解释的不安和躁动。奇怪的是，我一踏上摩尔人的这块土地，就被一种自己无处解释的印象困扰：这里的土地有股怪味——一股血腥味，泥土里似乎浸透着鲜血。后来我蓦地想到，这片狭长的土地已经受过三种文明的冲击：迦太基文明、罗马文明以及基督教文明。技术时代对伊斯兰教徒会产生什么作用，还要拭目以待。

离开苏萨，我南下斯法克斯，又从那里进入撒哈拉大沙漠，前往绿洲城市托泽尔。城市坐落在一片低矮的高地，位于高原的边缘；高原下有稍带碱性的温泉泉水喷涌而出，分成千条小水渠，灌溉绿洲。高大的椰枣树在头上形成绿色拱顶，下面生长的桃树、杏树和无花果树十分茂盛，果树下是一片

九　旅行

碧绿茂密的紫色苜蓿花。几只翠鸟像珍珠一样在万绿丛中穿梭。在清凉的绿荫中，穿着白色衣服的人影徘徊徜徉，其中有很多热恋的伴侣紧紧地拥抱在一起，显然是同性之间的恋情。我觉得骤然间回到了古希腊时期。在古希腊，这种倾向构成了男人社会的基础，以及这种社会的城邦国家的黏结剂。在这里，男人只和男人说话，女人只和女人说话。在这里很少见到女人，见到的也都像修女一样戴着厚面纱。我见过几个不戴面纱的女人，翻译告诉我说，她们是妓女。大街上，一眼望去，都是男人和儿童。

翻译证实了我的印象，即同性恋普遍存在，这被视为理所当然。他还立即向我示好。这个单纯的人一定没有想到，我的脑际掠过一股思想的闪电，澄清了我的观点。我觉得自己突然被抛回几个世纪以前的少年世界，那里的少年们凭借零星的《古兰经》知识，逐渐脱离自古以来就生活在其中的朦胧状态，开始意识到自我的存在，以此抵御北方的威胁保卫自己。

就在我正沉湎于这种静止的、古老的遐想之际，突然想到了加速欧洲时间的象征物，我的怀表。无疑，这是一团黑云，阴沉沉地悬挂在这些毫无戒备的灵魂头上。瞬间，我觉得他们好像都是狩猎的对象：这些猎物看不见猎人，但嗅到了猎人的气息，隐约感到不安。而"猎人"就是时间这个上帝，他把永恒延续的时间击成碎片，成为日、时、分、秒。

我从托泽尔出发，来到奈夫塔沙漠。清早，日出不久，我和翻译就已上路。我们骑的骡子高大，腿脚灵活，走得很快。走近绿洲时，一个身着白衣的人迎面走来。他傲慢地昂首而过，对我们没有任何示意；他骑的黑骡子，配着箍有银条的挽具，布满银钉。他高雅的仪态让人印象深刻。这个人一定没有怀表，更别说手表；他不自觉地保持着一贯的风采。的确，欧洲人深信自己不再是很久以前的自我，但是却不知道自己变成了什么人。他的表不断提醒他，从"中世纪"以来，时间及其同义语"进步"不断地展现在他身上，而且也从他身上获取了某些因素。他不断轻装前行，加快速度，迈向并不清晰的目标。他以能够想象的胜利，如轮船、铁路、飞机和火箭来补偿重量的丧失以及相应的不完备感，但这一切也剥夺了他的延续感，把他推进加速度和爆发性的现实中去。

随着不断深入撒哈拉沙漠，我觉得时间变得越来越慢，甚至好像在倒退。滚滚而来的热浪加重了我的梦幻感。当我们走到第一批棕榈树下，看到绿洲民居时，我觉得这里的一切都没有改变过，保持着它自古以来的样子。

第二天清晨，我被旅店门外的喧闹声吵醒。店前是个宽阔的广场，昨晚还空空荡荡的，现在却挤满了人、骆驼、骡子和毛驴。骆驼呻吟着，音调高低快慢不一，似乎在诉说长期的不满，而驴子则刺耳地长吼不已。每个人都很兴奋，随处游逛，粗声大气地呼喊。野蛮，却又机警。翻译解释说，当天正在庆祝一个六节日。几个沙漠部落昨夜赶来，要为圣人干两天农活。圣人在绿洲里拥有许多田地，是穷人的救济官。人们到这儿来准备开辟新地，挖出水渠。

在广场另一边，突然扬起一片灰尘，随之而来的是一面随风飘扬的绿旗，鼓声阵阵。几百个来势凶猛的人列队而行，他们提着篮子，扛着又短又宽的锄头，领队的是一个姿态庄重的白胡子老人。他似乎已是百岁高龄，自然流露出旁人无法模仿的威严。他就是圣人，骑着一匹白骡。男人们打着小鼓围着他跳舞。整个场面充满野性、兴奋和粗犷的吼叫，弥漫着尘土。大队人马狂热而威严地行进，开进绿洲，就像奔赴战场。

我尾随着大队，谨慎地保持距离，因为翻译不让我离他们太近。我们来到了他们的"工作"地段。这里的兴奋气氛有增无减；打鼓、野蛮的呼喊，工地像一个遭到骚扰的蚂蚁窝；一切都在热火朝天地进行着。一些男人踏着鼓点搬运装满泥土的筐子；另一批人则疯狂地掘土、挖沟。圣人骑着白骡缓步穿过这兴奋狂乱的喧嚣场面，显然是在指导，连连做出威严、缓和又疲惫的手势。他所到之处，匆忙、呼叫和节奏就立即增强，圣人安然闲适的形象显得更加突出。到了傍晚，人们已经精疲力竭，很快倒在骆驼身边进入梦乡。夜里，在狗叫声平息之后，一切才完全归于沉寂。天刚蒙蒙亮，报号人就呼喊起来（他那声音总是深深地刺激着我），敦促人们去做早祷。

这个场面对我很有启发：这些人摆脱了情感，经受感召，将自己置入某种情绪之中。意识指导他们的空间方位，调整来自外界的印象，而意识本身也受内部冲动和情感的刺激。但意识并不引起思考，自我几乎没有自主权。欧洲人在此方面与其区别不大。但是，归根结底，我们更为复杂。无论如何，欧洲人具有一定程度的意志和明确的意向。我们所缺乏的是生活的激情。

我不想陷入这种原始气氛之中，但精神却受到感染。外部表现则是肠炎，喝了本地的大米汤和甘汞几天就治好了。

我心里充满各种问题，最后又回到突尼斯市。在登船前往马赛的前夜，我做了一个梦，总结了我全部的感受。这是合情理的，因为我一直习惯于同时生活在两种境界之中，一个是意识境界，力求理解，但很难达到；另一个是潜意识境界，要求表达某种事物，却不如梦幻更好。

九 旅行

　　我梦见了一个阿拉伯城市，就像大部分这种城市一样，城里有一个城堡。城市建筑在广阔的平原上，周围有城墙。城墙是方形的，有四个城门。

　　城堡周围环绕着很宽的护城河（实际上，阿拉伯国家的情况并非如此）。我站在通往马蹄形大门的水上木桥前，大门敞开着。我很想看看城堡的内部，便走上桥面。大约走了一半，一位英俊的黑皮肤阿拉伯男子迎面向我走来，颇有贵族风范。这位披着白色连帽斗篷的青年是这城堡中的王子。一到我面前，他就袭击我，想把我打倒。我们格斗起来，扭打中，扶手被撞坏了，我俩都掉在护城河里。他试图把我的头按下水淹死我。这太过分了。于是我也把他的头按到水下。尽管如此，我心里却很佩服他；我不想被他杀死，也无意杀死他，只想将他打昏，不再厮打。

　　突然梦境大变。他和我坐在了城堡中心的一大间八角拱顶房子里。房间是白色的，朴素而典雅。浅色大理石墙边摆着低矮的长沙发椅。我面前的地板上放着一本打开的书，奶白色羊皮纸上写着字体华丽的黑色字母。不是阿拉伯字母，像是西土耳其斯坦的维吾尔文；我曾见过吐鲁番摩尼教经文残片，所以熟悉这种文字。我不懂书里的内容，但是觉得这是"我的书"，我写的。刚才和我打斗的王子坐在右面地板上。我对他说，既然我打败了你，你就必须读这本书。但是他拒绝。我搂住他的肩膀，以一种慈父般的善意和耐心劝说他。我明白，这绝对有必要，最后他屈服了。

　　梦中，阿拉伯青年是那个骑着骡子从我旁边走过而不打招呼的傲慢阿拉伯人的替身。作为城堡的居民，他是自性的化身，或者是自性的报信人、使者。他走出的城堡是一个完整的曼荼罗：有四个大门，城墙正方形。他要杀死我的企图让人想到雅各与天使搏斗的动机；用《圣经》的语言说，他是上帝的天使、神的信使，因为他不认识人，所以要杀死人。

　　实际上，天使应该居留在我身上。但是，他只懂得天使的真理，对于人却不了解。因此，他刚见到我时将我当作敌人。我没有让步，奋起反抗。在梦的后半部，我成为城堡主人，他坐在我的脚下读书学习，以了解我的思想，或者说是，学习了解人。

　　显然，同阿拉伯文化的接触给我留下了深刻印象。这些人更接近生活，但从不反思，他们的情感特征给我们身上的历史积淀带来启发性的影响，我们刚刚克服这些积淀，将其留在身后，或者只是我们认为已经克服。就像童年的天堂，我们想象自己已经从中走出，但是，这个天堂，稍微受到刺激，就会把新的挫折感倾泻在我们身上。的确，我们崇拜进步，逃避过去，也更可能把对于未来的更为幼稚的梦幻强加在我们身上。

　　另一方面，童年由于天真和非意识，能比少年勾勒出更为完整的自性形象，那是纯粹个性中完整的人的形象。因此，一个儿童或者原始人的眼光会唤起成年人、文明人心中的某种憧憬。这种憧憬是人格某些未得满足的欲望和需求，而为了适应已被接受的人格面具，这些欲望和需求已完整地从形象中删除了。

　　前往非洲旅行，寻找欧洲之外的精神观察站，是我潜意识中想要找到我在身为欧洲人的影响和压力下，那已经变得不可见的人格。这一部分人格与自性潜意识对立，我企图将其压制下去。为了遵从它的特性，它要把我变成潜意识（把我强行按下水去），以便杀死我；但是，我的目的是通过自我认知力，使它变成有意识，这样我们就可以订立一个暂时共同条约。阿拉伯人黝黑的脸色意味他是一个"阴影"，但不是个人的，而是种族的，与我的人格面具无关，而是与我的人格整体，也就是自性存在联系。作为城堡的主人，必须将其看作是自性的一种阴影。推崇理性主义的欧洲人发现，自己对人性的东西很生疏，他以此自豪，却不知道，这种理性是以牺牲自身的活力为代价，而他人格的原始部分却因此被贬低，成为一种隐蔽存在。

　　这个梦揭示出，与北非的接触如何影响我。首先，危险是，我的欧洲人意识会遭受潜意识的袭击。从意识上说，我完全没有注意到这种情况；相反，我感到禁不住的优越，因为我时刻不忘身上的欧洲人特质。这不可避免：我的欧洲人身份，令我对与此不同的人有某种感性印象，而且把自己与他们完全区分开来。但是我对于潜意识力量的存在毫无戒备。这些力量坚定地站在这些陌生人一边，造成强烈的冲突，以蓄意谋杀的象征表现出来。

　　直到几年之后，在热带非洲逗留时我才理解这种干扰的真正性质。这是"骨子里变黑"的一种迹象，这种精神危险威胁着在非洲生活的、没有根的欧洲人，危害程度尚未得到充分认识。这类情况下，荷尔德林的这句"哪里有危险，哪里就有拯救办法"常常萦绕在脑海中。这种拯救就是我们在警告性梦的提醒下，把潜意识欲求提高到意识的能力。这些梦表明，我们身上不仅有某种不消极屈从于潜意识影响的东西，还有去迎接这种影响的东西。就像对童年的一般回忆可以用一种活跃的情绪控制住意识（我们觉得被彻底推送到原有的情景之中）。这种看起来陌生而完全不同的阿拉伯环境，唤醒了我们对过去原型意向的回忆，显然我们已经完全忘却、却又十分清晰。我们应时时记起生命潜力，它们被文明的成长掩盖，但是依然存在于某些地方。如果我们想要天真地重温它,就无异于重返野蛮时代。因此,我们宁愿选择忘记。如果它以某种冲突的形式重新出现,我们就必须将其储存在意识之中,并且相互测验两种可能性,即当下的生活和曾经被遗忘的生活。因为,凡是显然已经失去的东西,如果没有充分理由,就不会再次出现。精神结构中的一切都不会以单纯的机械方式发生,每种现象都要适应整体组织并与其形成关联。它完全是有目的、有意义的。但是,意识没有整体观,一般也理解不了这种意义。因此,只能暂时满足于注意这种现象,并且希望未来,或者进一步的研究会揭示出与自性阴影冲突的意义。

无论怎样,当时我对这种原型意象感受的性质并不理解,对于历史上的类似情况也知之甚少。我并没有明白这个梦的全部意义,但它却一直在我的记忆里挥之不去。同时,我一直期待有机会重访非洲。这个愿望5年之后得以实现。

Ⅱ 美国:印第安人部落(未发表手稿片段)

为了使用批评杠杆,我们往往需要一个外部支点,在心理学领域更是如此。因为研究资料的性质决定,心理学受主观因素的影响比任何其他学科都要多。例如,如果我们没有机会从外界审视我们自己的民族,如何才能意识到自己的民族特点呢?从外部观察,指的是从另外一个民族的角度来审视。为此,我们必须对外国集体精神有充分的知识,在此过程中,我们会遇到民族偏见、民族特质等矛盾。凡是使我们抱怨的一切,都将促使我们了解自己。我了解英国,因为我是瑞士人,英国的某些方面让我感到不适。我了解欧洲,了解我们最重大的问题,因为我是欧洲人,世界其他地方的某些方面让我感到不适。通过在美国的逗留、旅行,以及和许多美国人的交往,我对欧洲人性格有了更深入的了解;我一直认为,对欧洲人来说,对欧洲的审视最有用的莫过于从摩天楼顶上远眺。我第一次在撒哈拉沙漠观察欧洲时,感觉它周围是一种文明,这种文明与我们的关系就像罗马古代与现代的关系;我渐渐意识到,甚至在美国,我仍然受到白种人文化意识的感染。于是我产生了一种愿望,希望通过细致观察一种水平更低的文化来做进一步的历史比较。

第二次在美国旅行期间,我和一群美国朋友访问了新墨西哥州的印第安人,即古建筑部落。"城市"一词用在此处显得太大。实际上,它们都是小村庄而已；但是，层层叠叠的房屋拥挤在一起，就像他们的语言和习俗一样，含有"城市"这个词的意味。在那里，我第一次有幸和一个非欧洲人，即非白人聊天。他是印第安人部落的首领，大概四五十岁，名叫奥奇维艾·比昂诺（意为"山湖"）。和他聊天比和欧洲人聊天还顺畅。当然，他和欧洲人一样会沉湎于自己的世界之中。但是，欧洲人的世界是什么世界？在和欧洲人聊天时，经常会遇到沙洲这样早已熟悉、却并不理解的事物；而和这个印第安人聊天时，船只可以自由地驶向深沉而陌生的海域。同时，我们不知道哪种情况更有趣：是发现新海岸，还是发现通向几乎被遗忘的古老知识的新途径。

比昂诺说："你看，白人总是那么凶狠。他们的嘴唇薄，鼻子尖，满脸皱纹，扭曲变形，眼睛直瞪瞪的，没完没了地寻找。他们在找什么？白人们总是想要新东西；他们总是有事要干，一时也不安静。我们不懂他们需要什么。我们不理解他们，觉得他们都是疯子。"

我问他："为什么认为白人都是疯子？"

"他们说自己用脑袋想事情。"他回答。

"那是自然的。那你用什么想事情？"我觉得奇怪。

"我们用这里。"他指着心脏说。

我陷入沉思，想了很久。第一次有人为我勾画出了真正的白人肖像。似乎到那一刻为止，我所见到的都仅仅是感伤的、经过美化的彩色图片。这个印第安人击中了我们的弱点，揭露了我们视而不见的真实。我觉得在体内有种既陌生又熟悉的东西，像无形的迷雾一样徐徐升起。一个一个的形象从迷雾当中涌现出来：杀入高卢城镇的罗马军团，尤利乌斯·恺撒、西皮奥·阿弗利卡努斯和庞贝的线条分明的形象。在北海、在白尼罗河河岸，我看见了罗马的雄鹰。接着，我看到了奥古斯丁把基督教的信条挑在矛尖上送给不列颠人，查理大帝强迫异教徒皈依；还看到十字军烧杀劫掠的大队人马。我猛然醒悟，看到了与十字军有关的古老浪漫故事的空洞。接着是哥伦布、科尔特斯和其他的征服者，他们带着火、刀剑、苦难和基督教义，来到这里，希望享受安宁、梦想。我也看到太平洋岛屿上的人正在被烧酒、梅毒和猩红热虐杀。这些病疫都隐藏在传教士强迫他们套上的衣服里。

够了。我们依据自己的想法，大谈特谈开发殖民地、向异教传教、传播文明，等等，其实还有另外一副面孔，就是像食肉猛禽一样，以凶残目光搜寻远处的猎物，是江洋大盗、拦路抢劫盗匪们的面孔。装饰我们武器外衣的雄

九 旅行

鹰猛兽形象，正是我们真正本性的最佳心理表征。

比昂诺谈的其他事情也深深印入我的记忆之中。这些事情，与我们交谈的特殊气氛很默契，如果不提，这篇叙事就显得不完整。我们是在主楼五层屋顶上聊天。其间频频中断，这时可以远远望见其他屋顶上的印第安人，他们裹着羊毛毯，静观每天升起的太阳。我们周围是一座座用土坯盖的低矮方形房屋，屋顶与地面有奇特的梯子连接，或者从屋顶通到更高层的屋顶（从前面临危险多，入口多开在屋顶）。眼前是地平线上起伏的陶斯高原，海拔约7000英尺（约2100米），地平线上有几座圆锥形山峰（古代火山），海拔超过1.2万英尺（约3700米）。我们身后是一条清澈明亮的小河，对岸有一个部落，红土坯房屋层层叠起，通往居民点中心，看起来很奇怪，似乎预示了中心为摩天楼的美国大城市的布局。沿江逆流上行约半小时，就看见一座孤立的无名大山拔地而起。相传山顶出现云雾的时候，人们就会在此消失以完成神秘的仪式。

部落的印第安人都沉默寡言，对涉及他们宗教的问题，守口如瓶。他们要对自己的宗教仪礼保守秘密，而且秘密也受到了严格保护，所以，直接提问毫无希望。我此前还没有遇到过如此秘密的气氛；文明民族各种宗教的情况，现在都可以了解，圣礼早已不是什么秘密。但是，在这里，到处都是教友们所熟悉的秘密气氛——白人却无法得知。这一奇异情景让我稍微领略了古希腊埃留西斯的气氛，那座古城的秘密只有当地人才知道，从未外传。我理解了鲍桑尼亚斯及希罗多德的感觉，他写道："我没有获准说出那个神的名称。"我认为这不是神秘主义，而是一种重大的秘密，一旦泄露就可能导致一个社群的毁灭。守护这个秘密，部落里的印第安人就能保持自豪感和抗拒统治一切的白人的力量。这种秘密给印第安人带来了团结和统一。作为独特的社团，只要他们的秘密不被亵渎，部落就将会存在下去。

令我诧异的是，这位印第安人谈到他的宗教观念时感情发生了变化。在日常生活中，他表现出一种宿命论者淡定自若的自制和尊严。但是，一谈及关系他的秘密的相关事物，他就陷入无法掩饰的惊奇情绪，这个事实激发了我的好奇。但直接提问一无所获。因此，如果想要了解事实的本质，我就需要试探性地评论，同时观察他的表情。当偶然提到紧要的事物，他就会保持沉默，或者闪烁其词，却又显出深沉的激动、热泪满眶。他们的宗教观念对他们来说不是理论（这理论的确十分奇异，竟让一个男人流泪），而是一个事实，与相应的外部现实一样重要而感人。

我和比昂诺坐在屋顶时,炽热的太阳越升越高。他指着太阳说:"那不是我们的父亲在走动吗?这有什么可说的?怎么可能还有其他神?没有太阳就没有一切。"明显能感到他越来越强烈的兴奋心情。他费尽力气寻找词句,最后惊叹道:"独自一人在山里能做什么呢?没有太阳连火也生不起来。"

我问他有没有想过,太阳可能是看不见的神造的一个火球。我的问题没有让他感到惊奇,更没有引起他的愤怒。显然,他并没有被这个问题触动,他甚至不觉得我的问题愚蠢。他的反应冷漠,顿时让我觉得自己遇到了一堵不可逾越的高墙。他的回答只有一个:"太阳是神,谁都明白。"

虽然每个人都自然地感受到太阳的巨大影响,但是,看到这些理性而富有尊严的人在谈到太阳时表现的强大激情,确实新奇而又深受感动。有一次,我站在河畔,仰望屹立在这片高地上的海拔6000英尺(约1800米)的山峰。我突然想到,这是美洲大陆的屋脊,人们在这儿面对着太阳生活,就像裹着毛毯站在最高屋顶上仰望太阳沉思的印第安人。忽然,一个深沉、激情而颤抖的声音,从我身后传来:"你不认为一切生命都来自这座山吗?"一个年长的印第安人,穿着鹿皮鞋轻盈无声地走到我身边,向我提出这个不着边际的问题。我望了一眼从山上奔流而下的河水,看到了造成这一结论的形象。显然,全部生命都源自这座山峰,凡是有水的地方都有生命。我从他的问题中感觉到与"大山"一词有联系的一种情感正在涌起,于是想到在山上举行的秘密仪式。我回答道:"你的话是真理。"

遗憾的是,谈话很快就被打断,没能进一步讨论水和山的象征意义。

部落里的印第安人虽然不愿意谈论他们的宗教,却都喜欢谈论他们和美国人的关系。比昂诺说:"美国人为什么不让我们拥有自己的安宁?为什么要禁止我们跳舞?我们要把年轻人从学校里接回来送到基瓦(仪礼场地)接受我们的宗教,美国人为什么要阻挠?我们从来也没有伤害他们!"沉默许久,他继续说:"美国人想要消灭我们的宗教。为什么他们不让我们安宁?我们做的事,不仅仅是为了自己,也是为了美国。是为了全世界。所有人都能从中得到好处。"

从他的兴奋情绪中可以看出,他所指的是他们宗教中某种极为重要的因素。我问他:"你认为你们宗教所做的事情会造福全世界?"他激动地回答:"当然,如果我们不这样做,世界会变成什么样呢?"他庄重地指了指太阳。

我预感到我们的话题已经接近这个部落的秘密。他说:"我们是居住在世界屋脊上的民族,我们是太阳之子,凭借我们的宗教,我们每天帮助父亲走过天空。我们这样做,不仅是为了我们自己,也是为了整个世界。如果我们停止宗教仪式,不用10年,太阳就不再升起。到那时候,就是茫茫黑夜。"

此刻我明白了印第安人的"尊严",还有他们安然镇静的依据——他们太阳之子的身份。他们的生命具有宇宙意义,因为他们帮助天父及一切生命的保护者每天升起。如果我们把自己的自我辩白、我们的理性所规定的生命意义与此比较,就只能突显我们的贫乏。出自纯粹的嫉恨的心理,只能对印第安人的天真报以微笑,装作乖巧,否则就会暴露我们的贫乏。知识没有使我们的内心丰富起来,只是使我们更加远离神话世界。而我们原来借以生存的权利是很熟悉这个世界的。

如果我们暂时放下欧洲理性主义,沉醉于孤寂高山间的清新空气之中(高原一侧深入宽广的大陆草原,另一侧则通往太平洋),将有关世界的知识搁置,重新观看广阔的地平线和地平线之外的思想境界,就能够深刻理解部落印第安人的观点。"一切生命都源于这座大山",对于印第安人来说这是千真万确的。印第安人确信,自己生活在无边无际的世界中最接近上帝的屋脊。他们比其他人更先听到神祇的声音,他们的仪礼也最先传给遥远的太阳。山峦的神性、耶和华在西奈的显灵、尼采在恩加庭得到的灵感,都暗含着同样的意义。仪式竟能够神奇地影响太阳的观念,虽然在我们眼里是荒谬的,但如果进一步审视,就会认为这是合理的,而且,比我们设想的还要熟悉。我们的基督教,像其他宗教一样,也融进了这一观念:特定行为,或者某种行为能够影响上帝,例如,某种仪式、祈祷,或者神所喜欢的美德。

人类的仪式,是在答复上帝施予人的行为;而且答复的目的可能在于"净化",是一种奇幻的强制形式。人类觉得自己有能力对上帝无所不在的巨大影响做出回应,做重要的事情回报上帝,这一切都会引发自豪感,因为这种行为把个人提高到了带有某种形而上因素的尊严程度。即使仅仅是潜意识的,"上帝和我们"这种等同做法,也是部落印第安人令人羡慕的安然静谧的底蕴。这种状态的人确实适得其所。

III 肯尼亚和乌干达

一切皆出自造物主之手。

——卢梭

荣格自传
Carl Gustav Jung

1925年的伦敦温勃利展览会,对英国统治下各部落的精彩介绍给我留下了深刻的印象,于是我决定到热带非洲去旅行。

当年秋天,我和一位英国朋友及一位美国朋友一起启程前往蒙巴萨。我们乘的是一艘沃尔曼轮船公司的蒸汽轮船,同行的许多是前往非洲各殖民地工作的英国青年。从船上的气氛推断,他们显然不是去度假,而是去闯荡天下。尽管船上弥漫着轻松欢快的气氛,但仍透露着某种严肃的低调。事实上,甚至在我返航之前,我就听说了他们中一些人的命运。在随后的两个月之内,几个人由于感染热带疟疾、细菌性痢疾和肺炎死去了。死者之中,有一位年轻人还曾坐在我对面,和我一起进餐。还有一位是艾克利博士,是中非大猩猩保护委员会的奠基人。这次旅行前不久,我还在纽约见过他。

记忆中,蒙巴萨的天气闷热,那里住着欧洲人、印度人和黑人,周围是棕榈树和杧果树密林。景色宜人,是一个天然的港湾,城市高处耸立着一座葡萄牙式城堡。我们在那里逗留两天,傍晚乘窄轨火车前往内地的内罗毕,很快我们就沉浸在热带的夜幕之中。

我们经过了海岸平原上的许多黑人村庄,看见人们围在小火堆旁闲谈。不久,火车就开始爬坡。已经没有了村庄,四周漆黑一片。天气慢慢变得凉爽,我不知不觉就睡着了。旭日东升,天亮了,我醒来。火车被一团红色尘埃裹着,绕着一个陡峭的红色悬崖转弯。在我们上方一块峻峭岩石上,站着一个细高的黑褐色的人。他倚着一根长矛,俯瞰火车。一棵烛台形的仙人掌高高耸立在他身旁。

尽管画面完全陌生,我从没见到过,但这一景象深深迷住了我,另一方面,我也有一种极其强烈的似曾相识感。我觉得自己曾感受过这一瞬间,原本就理解这个同我只有时间差距的世界。此刻我正在返回年轻时代的那片土地,似乎我与这个黑肤色的人早就认识,而他已等了我5000年。

在荒莽的非洲旅行中,这一奇异的感觉一直伴随着我。对于这种自古以来人所共知现象的认识,除此,我能记起的只有一例,就是我与我以前的上司,欧根·勃罗伊勒教授一起观察到的一种心理玄学现象。在此之前,我曾想象,如果我见到这种奇幻现象,一定会瞠目结舌。但是,当这种现象出现,我却感觉毫不奇怪;我觉得这完全合乎情理,因为我对它早已熟悉,将其视为理所当然。

我无法确定,这个孤独黑肤猎人拨动了我的哪根心弦。我只知道,千万年来,我们的世界一直相通。

九　旅行

　　我有些茫然。中午的时候抵达海拔6000英尺（约1800米）的内罗毕。这里阳光明亮耀眼，使我想起冬日从恩加廷谷地的雾霭中走出时见到的强烈阳光。令我感到惊奇的是，火车站聚集的一群"工人"所戴的旧式灰色或白色滑雪帽，我在恩加廷也见过，可能我自己也戴过。人人都喜爱这种帽子，因为上翘的帽边像帽舌一样可以折下，在阿尔卑斯山中可以挡住寒风，在这里可以遮挡骄阳。

　　我们常常从内罗毕乘一辆福特牌小车到阿泰平原，那是一大片野生动物保护地。站在一座低矮小山上，这片宽广热带草原气势磅礴的景象一览无余。我们远远望见了大群大群的动物在地平线边缘：小羚羊、大羚羊、角马、斑马、疣猪等等。兽群一边吃草，一边点头，向前移动，像一条缓缓流动的河流。除了猛禽忧郁的鸣叫声，几乎听不到任何声音。这是原始的永恒寂静，世界一向如此，处于没有存在感的状态之中；在此之前，没有人出现，也没有人知道这个世界。我离开伙伴向前走，一直到看不见他们为止，在这里我品味了完全的孤独。站在那里，我感悟到自己是领悟到这个世界的第一人，但当时这第一人并不知道谁首先真正创造了它。

　　在这里，意识的宇宙意义变得更加清晰明确。炼金术士说："自然未能使之完美的，艺术使其完美。"人类以一种不可见的创造活动将一种客观存在提供给世界，因而把世界打上完美的印记。我们通常只是把这一行为归结于造物主，却没有考虑到，这就无异于把生命看作是一架设计精良的机器，它随着人类精神的发展而毫无意义地前进，同时遵从预知、先定的法则。在这样一种枯燥的钟表般的设定中，没有人的世界和上帝的戏剧，没有走向"新岸"的"新的一天"，有的只是枯燥乏味的程序化。我想起了那位印第安老友。他认为自己部落存在的理由就是一直在帮助他们的父亲——太阳，每天从空中升起。我曾经羡慕过他，因为那是有充分意义的信仰，而我一直在寻觅自己的神话，却毫无希望。现在我明白了它是什么，而且理解得更深刻：为了完成创造，人是必不可少的；人本身就是世界的第二个创造者，只有人才为世界提供客观的存在；如果没有这种客观存在，世界就不会被听到、被看见，只是在寂静中吃、生殖、死亡、点头，历经亿万年，在没有存在感的最深沉的黑夜之中继续这种状态，直至不可预知的终结。人类的意识创造了客观存在和意义，人类在伟大的存在过程中发现了自己不可缺少的作用。

　　沿着正在建筑中的乌干达铁路，我们来到了它的临时终点，第64站。工人们卸下我们的行李。我坐在一个装杂物的大箱子上，里面是各种食品，每一种都够一个工人用头顶着搬运一次：我点燃烟斗，心想，我们似乎已经到了地球人居住的边缘，从这里，只有一条羊肠小道向下延伸，穿过整个大陆。过了一会儿，一位年长的英国人——显然是一位牧主——走过来和我谈话。他坐下，也掏出烟斗，问我们到哪儿去，我大致介绍了我们各不相同的目的地。他又问："你们是第一次到非洲吧？我在这里已经住了50年了。"

"是第一次，"我告诉他，"至少来非洲这里是第一次。"

"我给你一点忠告，好吗？先生，你知道，这个地方不属于人类，这是上帝的属地。如果发生什么事，你尽管坐下来，不必惊慌。"后来他站起来，没有说一句话，就消失在拥挤忙乱的黑人人群之中。

我从他的话中听出了一些意义，并竭力想象他说这话的心理状态。显然，这些话阐述了他的经验的精髓：在这里，人不是主宰，主宰一切的是不可思议的设想。

我还没来得及理出头绪，两辆大卡车就要出发了。我们一组八个人连行李挤在一起，尽可能坐稳。接下来的几个小时，车一直颠簸，我无法思考。下一个目的地比预想的要远得多：卡卡梅加，专区特派员驻地，也是非洲步兵守备小队司令部所在地。这里有一所医院，令人惊奇的是，这里还有一座很小的精神病院。傍晚将至，夜幕降临。突然，一场热带暴风扑来，雷电大作，乌云顷刻化为倾盆大雨，把我们浇透；小河也顿时变成汹涌的激流。

午夜之后半小时，天转晴，我们终于到了卡卡梅加，所有人都精疲力竭。专区特派员在客厅里用威士忌热情招待我们。炉子里的火苗活泼可爱，客厅布置得很优雅，中间摆放着一张大桌子，上面放着英国杂志。这个地方简直和苏塞克斯乡间房屋一样。我疲惫不堪，完全不知道自己是在现实，还是在梦境中。后来，我们还得搭起帐篷，这是第一次。幸好没有丢失什么东西。

第二天清晨，我醒来觉得有些发烧，咽喉发炎，只好卧床休息一天。因为生病，我认识了"脑膜炎鸟"，倒也值得纪念；这种奇特的小鸟能够准确地唱出一个音阶，但是会省略最后一个音符，然后又从头唱起。一个人卧床听这歌声，简直要神经崩溃。

香蕉园里还有一种鸟儿，它的叫声就像由两种最甜美、最优雅的笛声组成，结尾却出现难听的不协调音符。"凡自然未能使之完美的……"。不过，它的歌声依然传递出一种纯粹的美。它鸣叫的时候，似乎有一阵钟声飘荡在地平线上。

九 旅行

第二天，在专区特派员的协助下，我们集合了一队搬运工人，还有3名土著士兵护卫，开始进行艾尔贡山的旅行。1.4万英尺（约4300米）高的火山口壁很快映入我们的眼帘。大车通过长着伞形阿拉伯橡胶树的干燥草原。整个地区密密麻麻布满了6～10英尺（约1.8～3米）高的小圆土丘，那是旧的白蚁窝。

沿路有供旅客用的休息室，都是圆形用泥草涂顶的小屋，屋内空无一物。夜晚，入口处就会挂上灯，以防止生人闯入。厨师没有灯，作为补偿，他一个人住一间很小的草屋，他对此感到很满意。可谁曾想这对他几乎是致命的。前一天，他在草屋前宰了一头我们用5乌干达先令买的羊，烹制了极为美味的羊肉作为我们的晚餐。晚饭后，我们正围在火旁吸烟，忽然听到远处传来奇怪的声音。声音越来越近，侧耳听去，一会儿像熊吼，一会儿又像是狗吠；接着，声音又变得凄厉，像是尖叫，又像歇斯底里的笑声。我第一感觉是：这好像是巴纳姆与贝利剧院的滑稽演出。可是，紧接着的场面变得十分恐怖：一大群鬣狗团团围住了我们，它们显然嗅到了羊血的气味，于是上演了一场惊悚音乐会，在高高的茅草丛中，它们的眼睛在火光照耀下闪闪发亮。

虽然我们对关于鬣狗天性的知识相当熟悉，据说它不会攻击人，但我们依然觉得不安全。突然草屋后传来一阵令人胆寒的尖叫声。我们抄起武器（一支9毫米曼利契步枪和一支霰弹枪），对着草丛中间闪亮的地方连续射击几次。我们刚放完枪，厨师就惊恐万分地冲到我们中间，惶恐不安地说，一只鬣狗窜进他的屋里，差点把他咬死。宿营地一片喧闹。大概是这阵喧闹镇住了鬣狗。它们吠叫着离开了。搬运工们哈哈大笑。后半夜很平静，再没有出现麻烦。第二天清晨，地方长官带着两只鸡和一篮子鸡蛋来拜访我们，恳请我们逗留一天打鬣狗。他说，前几天，鬣狗把一个睡着的老人拖走吃掉了。非洲真是一个神秘的地方。

天亮了，营地又传来大笑声，原来他们在表演昨晚的情景。一个人扮演熟睡的厨师，一个士兵扮演鬣狗，凑近厨师，要咬他。这个闹剧不知演出了多少次，但一直受到大家喜爱，笑声不绝。

从此以后，厨师得到一个"肥狗"的绰号。我们三个白人早已有了"标签"。我那位英国朋友被称为"红脖子"，因为在土人眼里，英国人都长着红脖子。美国朋友穿着时尚，外号是"花衣裳"。我当时已有灰白头发（当时我50岁），就被称为"老头儿"。他们都说我已经100岁了。在那些地方，很少见到老年人，我几乎没见过白头发的人。这么称呼我，是尊敬，而且还因为我是"布吉舒心理学考察队"队长——这是伦敦外事处强加的称号，有名无实。我们的确访问过布吉舒人，但在艾尔贡逗留的时间更长。

黑人最善于判断他人的性格。他们洞察一切的办法之一就是模仿。他们能够模仿表达方式，表达各种意图和目的的手势、步态，而且惟妙惟肖，令人惊叹。我还发觉他们对别人情感性质的理解也很惊人。我常常抽出时间和他们闲谈，他们很喜欢聊天。我因此学到很多东西。

这种半官方方式的旅行好处很多，不仅容易雇用搬运工，还获得了士兵护送。护送队绝对有必要，因为我们要穿过非白人管辖地区。一个班长和两名士兵陪伴我们徒步前往艾尔贡山。

地形是向上的缓坡。第三纪熔岩断层的特征越来越多。我们穿过大片茂密丛林，那里长着高大的、开着火焰般红花的凤凰木。硕大的甲壳虫和色彩斑斓的大蝴蝶在林间空地和丛林边缘翩翩起舞。我们深入灌木林，看见好奇的猴子拨动着树枝。这个世界犹如天堂。不过，大部分道路都在热带草原上，是平坦紫红色的土地。我们大部分时间都在蜿蜒曲折、急转弯多的土路上前进。按照行程路线，我们进入南迪地区，穿过南迪森林——这是一片面积相当大的丛林。我们平安到达艾尔贡山脚下；几天以来，这座大山在我们的上方变得越来越高。我们必须沿着狭窄的小路向上攀登。地方长官迎接我们，他是土著大夫的儿子。他的坐骑是一匹小马，这是我们见过的唯一一匹马。他告诉我们，他的部落属于马塞人，只是单独生活在艾尔贡山坡。

在这里，我们还收到一封乌干达总督的信，请我们保护一位取道苏丹返回埃及的英国女士。我们了解到她是一位意气相投的旅伴，加上总督对我们无微不至的关怀，我们自然要承担责任。

我提出这个细节，是想指出某种原型会以某种细微方式对我们的行动产生影响。我们是三个男人，我曾请求我另一个朋友与我们同行，那样就有了第四个人。但是，他未能接受我的请求。此事足以形成一个潜意识的、或命定的三位一体的原型意象，需要第四个来补充完备，我们在关于原型意象的历史中常常见到这种情况。

既然机会不请自来，我自然欣然接受；我们欢迎这位女士加入我们三个男人的小组。她很能吃苦，而且胆大心细，对我们男人小组是一个有用的平衡因素。小组里的一个人患了热带疟疾，情况严重。我们都很感激她运用了自己在一战中当护士的经验。

九 旅行

攀登了几个小时,我们来到一块宽阔的林中空地,空地被一条明澈见底的小溪分为两部分,小溪上还有一个约10英尺(约3米)高的瀑布。瀑布下面的水池变成了我们的浴池。我们的宿营地在约300码(约270米)以外平缓干燥的山坡上,伞形橡胶树的绿荫里。步行约15分钟,可以到达一个当地人的村庄——有几间茅屋和用荆棘篱笆围起来的小院。我们在此找到了运水工:一个妇女和她的两个半大女儿,她们几乎全身赤裸,只配有贝壳做成的宽带。她们拥有褐色的皮肤,十分漂亮,身材苗条,动作从容,颇有贵族风范。每天早晨,她们从小溪走来,她们的脚镯叮当作响,特别悦耳;接着她们走出金黄色的高茅草,为平衡头上顶着的水罐而拽曳的步态,赏心悦目。她们装饰着脚镯、铜手镯和铜项圈,小圆管形的铜质或木质耳环,下唇都用骨片或铁钉穿孔。她们很有礼貌,每逢见到我们总是露出羞怯迷人的微笑。

有一件事我要简要提一下,我没有和当地妇女说过话,虽然有人希望我会这样做。这里和南欧一样,只能男人和男人说话,女人和女人说话。否则就意味着谈情说爱。如果哪个白人喜欢如此,不仅有损名誉,而且有"背黑锅"的危险。我看到过几个例子,很有训诫意义。我常常听到当地人评论某个白人:"他是坏人。"问原因,回答总是:"他想跟我们的女人睡觉。"

在艾尔贡人当中,男人们负责喂养家畜和狩猎,女人们则负责香蕉园、种植白薯、高粱以及玉米。在一家人所住的圆形茅屋中,儿童、山羊和鸡住在一起。她们的尊严和天性表现在她们维持生计方面所发挥的作用;她们在经营管理中积极配合。妇女平等权利的概念,是这种合作失去意义的时代产物。原始社会受到潜意识的利己主义和利他主义的调节,两种态度都得到了恰当器重。如果发生紊乱,就必须通过一种意识行为调节,那么,原来的潜意识秩序就会遭到破坏。

回忆一位向我介绍艾尔贡人家庭关系的重要人物,是一件愉快的事。他是一个英俊的年轻人,名叫吉勃罗亚特,是部落酋长的儿子,举止优雅。显然我赢得了他的信任。他高兴地接受了我的雪茄,但并不贪婪,不像其他人索要礼物。他礼仪周全,时常来看望我,讲述种种趣事。我觉得他有什么企图,有某种难以启齿的请求。我们结识相当长时间后,他请我去他家做客,这令我感到惊奇,因为他还没有结婚,但他父母故去。他所谓的家指的是他姐姐的家,她是她丈夫的第二个妻子,有四个小孩。吉勃罗亚特很想让我去访问她,让我们有机会见面。显然,姐姐在他的生活中扮演了母亲的角色。我答应了,我希望能够以此为契机深入了解当地人的家庭生活。

女主人早已恭候多时，我们来到的时候，她自然大方地走出来问候。她是一位美丽的中年妇女，大约30岁。除了必不可少的贝壳宽带，她还戴着手镯和脚镯，长长的耳垂上挂着一些铜质装饰品，胸前配有某种小动物毛皮。她的四个孩子关在房里，他们透过门缝张望，发出兴奋的笑声。在我的请求下，她把他们放了出来，但过了好久，他们才敢走出去。她和她弟弟一样优雅，而弟弟因成功让我们见面而满脸喜悦。

我们没有坐下，因为除了满是尘土的泥地，没有可坐的地方，而且地上到处都是鸡屎和羊粪。我们聊的都是半家庭式的日常话题，不外是家庭、小孩、房子、菜园。大太太的家在她家附近，大太太有六个孩子。她们的院子相距80码（约73米）。在两个妇女茅屋中间，有一个三角地带，顶端是她们丈夫的茅屋，茅屋后面约50码的地方，有一小间茅屋，里面住着大太太的长子。两个女人各自都有自己的田地。我们的女主人为此感到骄傲。

我感觉到，她的仪态中流露出的自信和泰然，很大程度上是源于她对自己完整的认同。她的个人世界由孩子、房屋、小家畜、土地组成，还包括最后的但不是最小的一项，也就是她那足够引人注目的身材。她只是偶尔提到丈夫。看来他不经常在这儿。目前，他在哪里逗留，没有谁知道。毫无疑问，我们的女主人代表着坚定，是丈夫的依凭。问题不在于他在哪里，而在于她是否能够保持自己的完整，为赶着畜群跋山涉水的丈夫提供回归的吸引力。这些"淳朴"灵魂心中的活动是无意识的，也是不可知的，我们只能从"先进的"欧洲分辨法的比较证明中得出这种推论。

我怀疑，白人妇女日益男性化是否与她们自然完整性（土地、孩子、家畜、自己的房屋、火炉）的丧失有关，这是否是对白人妇女日益贫困化的补偿；男人的女性化是否是这种情况进一步发展的后果。制度越合理，性别差异就越模糊。现代社会中，同性恋的作用巨大。这是恋母情结的后果，也是一种目的性现象（防止人口增长）。

我和同伴有幸能接触到非洲世界，体验到难以置信的美和同样难以置信的苦难。营地生活是我一生中最值得怀念的插曲之一，远离过去，享受仍然是一片原始土地的"神性和平"。我从未如此清晰地看到过"人和其他动物"（希罗多德）。在我和魔鬼之母——欧洲之间，相距几千英里。各种魔鬼鞭长莫及，这里没有电报、电话铃声、信件、来客。我的精神得到彻底解放，自由自在地回归原始的宽阔天地。

每天早晨，我们都与当地人闲聊——他们整天蹲在营地上看我们做

九 旅行

事，兴趣持续不衰。工人领队易卜拉欣教我聊天的礼仪。所有的男人（女人从不走近）都席地而坐。易卜拉欣为我找到部落酋长的四腿红木小凳让我坐。然后我开始讲话，提出聊天的话题。当地人都能说一种勉强的洋泾浜斯瓦希利语；我也利用一本被他们赞美的小字典说这种语言。词汇量有限，说话只能简单。谈话像是有趣的猜谜游戏，因此，这样的闲谈很受欢迎。闲谈大多在一个或者一个半小时，因为人们会露出倦意，做个戏剧性的手势说："唉，我们累了。"

我当然对当地人的梦很感兴趣，但最初无法让他们把梦讲给我听。我送给他们都很想得到的小礼物，如雪茄、火柴、图钉等等，但无济于事。我不能充分解释他们羞于讲梦的原因。可能是因为恐惧和不信任。众所周知，黑人害怕照相，因为他们担心照相会夺走他们的灵魂，所以同样也可能害怕别人知道他们的梦就会加害他们。不过，我们的工人并不如此，他们都有一本解梦的书，旅途中每天都会翻阅。如果对书上的解释有疑问，就会向我求教。他们称我是"知识渊博的人"，因为懂得《古兰经》。他们认定我私下里是一个伊斯兰教徒。

有一次，我们和当地的一位老医生聊天。他穿着蓝色猴皮做的斗篷，贵重而炫耀。我问起他的梦时，他满眼泪水说："古时候，医生们都做梦，知道会不会爆发战争或瘟疫，是不是要下雨，应该把牲口群赶往哪里。"他的祖父也做过梦。可是，自从白人来到非洲，谁也不再做梦了。也不再需要梦了，因为英国人知道一切。

他的回答表明，医生失去了存在的理由。他们不再需要给当地人传达启示的神圣声音，因为"英国人知道得更多"。在过去，医生曾经和众神或者命运交流，给人忠告。医生曾扮演过重要角色，就像古希腊阿波罗神庙女祭司的话一样具有最高的权威。现在，医生的权威被专区特派员取代。生命的价值现在完全属于这个世界，在黑人意识到自然力量的重要性之前，这只不过是一个时间和黑人种族活力的问题。

这位医生绝不是一个神圣不可侵犯的人，而仅仅是一个有些胆小的老人而已。他证明了一个已遭破坏的、过时的、无法复原的世界加剧解体的局面。

很多时候，我会把谈话引向神学方面，特别是那些仪式和礼节。我只得到一个见证。在一条熙熙攘攘的街道上，一座空茅屋前，我看见了一块几码大小的地方很清洁，中心空地放着一个贝壳带子、耳环、各种陶片和一把掘地木棍。我打听到的全部解释是：一个女人曾在这间茅屋里死去。没有人提到殡葬细节。

聊天时，人们强调说，西边邻村都是"坏人"。如果那里有人死了，下一个村子就得到通知；晚上，遗体被放在两个村子中间。邻村把各种各样的祭品送到那里，第二天早晨，遗体就不知去向。言外之意是另一个村子的人吃了死者。他们说，这种事不会发生在艾尔贡人中间。事实上，他们会将死者遗体放置在灌木丛中，让鬣狗在夜间去处置。我们的确没有发现过埋葬的迹象。

但是，我听说，人死了以后，遗体要放在茅屋中间的地上。医生绕着遗体走动，把碗里的奶泼在地面上，口中念念有词："阿伊克·阿迪斯塔，阿迪斯塔·阿伊克！"

对这些词的意义，我根据早些时候一次记忆犹新的谈话理解了。那次聊完天，老人突然说："早晨太阳升起时，我们就走出茅屋，把唾沫吐在两只手上，举起双手对着太阳。"我请他演示一遍，并且解释一下这种仪式。他把双手放在嘴前，吐上唾液，用力吹气，然后把手掌向上对着太阳。我问这是什么意思，为什么往手里吹气吐唾液。他们说："我们一直都是这么做的。"虽然没有得到答案，但我已明白：他们确实只知道要这样做，而不理会为什么这样做。他们自己也不知道这种行为的意义。我们自己也遵从不理解的礼仪，比如为圣诞树点蜡烛，复活节藏彩蛋，等等。

老人又说，这是所有民族的真正宗教，全部的凯维伦多人、布干达人，还有登山远望目光所及的无限遥远的全部民族，他们都崇拜"阿迪斯塔"，即初升的太阳。只有在这个时候，太阳才是上帝。紫红色西边初升的弯月也是上帝。但只有这个时候才是，其他时刻都不是。

显然，艾尔贡人仪式的内涵是：在太阳初升时刻向太阳神顶礼膜拜。献礼如果是唾沫，那是因为当地人认为唾沫含有人的魔力，具有愈合伤口的力量，是一种奇幻和富有生命力的物质。如果是吹气，那是因为它是"罗勃"，也就是阿拉伯语的"卢赫"，希伯来语的"卢阿赫"，希腊语的"普纽马"，意思都是风和灵魂。因此，这个动作的意思是：我把活的心灵献给上帝。这是不用言语而用表演展现的祈祷，用文字表达可能是："上帝啊，我把灵魂献给给你。"

除了"阿迪斯塔"，我还听说，艾尔贡人也崇敬阿伊克——他是居住在地上的神灵，一种魔鬼，是恐惧的制造者，潜伏着等待向夜间行路人吹冷风。老人以口哨吹出北欧灾神洛基的旋律，生动表现阿伊克在高大神秘的灌木草丛中爬行的样子。

九　旅行

人们认为,造物主把一切创造得都很美好。因为他本身超越了善恶。他是美的,他所创造的一切也是美的。

我问:"那些咬死你们家畜的凶恶野兽呢?"他们说:"狮子也是美好的。""那些可怕的疾病呢?"他们说:"你躺在阳光里就好。"

这种乐观主义给我留下深刻印象。但我很快发现,下午6点钟以后,这种乐观主义就会突然消失,日落时起,就是完全不同的阿伊克的世界了,即充满邪恶、危险和恐惧。乐观主义让位于对鬼魂的恐惧,目的是保护自己,以免受邪恶祸害。黎明时分,乐观主义回归。两者毫不冲突。

在尼罗河发源地,我发现了埃及古代观念的提示物,奥西里斯神的两个侍者霍卢斯和塞特,这是一种激动人心的消息。显然,这是非洲的一种原始经验,随着尼罗河的圣水涌向地中海海岸;这就是阿迪斯塔,也就是初升的太阳,和霍卢斯一样的光明原理;也是阿伊克,即恐惧的散布者,代表黑暗的原理。在为死者做简单祭礼时,医生将他的的话和泼洒的奶结合起来,同时祭献这两种原理,即夜与昼从开始统治之时起,就具有同等的效力和意义,各自延续12小时。重要的是时刻,热带地区昼夜具有典型的突发性,每当旭日第一道光芒像箭一样射出,夜就转化成为充满生命的光明。

在此处看日出,每天都会让我惊叹。日出的壮观不在于太阳从地平线上喷薄而出,而在于它升起后。我养成了搬出小凳,黎明前坐在伞形阿拉伯橡胶树下的习惯。呈现在我面前的是一条小山谷,谷底有一条黑绿色的丛林条带,而山谷对面是巍然高耸的高地的边缘。太阳初升时,明暗对比极为强烈。接着,物体轮廓显现出来,沐浴在亮光之中,不久,整个山谷似乎都闪耀着明亮的光芒。而地平线上方则变成一片雪白,银光闪烁。强烈的光线似乎要渗入物体内部,光辉从物体内部散发出来,最后像一块一块的彩色玻璃光辉闪耀。一切都变成了火焰般的水晶体。钟鸟的欢歌在地平线上响起。这时,我觉得自己似乎置身于寺庙。我观赏这一天中最神圣的时光,或者说,迷醉于这种永恒,快慰无限。

在我的观察地点附近,一个陡峭的岩壁上住着大狒狒。每天清晨,它们都面对着太阳,静坐在岩壁边缘上,纹丝不动,而剩下的时间,它们则在森林中漫游、喧闹、尖叫,一刻也不安宁。它们似乎和我一样在等待日出。它们让我想起埃及阿布·辛贝尔神庙中做顶礼姿势的大狒狒。所有的一切都说明一个事实:从远古时代起,人就对这位黑暗中发出万丈光芒拯救世界的神顶礼膜拜。

从那时起，我明白了，从天地初创起，人的内心就一直怀有对光明的向往和走出原始黑暗的无尽渴望。苍茫的夜幕降临，一切都陷入深深的沮丧中，每一个心灵都充满对光明的不可抑制的渴望。这种紧张的感觉在原始人和动物眼睛里都能看得出。动物的眼睛里有一种悲哀，不知这种悲哀与动物的灵魂是否有联系，或者出自潜意识的存在。这种悲哀也反映了非洲的情绪，对各种孤寂的感受。这种原始性的黑暗是一种类似母性的神秘。清晨太阳升起对当地人具有如此深远的意义，原因也就在此。光明到来的瞬间就是上帝降临的时刻。那一瞬间带来慰藉。说太阳是上帝，就等于模糊并且忘记了那一瞬间的原型经验。当地人会这样说："灵魂徘徊的夜已经过去，我们很高兴。"这已经是一种理性的概括。事实上，大地上仍存在一种与自然界黑夜完全不同的黑暗，也就是精神的原始黑夜。今天乃至亿万年来都是如此。对光明的渴望就是对意识的渴望。

我们在艾尔贡山的愉快旅行就要结束了。我们心情沉重地收起帐篷，想着一定再来。没想到，我们再也没有机会体验这种得来全不费功夫的愉悦。在那次以后，卡卡梅加附近发现了黄金，采矿开始，在这些纯洁而友好的当地人中间就兴起一种运动，让他们从文明梦中醒来。

我们继续沿艾尔贡山南坡旅行。景色特点渐渐转变。平原的边缘耸立起浓密热带森林覆盖的山峦。居民的肤色更黑，身躯更高大，却少了马塞人的优雅。进入布吉舒地区，在布南巴利的山上逗留一段时间。它的海拔很高，我们一览尼罗河谷地的无限美景。从那里出发，我们又到了姆巴拉，分乘两辆福特汽车前往维多利亚湖畔的金贾。我们把行李放在一列窄轨铁路火车上——列车每两个星期一次开往基奥加湖。我们登上一艘锅炉蹼轮轮船，历经几次事故，终于到达马辛迪港，接着改乘卡车到了马辛迪市。该市坐落在一块将基奥加湖和阿尔伯特尼安查分开的高地上。

在从阿尔伯特湖到苏丹境内勒贾夫的路上，经过一个村子时，我们有一次兴奋的体验。地方长官是一位身材高大的年轻人，带着随从来看望我们。他们的肤色在我所见过的非洲人当中最黑。他们有点令人捉摸不定。尼木累人的首领派给我们三个当地护卫，但他们和我们的工人相处得并不融洽。他们总共才有三夹步枪子弹。所以，他们不过是政府象征性的姿态而已。

首领提议晚上跳舞，我欣然同意。我希望他们能借此展示友好。到了晚上，当我们都很困时，突然鼓号齐鸣，来了60人左右，全身披挂着闪闪发光的投枪、木棒和刀剑，威风凛凛。在他们身后还有不少女人和儿童，母亲们还

九　旅行

背着婴儿。显然，这是一次盛大的社交性集会。虽然天气炎热，温度在34℃，人们还是点起大堆篝火。妇女和儿童在火堆质围围成了一圈。男人们在外围围成一圈；我以前曾见过一群暴怒的大象这样排列。面对这种盛大场面，我真不知道是喜是忧。我环顾四周，却不见我们的工人和政府派的士兵的踪影！为表示友好，我把雪茄、火柴和别针分给众人。男人开始合唱，全是铿锵有力的战歌，倒也和谐，边唱边摇摆双腿。女人和儿童绕着火堆欢跳，男人挥着武器，向后退，然后伴随着野性的歌唱、鼓声和号角声向前进。

这个场面粗犷而刺激，沐浴在火光和奇幻的月色之中。我和我朋友也走过去，加入其中。我挥舞起犀牛鞭，这是我唯一的武器，和他们一起跳起来。从他们红光满面的脸看出，他们欢迎我们的加入。他们热情高涨，男女老幼全都跺着脚，大唱大吼，大汗淋漓。舞蹈和鼓声的节奏渐渐加快起来。

随着音乐跳舞，当地人很容易陷入着魔状态。当时就是如此。深夜11点钟左右，他们兴奋得无法控制，整个场面变得异乎寻常。跳舞的人变得更加狂野，我开始担心如何收场。我向首领做手势，表示该结束了，应该睡觉了。但是他却表示还要"再来一个"。

我记得，我的一个同乡，萨拉辛的表哥，曾在印度尼西亚的苏拉威西岛探险，在这类的舞蹈中被投偏的长矛击中。所以，尽管首领请求延长时间，我还是把大家招呼到一起，分发雪茄，做出睡觉的手势。接着，我挥舞犀牛鞭发出威胁，但同时也面带微笑，因为找不到更好的语言，于是使用瑞士德语大骂起来，说够了，必须睡觉。我的愤怒在当地人看来显然是佯怒，却起了作用。人群中又爆发出笑声，蹦跳着散去，消失在黑夜之中。后来很长时间，还听见他们在远处兴高采烈的呼吼声和击鼓声。终于静下来了，我们也筋疲力尽，很快进入梦乡。

我们最后到达尼罗河畔的勒贾夫，到此徒步旅行结束。我们把行李装上一艘蹼轮蒸汽轮船，因为水位太浅，只能勉强停泊。这时，我强烈感受到所经历的一切带来的精神负担。脑海中千思万绪翻腾不已，我清醒而痛苦地认识到，自己消化新印象的能力快到极限了。接下来我要做的事，就是重温我的观感和体验，找出它们内在的联系。只要值得记录的，我都会记录下来。

整个旅途中，我做的梦都顽固地遵循着回避非洲的策略。这些梦仅仅展现家乡的情景；看来，我的梦似乎是为了说明——姑且把这些潜意识过程人格化，这次非洲之行只不过是症状性或象征性的行为，而不是真实的。就连旅途中印象最深的事，也被排除在梦外。在整个探险中，我只有一次梦见过一位黑人。我十分熟悉他的面容，但回忆了很长时间才记起来在什么地方见过他。他是美国田纳西州查塔努加的理发师，一个美国黑人。我梦见他正拿着一把巨大的、火红的、烫发火剪放在我头上，要把我的头发理成短发卷，也就是理成黑人发型。我甚至感到头皮热得发痛，结果被吓醒了。

我认为这个梦是潜意识的警告，提醒我原始事物的危险。但那个时候，我明显地接近于"归途"。那时我患上了沙蝇热，精神抵御力也随之降低。为了证明黑人对我的威胁，我的潜意识释放了12年前我在美国遇到的黑人理发师回忆，提醒我防备眼前的黑人。

我梦境中的奇异行为，正符合一战期间的一种现象。士兵经常梦见的是家园，而不是战争。随军精神病医师遵循一条基本原理，即如果士兵经常梦见战争场面，就应该让他撤离前线，因为在那种情况下，他反抗外界印象的心理机能已被破坏。

与我经历的非洲严酷环境情况相同，我的梦境也成功地保存下来一条内部界限。梦境涉及的全是我的私人问题。于是，我从中得出这样的结论：在任何环境下，我的欧洲人人格都必须保持完整。

我惊奇地想到，这次非洲探险藏有一个秘密目的，就是逃避欧洲错综复杂的问题，为了达到这个目的不惜留在非洲；在我之前不少人都是这么做的，而且，现在还有人这么做。这次旅行显示出它本身很难算是为了原始心理的研究（杂物箱上的黑色字母"布吉舒心理考察队"，缩写是B.P.E.），而是对一个令人困惑问题的探讨，就是心理学家荣格在非洲荒野之中，会怎么样？虽然在知识方面，我有意研究欧洲人对原始条件的反应，但我对这个问题却一直回避。这种研究与其说是一项客观的科学问题，不如说是个人研究。任何深入研究的尝试都触动我心里可能存在的痛的每一个点。我不得不承认，促使我决定旅行的不是温勃利展览会，而是欧洲的气氛对我来说过于沉重。

带着这种思绪，我沿尼罗河顺流而下，向北往欧洲，向着未来前进。航行到喀土穆，再往北到埃及。我就实现了自己的愿望和计划。不是从西面，不是从欧洲和希腊，而是从南面，从尼罗河河源地接近另一个文化地域。我感兴趣的不是埃及文化中复杂的亚洲因素，而是含米特人对它的贡献。沿着尼罗河的地理流向，也就是时间的方向前进，我终于有所发现。其中最重大的启发是在艾尔贡人中间发现了霍卢斯原理。当我于埃及南大门见到阿布·辛贝尔神庙里的犬面狒狒雕像时,那整个的情节及其全部含义都跃然脑际。

霍卢斯神话是关于神性光明新生的古老传说。这个神话是在人类文化之后,也就是意识第一次把人从史前黑暗时代中解放出来之后,开始世代流传。对我而言,从非洲心脏向前进埃及的旅行,就变成了光明诞生的戏剧。戏剧中我和我的心理关系密切。我理解这一点,又觉得没有能力用文字将其详细叙述。旅行之前,我不知道非洲会给我带来什么,但结果却令人满意。这要比任何民族学的成果,任何武器、陶器或者猎获物的收藏更有价值。我曾希望了解非洲会对我产生怎样的影响,最终如愿以偿。

Ⅳ 印度

1938年的印度之行,并不在计划之内。做出这个决定是应印度殖民地政府之邀参加加尔各答大学建校25周年纪念活动。

在那之前,我读过许多有关印度哲学和宗教史的书籍,对东方智慧的价值深信不疑。但是,为了得出自己的结论,我必须旅行,否则我就像消毒瓶中的人体标本。因为我依然还在寻求自我,印度对我的影响就像一个梦,我借此寻求对自己特有的真实。

当时我正忙于研究炼金术哲学,这次旅行算得上是其中的一个插曲。我极其热衷这项研究,所以我带上了1602年出版的《炼金术大全》,格拉尔都斯·多尔奈乌斯的重要著述都收录其中。旅途中,我从头到尾研读了这部著作。这份材料属于欧洲思想根基层次,经常与我对欧洲以外的思维方式和文化印象建立联系。它们都源于对潜意识的原本精神经验,能够产生同样的、相似的,或至少是可相比拟的顿悟。

在印度,我第一次体验到了一种生疏的、有巨大差异的文化。我中部非洲之行,文化不占主导。在北非,我曾有机会和一位可以用语言表述他们文化的人进行交谈。在印度,我则有机会和印度思想的代表人物进行交谈,并把印度和欧洲的思想方式进行比较。我曾和迈索尔的马哈拉贾的宗教师S.苏勒拉马尼雅·伊埃尔多次进行交谈,我是他的客人;也和其他很多人交流过,可惜没有记住他们的姓名。另一方面,我尽量避免接触一切所谓的"圣人"。这样做,是因为我必须寻找自己的真实,而不是从他人那里接收我自己无法获取的东西。我如果尝试向圣人学习,接受他们的真理,那无异于盗窃。即使在欧洲,我也不能盗用东方学说,我必须依靠自身形成我的生命，依靠我的内在告知我的一切，或者自然带给我的一切来形成我的生命。

在印度，我主要关注恶的心理性质问题。这个问题构成了印度精神生活方式的一部分，给我的印象深刻，让我又以一种新的角度来看待它。在和一位有教养的中国人谈话时，这一印象得到加强，这些人善于在不"丢脸"的情况下把所谓的"恶"同化。在西方，我们做不到这一点。对于东方人来说，品德问题并不像我们认为的那样重要。对东方人来说，善与恶包含在自然之中，意义深远，而且，不同程度上，它们就是同一事物。

印度的神性包含的恶与善相当。基督徒追求善而屈服于恶；印度人认为必须超越善恶，并且试着通过沉思或者瑜伽来达到这个境界。对此，我并不赞成。如果承认这种态度，那么，无论善还是恶，都不存在真正的界限，而这就造成了某种停滞。人们并不真的相信恶，也不真正相信善。善与恶最多被视为我的善或者我的恶，也就是在我看来是善或者恶；这种情况提出的论据既奇异又真实。印度的神性缺乏善恶观，或者因为矛盾负担太重而需要超脱，即脱离对立物，脱离一切。

印度人的目标不是道德的完善，而是达到超脱的境界。他希望超脱自然。为此，他在沉思中寻求无形与空的境界。而我则希望坚持真实观察自然与精神形象的境界。我既不想脱离人，也不想脱离自己和自然；因为这一切都是最伟大的奇迹。自然与精神生命，就像是毫不遮掩的神性，舍此何求？对我来说，存在的最高意义就在于它的存在，而不是它不存在或不复存在。

原本就不存在不惜一切代价的超脱。我无法超脱自己所不具备、没有做过或经历的一切。真正实现超脱的时候，正是我做完自己能完成的一切、全心全意献身某事并最大限度地参与某事之时。如果半途而废，实际上就是肢解了自己精神的相应部分。当然，如果我不能投入某种经验中，也有充分理由。但是，那样一来，我就不得不承认自己缺乏能力，而且必须明白，很可能我忽略了完成某种具有重大意义的事情。由于我认识到自己能力不足，也就弥补了缺乏积极行动的理由。

一个人如果没有经历情欲的炼狱，也就意味着没有战胜这些情欲。因而，情欲就正如近邻，不知何时一场大火就可能从中蹿出，殃及这个人的房屋。无论什么时候，如果我们放任、弃置、遗忘过多的东西，我们所忽略的这一切就随时都可能以更为猛烈的态势卷土重来。

在康纳拉克（奥里萨邦），我遇到了一位梵学学者，他提出陪我去参观一座神庙和众神像。有一座塔，从塔基到塔顶都布满了做工精细的情色雕

九　旅行

刻。我们对这个特殊的现象谈论了很久，他说这是达到心灵净化的一种手段。我表示反对，指了指一群青年农民，他们艳羡这些交合表演，看得瞠目结舌，不想挪动一步。我说，这些青年男子此时此刻并未感受到什么净化，脑子里更可能充塞了各种性欲的联想。他回答道："关键不在这里。如果他们不完成自身的羯磨，怎么能够受到净化？这些赤裸裸的淫猥形象正是为了唤醒人们认识自己的智慧，不然这些潜意识的人会忘记智慧。"

我认为，青年男人可以像非发情期的动物一样忘记他们的情欲，是一个奇特的见解。可是，这位圣贤却坚持认为青年男子像动物一样是潜意识的，需要及时的告诫。为此他们进入殿内以前，外面的装饰就提醒他们想着法；如果没有意识到他们的法而完成了羯磨，他们就得不到净化。

我们进入神庙殿门时，我的同伴指着两名"女引诱者"，那是两个舞女的雕像，臀部曲线格外诱人，她们微笑着迎接每一位来访者。他说："她们的含义也一样。当然，这不适用于你我这样的人，因为我们的意识达到了一定水平，理解这类事很容易。对这些农民小伙子们来说，却是一种不可缺少的教育和告诫。"

我们离开大殿之后，沿一条林间小巷继续前行，他突然说："你瞧见这些石头了吗？你明白它们的意义吗？我要告诉你一个重大秘密。"我感到奇怪，每个小孩都看得出来这些石雕是阴茎形象。但是他却极为严肃地凑到我耳边轻声说："这些石头是男人的阴部。"我原以为他会告诉我这些石雕是湿婆。我惊愕地望着他，而他只是凝重地点点头，好像在说："是啊，就是如此。你们欧洲人的无知，是断然想不出这个道理的。"我把这件事告诉了海因里希·齐默尔，他兴奋地惊叫："我到底听到了关于印度的真实情况啦！"

我参观佛讲经的桑奇佛塔的时候，产生了一种强烈的情绪波动；每当我遇到一件事、一个人或者一个思想，却还意识不到其意义时，这种波动就会涌现。这些佛塔建筑在一座小石山上，到达山的顶峰，要走过一条铺在绿草地中间令人喜爱的大石阶的小路。佛塔都是陵墓或者圣器储存所，半圆形，像两个大碗倒扣叠在一起，就像释迦牟尼在《大般涅槃经》中描述的那样。英国人虔诚地完成了修复工作。这些建筑物中，最高大的一个有围墙环绕，围墙上有四个精致的门。走进一座门向左拐，再踏上一条顺时针方向的环佛塔的环道，佛像就矗立在四个方位基点处。走完一圈，就进入方向一样的更高的第二圈。展现在眼前的是平原远景，佛塔，庙宇的废墟，这片圣地的孤寂宁静令我神迷。我离开了伙伴，沉浸在这个气氛之中。

过了不久，我听见有节奏的锣声由远而近向我移动过来。一批日本朝圣者走上来，一个跟着一个，每个人都敲一面小锣。他们唱诵着祷词"莲花里的珍珠，神啊"，而锣点正好敲在"神啊"一词上。在佛塔外，他们深深鞠躬，然后进门。进门之后，他们又在佛像前鞠躬，伴随着唱诵。他们走完了两周环道，在每尊佛像面前唱诵。我注视着他们，神思和灵魂也跟随他们，在沉默中对他们深表谢意，他们的到来正好抒发了我那无以言表的情感。

我的心情特别激动，对我来说，桑奇山代表某种中心。佛教的一个新的侧面展现在我面前。我捕捉到了作为自性现实的佛的生命，自性展现出来，渴望拥有人格的生命。对于佛来说，自性是高于一切神的，那是一个统一的世界，代表了人类整体经验和世界的本质。自性包含了固有存在及可知性两方面，舍此世界就不存在。佛意识到并且把握了人类意识开辟的生命尊严；因此，他清楚地看到，如果人熄灭了这种光明，世界将就此沉沦。叔本华的伟大成就在于他也承认这一点，或者在于他重新发现了这一点。

像佛一样，基督也是自性的体现，只不过含义完全不同。两者都旨在征服现世：佛出自理性的顿悟，而基督则是命里注定的牺牲者。在基督教中，痛苦很多，而佛教中，则所见所做的更多。两种途径都正确，但是印度认为佛是更为完善的人。他是一种历史性的人格，容易为人所理解。而基督既是历史的人，又是神，因此不易理解。甚至基督都不理解自己，他只知道他必须牺牲自己，而且牺牲的途径是内心施加他的。他的牺牲像宿命。佛则享尽天年，寿终而往西天极乐，而基督进行基督活动大约不过1年。

后来，佛教和基督教都经历了变迁：佛变成了自性发展的形象，变成了被人们仿效的典范。也教导人们，跳出轮回，每个人都可以彻悟成佛。基督教中，基督也是一个榜样，是每个基督教徒心中的完整人格。但是，历史的潮流引导人们去效法基督，个人并不选取自己的通向完整的道路，而只是力图模仿基督所走的道路。在东方，同样，历史潮流引导人们虔诚模仿佛。佛应成为模仿的楷模，这本身就是对他的观念的削弱，就像对基督的效仿预示基督思想的演变停滞。佛因为他的顿悟而比婆罗门诸神先进，基督也对犹太人呼吁："你们是神。"（《约翰福音》）但是，人们没能够理解他所指的是什么。所以，我们发现，基督教所谓的西方，不仅没有创造一个新世界，还很可能消灭我们所有的世界。

印度的阿拉哈巴德、贝纳勒斯和加尔各答授予我三个名誉博士头衔，

九　旅行

三个城市分别代表了伊斯兰教、印度教和英属印度的医学和科学界。这当然很好，但稍显过头，我需要的是休息。在加尔各答我患痢疾病倒，住医院10天，才得到休息。就像在汹涌大海之中，找到一个安然舒适的岛屿；我找到了一个可以立足之地，可以静观一切极其令人迷惑的杂乱喧嚣。

返回旅馆，我的健康状况勉强过得去，我做了一个奇特的梦。我和一大批苏黎世友人和熟人来到一座不知名的海岛，大概在英格兰南部外海上。岛屿很小，几乎无人居住。岛屿狭窄，南北走向，约20英里（约3.2万米）。岛屿南部沿岸上有一座中世纪城堡。我们站在那庭院中间。我们面前矗立着一座高大堂皇的楼塔，透过大门可以看见石阶。石阶上有一个圆柱厅室，厅内有微弱的烛光。这是圣杯城堡，当晚要举行"圣杯庆典"。这条消息似乎有某种神秘性质，因为我们当中一位酷似毛姆森的德国教授对此一无所知。我和他兴致勃勃地聊天，他的学识和智慧给我留下了深刻印象。但是有一件事令我忧虑：他经常谈论死亡的过去，并且旁征博引地讲述英国的圣杯故事及与法国的渊源。显然他没有认识到这个传说的历史意义及其现世体现，我却强烈地意识到了。他似乎也没有认清我们所处的现实环境，因为他好像是在教室里对着学生讲课。我想让他注意环境的特殊性，但无济于事。他没有看见阶梯，也没有注意厅室里的喜庆气氛。

我茫然地环顾四周，才发现自己正站在一座很高的城墙旁边。墙的下半部布满了装饰的格子，不是普通木头的，而是黑铁的，还精巧地铸成了有叶子、卷须和葡萄串的葡萄藤，形象逼真。在横枝上，中间有6英尺（约1.8米）空白，上面有很小的房屋，也是铁质的，像鸟笼。突然，叶子抖动起来，像是老鼠走动，不过我立即清楚地看到一个铁质有蹄的小精灵，从一间小屋钻进另一间。我很诧异，对教授说："你看那个，你……"

就在这时，梦境突变。我们，还是原来那一批人，但没有教授，到了城堡之外，来到一片没有树木，只有光秃岩石的景色之中。我知道还有其他事，因为圣杯没在城堡中，当晚还要举行庆典。据说圣杯在海岛北端，藏在一座无人居住的小屋中，那是那里唯一的房子。我们之中的六人动身北上。

我们长途跋涉几个小时，到了海岛最狭窄的部分。我发现海岛由一道海水分成两部分。海峡最窄处，海水只有约100码（约91米）宽。太阳已经落山，夜幕降临。我们疲惫不堪，就地宿营。这里荒无人烟，极目远望，萧瑟一片，没有大树，也没有灌木，只有草丛和岩石。没有桥，也没有船。天气很冷，同伴都已入睡。我只能一个人游泳穿过海峡去取圣杯。就在我脱去外衣时我醒了。

这种本质上是欧洲人的梦境出现时,我还没有摆脱印度留下的强烈印象。大约10年前,我就已经发现,圣杯神话在英格兰的许多地区是活生生的事实,这个传统故事已经积累了许多学术成果。在我理解这个诗意的神话和炼金术对于这唯一真实、唯一妙方、唯一石头的论述,两者之间情况相符,就对这个事实的印象更加真切。白昼所遗忘的神话,黑夜继续叙述,被意识贬低成平庸,被嘲讽的高大形象又得到诗人的承认,在预言中复活;因此,这些东西也能"变换形式",得到善于思考的人的承认。过去的伟大形象并不像我们想象的那样已经消失;它们只是变换了名称。"小而轻,力无穷",隐身的卡比尔进入了新屋。

这个梦清除了我对印度的强烈印象,又把我推回到被我忽略很久的对西方的关注中。这种关注在以往表现为对圣杯的求索和对哲人之石的探寻。我从印度世界中被拖出,并得到提示:印度不是我的研究任务,而只是让我达到目标的一部分途径而已,但显然是重要的途径。这个梦似乎在问我:"你想要在印度做什么?还是为了你自己、为了你的同伴寻求救世主吧,这才是你当下亟须的。你的情况岌岌可危,你正面临毁坏千百年来一切建树的危险。"

锡兰是我旅行的最后一段,给我的印象与印度不同。它具有某种南海风情,犹如天堂,人们在此流连忘返。科伦坡是一个忙碌的国际港口,每天五六点钟,万里无云的天空总要骤然下一场倾盆大雨。我们很快离开这里,进入内地丘陵地带。古老的皇城康堤隐藏在薄雾之中,低温潮湿的气候滋养花草树木繁茂生长。佛牙寺虽小,却散发出一种特殊的魅力。我在寺中藏经室里逗留了很久,与僧人谈话,观瞻在银叶上的佛经。我还在此目睹了一次难以忘怀的晚祷。青年男女一边在祭坛前撒下大堆大堆的茉莉花,一边轻声吟唱。我想他们是在向佛祈祷,但是陪同僧人说:"不是,佛已经不在了,佛已圆寂,我们不能再对他祈祷。他们的唱词是:今生像美丽的花一样短暂。愿湿婆与我共享这一奉献的福祉。"

仪式的引子是1小时的击鼓,在印度寺庙中的侍候厅进行。有五位鼓手,方形大厅四角的每角站立一位,第五位是一个独奏的端庄青年男子,站在中间。他赤裸上身,深褐色的躯体闪闪发光,佩戴红花环,穿白长裙,扎白头巾,双臂上的镯子闪着光。他走向金佛,背着双面鼓"献乐"。他躯体和手臂的动作优美，独自敲鼓，鼓音奇妙，艺术上很完美。他站在摆满小油灯的门前，我只能看到他的后背。鼓声是腹部和后腹的古老语言，腹部不是"祈祷"，而是思绪流露的表达。因此不是对不存在的佛的崇拜，而是已被唤醒的人完成自我救赎行为的一种。

初春季节，我踏上了回国的旅途，脑海中充满各种印象，没有心思下船去孟买观光，而是埋头阅读拉丁文版炼金术。但是，印度并非没有留下印记。相反，印度所留下的路径，把我从一种无限引向了另外一种无限。

V 拉文纳和罗马

1913年我第一次访问拉文纳的时候，就对加拉·普拉希达的陵墓印象深刻，一下子就被吸引住了。20年后，故地重游，感受依然如故。在加拉普拉希达陵墓，我再次感受到了一种奇异的情绪，内心再次受到震动。我是和一位熟人去的，从陵墓直接进入正教洗礼室。

在这里，首先给我留下深刻印象的是室内弥漫的柔和蓝光；不过，我对此不觉得奇异。我不想说明光源，这种没有明显光源的奇幻光线没有奇特之处。我之所以惊奇，是因为我第一次参观时所见到的窗户如今换成了四幅巨大的美轮美奂的玻璃镶嵌画，但是，我已完全忘记画的内容。我对自己记忆力的不可靠感到沮丧。南面窗上的镶嵌画表现的是约旦河洗礼仪式；北面窗上的第二幅，是以色列孩子们渡过红海；东面窗上的第三幅，在记忆中模糊了，很可能是纳曼在约旦正被洗去麻风病。我的藏书中有一本梅里安古版《圣经》，书中有一幅同题材插画，很像这幅镶嵌画。洗礼室西窗上的第四幅镶嵌画给我的印象最深。我们是最后观赏这一幅的，内容是基督向淹没于波浪之中的彼得伸出一只手。我们在画前至少伫立20分钟，讨论了洗礼的最初仪式，还有它奇异的古老观念：其起源与死亡的真正危险有关。这种习俗常常与灭顶之灾有联系，因而用以表示有关死与再生的原型意象观念。洗礼原本是名副其实的水中没顶，至少暗示被淹死的危险。

我对彼得落水镶嵌画的记忆最清晰，至今，每个细节都还历历在目：蓝色的海水，片片的镶嵌玻璃，彼得和基督的对话，我还曾试图探索话的寓意。离开洗礼厅之后，我立即去了阿里纳里，想买这些镶嵌画的照片，可惜没有找到。时间很紧，因为参观时间紧迫，我只好把这事推后。我打算从苏黎世订购。

回家之后，我托一位去拉文纳的熟人代购。他也没有找到，因为他发现我所描述的镶嵌画并不存在。

在此期间，我在一次讨论会上谈论了洗礼渊源的概念，并借机提到在正教洗礼所见到的镶嵌画。这些画我至今记忆犹新。和我一起去的女士无法相信她"亲眼见过的"东西竟不存在。

要确定两个人是否同时见过相同的东西，并且在程度上是相似的，是一件非常困难的事。然而，在这件事上，我可以肯定地说，我和她都看到的主要特征相同。

在拉文纳的感受是我一生中最奇幻的经历之一。几乎无法解释。加拉·普拉希达皇后（公元450年逝世）故事中的一个情节或许可以提供线索。有一次，天气极恶劣，她在严冬的暴风雪中，从拜占庭前往拉文纳，她发誓，如果她能够平安抵达，就建造一座教堂，画出海上的惊险。她没有忘记誓言，在拉文纳建造了圣乔万尼教堂，并且用镶嵌画加以装饰。在中世纪早期，圣乔万尼教堂及其镶嵌画被大火烧毁；万幸的是，在米兰的安勃罗西安纳教堂，仍然可以看到表现加拉·普拉希达乘船的草图。

第一次参观，我就受到加拉·普拉希达形象的感染，感叹她这样一位有教养、背景良好的妇女怎么会生活在一个野蛮的王储身边。在我看来，她的陵墓，是最后一笔遗产，从中可以窥见她的人格。她的命运和她整个的存在，都是活生生的。从她的强劲性格看，她就是我的女性意向在历史中的恰当体现。

男人的女性意向具有强烈的历史性。作为潜意识的人格化，它可追溯至史前，体现着过去的时光。它提供个人应该知道的关于史前的记忆。对个人来说，女性意向就是过去且至今仍然存在于他身上的全部生命。与它相比，我总觉得我自己像一个没有历史的野蛮人，像一个凭空而来的物种，既没有过去，也没有将来。

在和女性意向交流的过程中，我的确已经与我所见到的在镶嵌画中表现的那些危险有过一次小接触。我已近于灭顶之灾。遇到了彼得那样的境遇，他曾呼救，被耶稣拯救。法老大军的命运也曾是我的命运。就像彼得与纳曼，我逃离危险，把各种潜意识内容整合在一起，为我的人格完善做出了重大贡献。

一个人把以往潜意识的内涵与意识整合的时候，他内心发生的变化无法用语言描述，只能体验。这是一种无法探讨的主观境界；我们对自己、对

九 旅行

自己的行为方式有一种特殊的感觉，这一事实毋庸置疑，怀疑也没有意义。同样，我们对于他人也会有一种特定的感觉，这也不容怀疑。并不存在能够消除全部这些印象和观念之间差异的更高权威。这种整合是否会发生，是什么性质的变化，这是主观信仰的问题。不能用科学办法来检验，在常规世界中没有地位。然而，这在实际中依然是一个非常重要、成果繁多的事实。无论如何，持有现实主义观念的心理治疗医生和对心理治疗感兴趣的心理学家，都不会忽视这种事实。

通过拉文纳洗礼的这番经历，我理解了有些内在的事物看起来是外在的，而某些外在事物也可能是内在的。我的肉眼肯定已经看到洗礼所的真正围墙，但是又被某种完全不同的形象遮蔽，而这种形象和没有变化的洗礼盆一样完全真实。但在那瞬间，哪一个才是真实的？

这类情况并非我经历的唯一的情形。一个人一旦遇到这种情形，就不由自主地认真对待——比对待听到或读到的情况更认真。一般情况下，对于这类传闻，人们都马上会想到与之相关的形形色色的解释。我得出的结论是，在确立与潜意识有关的任何理论之前，我们需要经历关于潜意识的诸多感受。

我一生旅行不多。我一直想去罗马，但是，我觉得自己无法享有这座城市可能给我的印象。庞贝城就已经足够，它给我的印象已超出了我的接受能力。1910—1912年间，通过研究，我理解了古典古代心理学的相关知识之后，才去了庞贝。1912年，我乘船从热那亚前往那不勒斯。船只接近罗马所在纬度时，我正站在船栏旁。罗马城就坐落在那里，这是古代文化的传播中心，建立在基督教世纪和西方中世纪的错综根基之中，烟光缭绕至今未散。古典世界的辉煌灿烂和残酷无情依然存在。

我一向钦佩那些本可以去巴黎或伦敦却去了罗马的人。当然，罗马和其他类似的古城一样，都可以从美学上领略一番，但是，如果你每走一步那里依然弥漫的灵魂都要影响你，如果一堵墙或者一根柱子的残骸都以一种立即可以辨别的面目注视着你，那情况就完全不一样了。在庞贝，甚至以往从未见到过的景象也会突然展现出来，意料不到的事物也会变得有意识，提出新的问题，而对这些问题的解决，我却无能为力。

在我的垂暮之年，1949年，我想要弥补这份缺憾，却在买票时突然晕倒。前往罗马的各种计划，因此便一直被束之高阁。

十　幻象

　　1944年年初，我跌伤了脚，接着心脏病发作。在潜意识状态中，我经历了暂时的精神狂乱，出现了各种幻象，这种情况，一定是我徘徊在死亡线上，接受输氧和樟脑液注射时候开始的。诸多形象硕大无比，我断定自己已濒临死亡。后来，护士告诉我："你好像出现过回光返照的情况。"她说，在将要死去的人身上偶尔会见到这种现象。我的确已经到最后的极限，直到如今也不清楚自己当时是在梦中还是处于癫狂的状态。无论如何，在我身上发生了很奇异的事。

　　似乎身处高空，我望见了下面的地球，它沐浴在灿烂的蓝色光芒之中，深蓝色的海水，连续不断的大陆。脚下远方是锡兰，前方是印度次大陆。我的视野有限，不能包容整个地球，但是整个轮廓却清晰可见，其轮廓线边缘在奇妙的蓝光中闪烁着银光。许多地方都显现出彩色，有些地方会有像氧化了的银器一样的深绿色点。在左边的远方有一大片荒野，那是黄中透红的阿拉伯沙漠；大地的银色似乎都带上了发红的金色色调。接着是红海，而在后面很远的地方，就像地图左上角，隐约看到地中海的一角。我的目光集中在那里。周围的一切，都不清晰。我也能看见大雪覆盖的喜马拉雅山，但是，一切都在云雾缭绕中。我没有向右看。我知道，自己正在飞离地球。

　　后来我发现，要到大约1000英里（约1600千米）的高度才能有这么宽阔的视野。在此，我见到了地球最为宏伟优美的景象。

　　观望片刻，我转过身。原来我是背朝印度洋站着的，也就是面北。现在我似乎向南转过身来，又看到新的景色。在近处空中，我看见一大块像陨石的黑石，有我的房子那么大，甚至更大。它正在空中飘浮，和我一样。

　　类似的巨石我曾在孟加拉湾海岸上见过，都是茶褐色的花岗岩，有些已被凿成庙宇。空中的黑色石头就是这样的巨石。入口通向一间小前厅。入口右面有一个黑肤色印度教徒盘腿坐在一个石椅上。他穿着一件白袍，在等

十 幻象

我。有两级台阶通向这间前厅，内部左侧有门通向寺庙。无数极小的神龛中都有小碟形的凹穴，灌满了椰油，配有小灯捻。这扇门正好被小龛油灯光环绕着。我在锡兰康提参观佛牙寺时见过这样的景象：大门四周的确有这样的油灯。

在我迈向通往巨石入口的台阶时，出现了一种奇怪的现象：一切都在逐渐消失；我所注视的、渴求的、思考的一切，地球存在的一切幻影，都消失了，或者离我而去，这个过程极为痛苦。不过也有一些东西留了下来：我所经历过或者做过的一切。就是我周围发生的一切。也可以说：这一切与我同在，我就是这一切。或者这一切构成了我。我由自己的历史构成，我真切感觉到：自己就是这样。"我是一切存在过、一切已经完成事物的总和。"

这令我觉得极为贫乏，同时又感觉到十分满足。我已别无他求。我处在客观的形式之中，我就是我的过去和经历。一开始占上风的是洗劫一空的毁灭感；但是，这一感觉突然间化为乌有。一切都成为过去；而仅存既成的事实，与往昔的一切毫无关系。我不再惋惜丧失的东西。相反，我拥有过去感受过的一切，这就是我的全部。

还有一件事引起我的注意：接近寺庙的时候，我确信要进入一间光明的大厅，会在那里遇见现实中的同伴。我终会理解，我或者我的生命适合哪段历史环节。我将会知道，我的过去，我存在的意义，我的生命流向哪里。我所经历的生活就像一个没有开始，也没有结尾的故事。我觉得自己是一个历史片段，缺少上下关联的片段。我的生活似乎是从一长串事件中提取出来的，许多问题仍然没有得到回答。它为什么要择取这一段呢？我为什么会带来这些特殊的承诺？我把它们变成了什么？以后会怎么样？我觉得一旦自己进入这座石庙，就会得到所有这些问题的答案。在那里我会知道为什么一切本应该如此。在那里我能知道过去、未来这个问题的答案。

在我思考这些问题时，发生了一件事，引起了我的注意。在下方，一个形象从欧洲方向浮起。原来那是我的医生，H博士，他头戴金链，也可能是金月桂花环。我立即认出来，这是我的医生。他一直给我看病。但是，现在，他以其原型到来，像科斯国王的样子。在生活中，他是国王，即这个原型暂时展现的仆从，而原型从一开始就存在。现在他正以这种原型出现。

可以推论，我也是处于原型状态，虽然我没有意识到，却认为理所当然。他出现在我眼前之时，我们默默地交流了思想。他受地球的派遣向我传递消息,告诉我人们反对我离开。我没有权利离开地球,必须返回去。听到这个信息,我醒了过来。

我深感遗憾,因为这一切都显得毫无意义。这种痛苦的脱落过程徒劳无功,我没能进入寺庙,会见往日的同伴。

实际上,足足过了3个星期,我才决心活下去。因为我对一切食物都感到反胃,不能进食。躺在病床上,城市和山峦景色像是一幅有黑洞的彩色帷幕,或者是一堆印满毫无意义照片的碎报纸。我很失望,不禁想道:"现在我又必须返回'箱子系统'了。"在宇宙地平线之外,已经巧妙地建筑起一个三维的世界,每个人都独自坐在一个小箱子里。现在我必须再次说服自己,这一点很重要!生活和整个世界就像一座监狱,一想到自己必须将这一切视为合情合理,就感到烦恼无比。我曾庆幸自己摆脱了这一切,但现在,我和其他人一样,又被一条线悬挂在箱子之中。飘荡在空中的时候,我没有重量,也没有任何负担。而现在,这一切都成了泡影。

我对这位医生产生了逆反情绪,因为他把我从死亡边缘拉回来。同时,我又不禁为他担忧。"我有生命危险,他却以原型出现在我面前,谁获得这样的外形,就意味着他要死了,因为他已经属于'更大的群体'了!"我惊恐地想到,H博士必须替我而死。我竭力和他解释这个情况,但是他不理解。我很生他的气。"为什么他总是假装不知道自己是科斯国王的臣仆?而且他已经具备了臣仆的原型?他竟然要我相信他自己不知道!"我很恼怒。妻子责备我对他不友善。她是对的;但因为他的顽固,只字不提在幻景中我和他之间的一切,这让我很气愤。"真可恶,他得小心。他不能这么粗鲁!我要提醒他,让他小心。"我深信他危在旦夕。

事实上,我是他的最后一个病人。我清楚地记得,1944年4月4日,从我患病起,我第一次被允许坐起来,就在这同一天,H博士卧病在床,再也没有起来。我听说他患了间歇,不久死于败血症。他是一位天才的好医生,否则,他不会以科斯国王的身份出现在我面前。

那几个星期,我一直处在奇异的生活节奏中,白天总觉得压抑,虚弱凄惨,几乎不敢动弹,情绪阴郁,我想:"现在我不得不回到这个枯燥的世界了。"傍晚时分我总是熟睡,一直睡到午夜,然后醒来,躺1小时,可是精神状态完全不同。我似乎是在一种狂喜之中。好像是在空中飘荡,在宇宙深处却安然无恙。在巨大的空寂之中,心中却充满最高的幸福感。"这是永恒的福

十　幻象

祉，"我想，"不可言喻，奇妙之极！"

我周围的一切都很欣悦。在夜间1小时里，护士给我送来加热的食物，只有在这时我才胃口很好，什么都能吃。有一段时间，我觉得她是一个上了岁数的犹太妇女，当然比实际年龄老，她正为我准备洁净的祭礼食品。我望着她的时候，她的头部周围似乎有一个蓝色光环。我好像正在安石榴园里，正在举行蒂费莱特和马尔狄丝的婚礼。我又是犹太法学博士西蒙·本·约斋，他的冥婚正在举行。秘教的传统中有这样神秘的婚礼。我无法描述那是多么奇妙。我只是不断地默念："这就是安石榴园！这就是马尔狄丝和蒂费莱特的婚礼！"我不知道自己扮演了什么角色。究其根底，那就是我自己，为自己准备的婚礼。我最大的幸福就是享受欢乐至极的婚礼。

安石榴园渐渐消失，随之而来的是耶稣的婚礼，耶路撒冷张灯结彩，但细节我描述不出来。那是难以忘却的欢愉。天使蜂拥而至，四周充满光明。我自己就是"耶稣的婚礼"。

随即这一切也消失，接着出现了新的形象，即最后的幻象。在一个宽广的山谷中，我走到尽头，前面是绵延起伏的小山。山谷尽头是一个古典式的半圆剧场，周围碧绿，优雅而宏伟。这里正在庆祝神圣的婚礼。台上正在跳舞，在撒满鲜花的长椅上，众神之父宙斯和赫拉完成了神秘的婚礼，就像《伊利亚特》中描写的那样。

所有这些体验都是明丽光辉的。每天晚上我都在最纯粹的幸福中遨游，"周围簇拥着一切创造的形象"。各种主题逐渐混合，失去色彩。幻景一般持续了1个小时左右，然后我又睡去。清晨，我又觉得：灰色的早晨又来了，灰色的世界和一个一个的箱子又来了！多么愚蠢、荒唐。那些内在的状态如此奇妙美丽，相比之下，现世又是如此滑稽可笑。随着我日渐好转，这些幻象也日益疏淡，在初次幻象之后不到3个星期，就不再出现了。

那些幻象时刻的美妙和情感的强烈，无法用语言表达。这是我经历的最为宏伟壮观的场面，与白天形成鲜明的对比，白天我忍受折磨，焦躁不安；一切都令我烦恼、粗俗、恶劣、笨拙，在空间和精神上都太局限。一切都是不明缘由的监禁，但是它具有一种催眠的力量，似乎那就是现实本身；尽管如此，我还是洞察出了它的空虚。虽然我已经恢复对世界的信心，但是我一直没有完全摆脱这种印象，也就是，生活是一种被纳入专门为其设计的三维的、箱子状的宇宙之中存在的积淀。

另外有一种情况也让我记忆犹新。起初，当我出现安石榴园幻象的时候，我请求护士感到困扰时原谅我。我说，室内有一种圣洁，可能会对她有害。当然，她根本不理解我的意思。圣洁到来之时，我担心其他人无法忍受出现的奇幻气氛。我明白了为什么有人会谈论圣洁的气味，圣灵的"芳香"。他们所说的就是这种气味。这个房间里有无法表述的圣洁的气氛，其表象是各种神秘的结合。

我从来没有想到自己会有这般经历。这不是想象。幻象和体验是完全真实的，完全没有主观臆测，反而具有绝对客观的性质。

我们避开"永恒"，但是，我可以把自己的经验描述成为一种超越时间局限性的狂喜，现在、过去和未来合而为一。凡是当时出现的事物都已被置入一个具体的整体之中。不存在时间之外的概念，一切都无法用时间衡量。这种经验只能用一种感觉状态来形容，但是难以用想象再现。如何想象昨天、今天和明天同时存在的状况？尚未开始的、现存的、已经完成的事物，所有这一切都是一个统一体。感觉唯一能捕获的就是一种有光泽的整体，同时包含对于某种起始的期待，对正在发生的事物的惊奇，对于已经发生的结果的满足或失望。人被卷入一种不可形容的整体中，再以完整的客观态度去观察它。

后来，我再次观察到这种客观存在，是在妻子去世之后，我在幻象中见到了她。她站在一段距离之外，一直看着我。幻象中她正值大好年华，在30岁左右，穿着多年以前降神者表姐为她做的一件衣服。这也许是她穿过的最美的衣服。她的表情既没有高兴，也没有悲哀，而是睿智达观，似乎已经超脱了情感的迷惘。我知道那不是她，而是她为我制作或送我的一幅肖像。肖像包含了从我们结识到结婚52年的各种经历和她生命的终结。面对这种完整的形象，我们无言以对，因为它几乎无法被领悟。

在这个梦中和其他幻象中，我所感受到的客观存在是已经完成的个性化的一部分。这就意味着摆脱了各种评价、所谓的感情纽带。感情纽带一般说来对人类很重要。但是，这种纽带仍然包含着某些投射，因此重要的是我们要抽出这些投射，以达到自我的客观存在的目的。情感关系就是欲望的关系，它涉及强迫与束缚，是对他人的某种期望。因此，我们不得自由。客观地认识隐藏在感情关系中的吸引力，似乎是核心秘密。只有通过客观的认识才能达到真正的结合。

十　幻象

这次病愈之后,我的工作达到了收获丰富的时期。我的许多主要作品在这一时期完成。我所获得的顿悟,或者万物归宿的幻象,给了我重新著述的勇气。我不再致力于追求见解的完备化,而是遵循了自身思想的活动。这样,问题便一一展现出来。

这次患病还带来另外一种转变。就是对现存事物的肯定。无条件地承认一切存在的事物,而绝不主观地抵抗,接受我所见和所理解的现存环境,接受自己的天性,无论天性是怎样的。生病之初,我觉得自己态度偏颇,这一偏颇有部分责任在我。但是,如果遵循个性化的道路,过自己的生活,就必须容忍这种偏颇。没有偏颇的生活不完整。没有人能保证我们不犯错误,或者说不会跌入致命的危险之中。我们可以设想一条笔直的道路,但是,那只能是通向死亡的道路。死后一了百了,无所谓正确与否。任何渴望走捷径的人,其实无异于走向死亡。

这次病愈,我明白了接受自己的命运是多么重要。这样,我们才能锤炼出来一个坚强的自我,在遇到不解之事时也不会被折断的自我。这个自我持久,经受得住真实,也有能力对付世界和命运。经历失败也就能体验到胜利。一切都不受干扰,不论是内心还是外在,因为个人自我的延续性已经抵挡住了生命和时间的激流。但是,一个人只有在不去盲目干预命运的安排时,才能如此。

我还认识到,人必须接受作为自己现实部分的、内在的、独自形成的思想。真与假的类别当然时刻都存在,但是,它们没有约束力,只能退居第二位。思维的存在比我们的判断更为重要。然而,也不应该压制这些判断,因为它们也是客观的存在,是构成我们完整性的一部分。

十一　论死后的生活

关于来世与死后生活的叙述，完全来自我的回忆，这是我曾感知过的形象和一直让我不安的思想。这些回忆又以某种方式奠定我的著作的基础；因为我的著作基本上都在尝试回答"今世"和"来世"相互作用的问题。但是，迄今我还没有明确写过死后的生活。这样做，就必须为我的见解找到依据。可是，我无法做到这样。还是顺其自然吧。现在我来表明自己的见解。

甚至现在，我也只是能够讲"神话故事"。也许，人只有在接近死亡时，才能获得谈论此话题所必不可少的睿智。这也并不是说我希望我们有死后的生活。事实上，我宁愿没有这类想法。不过，为了忠于实际，虽然我并不希望，而且也没有在这方面有任何作为，但是这类想法却盘踞在我的内心已久。我不能断言，这些观点的真假，但是我知道它们确实存在，而且，如果不是因为我的某种偏见将其压制，它本来是可以被表述出来的。偏见常常损害和阻碍全部的精神生活现象。因为我对精神生活所知甚少，我觉得自己不能凭借专门的知识来陈述。批判理性主义以及许多其他的神话概念，显然不再对死后生活感兴趣。之所以如此，是因为许多人几乎把自己与自己的意识等同起来，而且想象他们怎么理解自己，自己就是怎样的人。但是，凡是稍有心理学常识的人，都会理解这种知识的局限性有多大。理性主义和教条主义是我们时代的通病，它们妄称能提供一切问题的答案。但现在的知识有限，这还不可能。许多知识有待发现。我们的时空观念只是具有近似的价值，因此还为或大或小的偏差留下广阔余地。鉴于此，我十分留意涉及精神的奇异神话，同时细心观察我所遇到的各种事件，无论其是否适合我的理论要求。

遗憾的是，人很排斥神话方面的东西。人不能再创造寓言。人将损失很多；因为谈论不可思议的事物既重要又有益。就像坐在壁炉旁边、叼着烟斗，讲一个引人入胜的鬼故事。

我们自然不知道，关于死后生活的神话或者故事的真正含义，以及故事

十一 论死后的生活

背后隐藏的现实。除了这些故事作为神人同形同性映射所具有的不可怀疑的价值,我们不知道还有什么价值。我们必须明确,我们不可能确认对于超出我们理解范围的事物。

我们无法想象由全然不同的法律体系维系的另一个世界,因为我们生活在一个特定的世界里;这个世界塑造了我们的思维方式,确定了我们的基本精神信条。我们受到了先天结构的严格限制,因此,我们的全部存在和思维把我们束缚在这个世界。当然,神话中的人要求"超越这一切",而科学则不允许。对于智慧来说,我的神话论述只不过是无谓的思辨。但是,对情绪,却是一种治愈性的、有价值的活动;它可以给存在赋予一种我们不想消除的声音,世上不存在我们必须消除这一声音的充分理由。

心理玄学认为,死者或者为鬼,或借他物以显示自己,他们传达大概只有他们自己才能理解的事物,这都是对来世颇有价值的科学证明。但即使存在充足证据,依然存在这样一个问题:鬼魂或声音是死者本人的,还是一种精神投射?所描述的事物确实来自死者,还是来自潜意识中存在的知识?

姑且不管关于这些事物真实性的理论争辩,但对于大多数人来说,认为他们的生活在现今存在之外还会无限延续,具有重大意义。他们会生活得更敏感,感觉更良好,更加坦然。人们会有数百年的、无法测算的时间可支配。现在这种无意义的匆忙一生又是为了什么呢?

当然,这种推理并不适用于每一个人。有人就不追求永恒,一想到坐在一团云块上要弹1万年的竖琴就惊恐不已。也有一些人在生活中经历过坎坷艰难,或者对自己的存在痛感厌倦,宁愿彻底放弃自己的存在。但是,对大多数人而言,长生的问题就显得紧迫而直接,且无法根除。我们必须努力提出某种见解。可是,问题是如何提出呢?

我的假设是,我们可以凭借潜意识,比如梦,给自我提供启示。我们对这些启示一般都置之不理,因为我们深信这一问题没有答案。针对这种可以理解的怀疑主义,我认为,如果存在我们不能理解的某些事物,必然要将其视为智力问题而放弃。例如,我不知道宇宙形成的依据,而且永远不知道。因此,我就必须放弃这个问题,而将其当作是一个科学或智力问题。但是,如果你能提供一种关于该问题的见解,在梦中,或神话传统中,我就应该注意了。凭借这些启示,我甚至应该构想出一个概念,即使这个概念依然是一种永远无法证明的假设也无妨。

人应该能够说,他已竭尽全力构建关于来世的概念,或者创造它的某种形象，尽管他也不得不接受失败。不做任何尝试，才是一种完全的失败。因为这个问题，是人类的古老遗产，是一种富于神秘气息的生命原型，这种原型要依附我们的个人生活，以求得自身的完整。理性向我们提出的界限过于狭窄，只允许我们接受已知物，而且有很多限制；只允许我们生活在已知框架之中，好像我们似乎知道生命能延续多久。事实上，日复一日，我们的生活远在意识范围之外，我们不知道潜意识依然在我们的内心发展。批判性理性统治越严格，生活就变得越贫乏。相反，我们所能意识的潜意识越多，神话越多，我们就能使生活变得更加完整。评价过高的理性与政治上的绝对权力，有共同之处，即在它的统治下，个人的精神变得越来越贫乏。

潜意识向我们传达信息，或者提供形象性的启示。它能够向我们传达凭借逻辑无法知道的事物。考虑一下常常成为现实的同步性现象、预感和梦。我还记得"二战"期间，有一次从波林根回家，我带着一本书，但是读不下去，因为火车出发时，我的大脑中全是某人落水溺死的影像。这是我服军役时发生的一次事故的记忆。整个旅途，我都没有摆脱。我觉得不可思议，想道："出了什么事？真的可能出事吗？"

我在埃伦巴赫下车步行到家，依然被这个回忆困扰着。我二女儿的孩子们都在花园里。因为战乱，他们一家人从巴黎回到瑞士，和我们住在一起。孩子们闷闷不乐地站着。我问怎么回事呀。孩子们说，最小的男孩亚德里安掉进游艇码头的水里了。那里的水很深，他又不会游泳，差点淹死，幸亏哥哥把他救出来。出事的时候，正是在火车上那段记忆困扰我的时候。潜意识给了我一个启示。为什么不给我关于其他事情的启示呢？

我妻子娘家一个人去世之前，我也有过类似的体验。我梦见妻子的床变成一个有石壁的深坑，那是一座古代格调的坟墓。接着我听到深深的叹息，好像有人正在咽气。一个酷似妻子的人在坑里坐起来，向上浮起。这个人穿着一件织有奇特黑色符号图案的长袍。我惊醒过来，叫醒妻子，看了看时间，当时是凌晨3点。梦很奇怪，我立即联想到，可能有人要死了。7点钟，噩耗传来，妻子的一个堂姐在夜里3点去世。

常见的是预示，而不是确认。有一次我梦见参加一个花园聚会，我十分惊愕在那里见到了我姐姐，因为几年前她就去世了。我的一位已故的朋友也出席了这次聚会。其余的人当时都在世。突然，我发现一位我熟识的女士陪伴着我姐姐。在梦中我就得出结论：这位女士将不久于人世。"她已经有了标记。"我想。在梦中，我十分清楚她是谁，而且就住在巴塞尔。可醒来之

十一 论死后的生活

后,虽然整个梦境历历在目,但绞尽脑汁,也回忆不起来她是谁。自己逐一回想我在巴塞尔的全部熟人,没有发现一张相像的面孔。

几个星期之后,我获知一个朋友出事,而且是致命的。我立即反应过来,她就是我在梦中见到、但一直记不起来的那个人。我对她的印象十分清晰,包括很多细节,因为她去世前1年多一直是我的病人。但是,在我努力回忆梦中所见的那个人时,唯独她没有出现在我想的巴塞尔熟人中,虽然她理应出现在前列。

如果谁有这种经历,那么他应该对潜意识的潜力和能力表示尊重。但是有一点,我们必须谨慎:这种信息也可能带有主观性。它可能与现实相符,也可能不符。不过,我已经知道,我依据潜意识的这种启示所形成的观点极富成效。当然,我并不想写一本关于它们的启示录。可我要承认,我已经有了一种鼓励自己深入了解这个领域全部的"神话"。神话是科学的最早的形式。我谈论死后诸事的时候,所谈的是内在的启示,而且仅限于梦和神话。

当然,有人从一开始就会反对,认为关于生命在死后延续的神话和梦,都不过是我们天性中固有的、补偿性的幻觉;因为一切生命都追求永恒。为了对此做出回答,我能举出的唯一论据就是神话本身。

诸多迹象表明,至少部分精神不受空间与时间法则支配。著名的莱因实验证明了这一点。除了有关自发性预见、非空间知觉等许多例子(我已提到我自身的相关例子),这些实验证明,精神时常在因果关系的时空规律之外发生作用。这就说明,我们的时空观念,还有因果观念,是不完整的。世界的完整图景还需要增加一个维度;只有如此,现象的完整性才能得到统一的解释。因而,唯物主义者至今依然坚持认为,心理玄学的经验并非真的存在:他们的世界观成立与否由此问题决定。如果这类现象出现,唯物主义的宇宙图像就没有价值,因为它不完备。

这样一来,现象世界背后的以其他价值作为标准的现实的可能性,就变成了无法回避的问题,而我们必须面对这样一个事实,即我们的世界及其时空和因果关系,与其背后或下面的另一种事物秩序有关。这种秩序中,无论是"这里和那里"还是"从前和以后"都不重要。我一直坚信,我们一部分精神的存在是以空间和时间的相对性为特征。这种相对性好像与对意识的距离成比例地增长,直到一种非时间性、非空间性的绝对境界。

不仅我自己的梦,偶尔还有别人的梦,也形成、修订和肯定了我对死后生活的观点。我特别重视一个学生,60岁的妇女,在临死前两个月做过一个梦。她曾经到过天堂——那里正在上课，她很多已经去世的女友都坐在前排木椅上。所有人都充满期待。她环顾四周寻找老师，但是找不到。显然，她自己就是老师，因为人们死后必须马上讲述自己的全部生活经历。逝者对刚死的人讲述的生活经历很感兴趣，似乎尘世生活中的活动和经历具有决定性意义。

　　无论如何，这个梦描述了最为奇特不凡的听众，尘世中没有这样的人。这些人感兴趣的是毫无奇特之处的人生的最后心理状态。这可能是从中得出的结论。然而，如果这种"听众"存在于一种相对的非时间状态之中，在这里，"完结""事件"和"发展"都已变成了可疑的概念，他们最感兴趣的可能正是自己生活条件中所缺乏的东西。

　　做这个梦时，这位妇女很恐惧死亡，她竭力驱赶关于死亡的各种念头。然而，死亡，又是日益老迈的人的某种重大兴趣所在。这是一个明确而不可回避的问题，他必须回答。为此，他必须有一种关于死亡的神话，因为理性只能告诉他，他必定走进漆黑的坟墓。但是，神话可以展现出其他情形，即天堂里有益而丰富的生活图景。如果他相信这些神话，或者以某种程度的信赖态度欢迎这些神话，那么，他就像那些不相信的人一样，可能是正确，也可能是错误。一方面，感到绝望的人逐步走向虚无，相反，相信原型的人则沿着生命的轨道前进，在死亡中继续生活。当然，两者都无法确立。但是可以确定的是，一种人会对抗本能生活，而另一种则顺从本能生活。

　　潜意识中的形象，缺乏相关信息，为了获得知识，就需要人，或者接触意识。开始研究潜意识时，我颇为关注莎乐美和以利亚的形象。不久，这些形象消退，大约在2年之后，又出现了。令我感到惊奇的是这些形象完全没有变化。他们的举止言谈依旧，似乎在此期间没有发生任何事情。实际上，在我的生活中发生了难以置信的事情。我必须从头告诉他们发生过的全部事情，并加以解释。当时我对这一情况也大感诧异。后来我才明白：在消失期间，这两个形象隐藏在潜意识之中，也可以说是处于非时间状态。他们不再与自我、自我的变化着的环境联系，因此，对于意识世界中所发生的事情一无所知。

　　很早我就明白，必须引导潜意识的形象，或容易与其混淆的另一组，即"已故者的灵魂"。我首次感受到这一点，是在1911年，我同一个朋友骑自行车穿越意大利北部。在回家路上，我们从帕维亚骑车到亚罗纳，在马乔莱湖的下湖过夜。我们原想沿湖徒步行走，穿过台森直达费多，再从那里乘火车

十一　论死后的生活

到苏黎世。但是，在亚罗纳，我做了一个梦，打乱了全部计划。

我梦见自己参加了过往世纪的名人灵魂的聚会——那感受和1944年在黑石寺庙的幻景相似，用拉丁文交谈。一位戴着长而卷曲的假发的绅士与我交谈，问了我一个很难的问题。醒来以后我已记不清问题。他的话我能听懂，但是，因为我的拉丁文不够熟练，无法回答。我深感羞愧，醒来时情绪低落。

醒来后，我立即想到正在撰写的《潜意识心理学》，又想到那个没回答出的问题，深感自卑，于是决定立即登上火车回家继续工作。我不能再继续骑自行车闲逛，再浪费3天光阴。我必须工作，以找到答案。

多年之后，我才理解了自己的梦和反应。那位戴假发的人是祖先的灵魂，或者死者的灵魂，他向我提的问题太早，我还没有达到那个水平，但是我隐约感觉到，著书立说可以回答那个问题。我灵魂上的先人向我提问，应该是希望得知他在尘世未曾得知的一切，因为答案在以后的几个世纪才能揭晓。如果问题和答案是现成的，唾手可得，我也就无须努力，无论哪一个世纪，都有答案。自然界的知识是无限的，但是，只有时间成熟，意识才能理解。可以设想，这个过程就像一个人的精神：一个人可能略知某一事物多年，但只能在一个特殊的时刻才能清晰把握。

后来，在我写作《致死者的七次布道词》时，死者又向我提出了一个艰深的问题。他们说自己"从耶路撒冷归来，没有找到寻求的东西"。当时这令我颇为诧异，因为据传统观点，死者拥有丰富的知识。人们都有这样的观念：死者比我们知识多识广，正如基督教学说所言，在阴间我们将要"直面相见"。但很显然，死者的灵魂"所知道"的仅仅是死之前的东西，其他一概不知。所以他们才竭力干预生活，希望分享人们的知识。我常常觉得，他们就直接站在我们的背后，等待着，想听到我们的回答，我们对命运有什么回答。他们依赖活着的人帮助自己找到答案，即依赖于那些活得时间长、正活在变化中的人。现世的人似乎全知，或者是全意识，并不受他们支配，他们只可以注入活人的灵魂，注入一个以躯体为依托的灵魂。因此，在这一点上，活人的心理比死人的心理要有优势。他们拥有获取清晰而具有决定意义认知的能力。时间和空间上的三维世界，就像一个坐标系统。在现世分为纵坐标和横坐标，可是在"那里"即无时间无空间状态之中，像一个具有许多侧面的原初形象，或者一种围绕原型的认知的散乱云团。但是，如果要分辨不连续内容，必须有坐标系统。在散漫的全知状况下，或者，在无主观的意识状况下，没有时空分界，这种活动是不可思议的。认知，就像生殖一样，包含着一种对立：此与彼、上与下、前与后的对立。

如果死后有意识的存在，就是人类所达到的意识水平的延续，而意识的上限在任何时代都是可变的。有许多人直到死时都落后于他们自己的潜力；更重要的是，落后于被其他人在一生中提高到意识水平。因而，他们虽死却还在寻求自己生前未及获得的那一部分意识。

这一结论是我通过观察关于死者的梦得出的。有一次，我梦见自己去访问一个两周以前去世的友人。这位朋友生前只接受传统的世界观，而且一直执着于这样的态度，不加反思。梦中，他的家是在类似巴塞尔附近图林格山的小山上的一座古老城堡，墙壁环绕着一个由教堂和几座小房子组成的广场。这令我想起拉伯斯维尔城堡前面的广场。时值晚秋，古树的叶子变得金黄，在柔和的阳光下，整个景色变得更美。我的朋友和女儿坐在一张桌旁。他的女儿曾在苏黎世学习心理学。她正和父亲谈论心理学。他津津有味地听着她的话，只是挥手向我致意，似乎表示：请勿打扰。这种致意同时也是告别。这个梦以某种我不理解的方式告诉我，我受命获取他的精神存在的现实，这是他一生没有做到的。

对于死后灵魂的演化，我还有另外一次体验。在我的妻子死后大约1年；有一夜，我忽然醒来，我记得自己曾和她一起在法国南部的普罗旺斯等了整整一天。当时她正在那里研究圣杯。这一细节对我是有意义的，因为她去世时还没有完成这一研究。主观性的解释，即我的女性意向尚未结束她应该做的事，是毫无意义的。我很清楚，我尚未结束这方面。但是，我的妻子在去世后继续工作，其灵魂获得进一步发展，这一见解，对我来说意义重大，在一定程度上也令我感到欣慰。

当然，这类观点是不准确的，会给人一种假象，就像投射到平面上的形体，或者相反，就像以三维的形体为依据设计四维的模型。它们都使用三维世界的术语来展现本身。数学是不惜辛苦创造凭经验无法理解的各种关系的具体表达式。同样，对于训练有素的想象力来说，它通过逻辑原理、以经验数据为基础，也就是以梦的见证为基础，建立扑朔迷离事物的形象。这就是我所说的"必要陈述法"，表现了释梦中的放大原则，也可以轻而易举地用简单的整数展示。

作为第一个数，是单数。但是，它也是一个"个体"，即一元、统一体、个性和非二元性，这就不是一个数，而是一个哲学概念，是上帝的一种原型

十一　论死后的生活

意向或属性。人类智慧应该做出这些论述；但同时，智慧受到一体及其含义的概念的规定和限制。换言之，这些论述不是随意的。论述受到一体性的制约，因而是必要的论述。从理论上说，同样的逻辑运算可以用于余数概念，但是，这一过程很快就会结束，因为复杂情况迅速增加，以至不易梳理。

此后的每一个单位数都会引出新特性和新修正。例如，数字4的特性是四次方程能够求解，而五次方程则不能求解。因此，对于数字4的必要的陈述就是，它是一个开端，同时又是前一个阶数的结尾。由于每增加一个单位就会出现一个或更多的数学特征，因此，论述会非常繁复，无法系统化。

自然数的无限序列对应的是单个性生物有无限的数目。这一序列同样由个体组成，甚至其前十个成员的特性也代表（如果能够代表的话）从单子中分离出来的抽象宇宙起源说。数的特性同时也就是物质的特性，因此，某些方程式可以预示其行为。

因此，不同于数学的论述（即性质不同的论述）同样能够表达超出其本身的现实情况，例如想象的产物。这些产物被普遍接受，或者因为像整整一级的原型主题一样频繁出现。正如数学方程中的某些因数，我们不能说明它们代表怎样的物质现实。同样，在某些神话作品中，我们最初也不知道它们有怎样的精神现实。表述热气不规则运动的方程存在很久之后，人们才开始对这些气体进行精确研究。同样，我们很久以前就有表现某种阈下过程的基本神话题材，虽然这些过程直到最近才有了确切的定义。

无论最大限度的知觉在什么地方获得，都成为死人可能获取的最高限度的知识。尘世生活的意义如此重大，人在死亡之际"带走"的事物如此重要，原因大概在此。只有在这里，在矛盾冲突的尘世生活中，意识水平才能提高。看来，这也是人的形而上的任务。如果没有"神话解释"，我们就无法完成这一任务。神话是潜意识认知和意识认知之间不可缺少的中间环节。潜意识比意识知道得多；但是，这是一种特殊的、永恒的知识，一般不涉及现时性和地域性，不能用智慧的语言表述。我们只有放大关于它的论述，如上面关于数字的例子，才能使它进入我们的理解范围；只有这时，我们才能察觉到一种新的概貌。在对梦的每一个成功的分析之中，这一过程都会重复出现，很有说服力。关于梦的陈述不要有先入为主、学说式的定见，这一点很重要。一旦我们发觉某种"解释的单调现象"，就能意识到我们的方法已经变成教条，显得空洞了。

虽然无法证明灵魂在死后继续存在，但是，各种经历会促使我思考。我将其视为启示,并不擅自强加给它们各种意义。

有一天夜里,我睡不着,总是想着一位猝死的朋友,其葬礼在前一天举行。我对他很关切。我突然觉得他就在房里,就站在我的床头,邀我和他一起去。我不觉得这是幽灵,倒像是他的内在的视觉形象。我告诉自己,这是幻象,但是,我当时曾自问:"说这是幻象,有什么证据呢?如果不是幻象,我的朋友的确就在这里,而我却说他只是幻象,这种做法不是很可恶吗?"我同样也不能证明,站在我面前的就是一个幽灵。接着我想:"证明既不在这里,也不在那里!不把它解释为幽灵而了事,我提出疑问,对他未必没有好处;而且,为了实验,可以将他当作真实的。"我刚想到这儿时,他已走到门口,招呼我随他一起走。这样,我就要和他一同去玩耍了!我原来没有这样的想法。我必须再一次重复自己的论点。只有在这时候,我才在想象中随他而去。

他引着我走出房间,进入花园,上了公路,最后到了他家(事实上,他家离我家几百码远)。进门后,他引我进了书房。他爬上一个凳子,指给我看书架上面第二层上有红色书套的五本书中的第二本。这时,幻境中断。我不熟悉他的藏书,也不知道他有什么书,因此无法辨别他指给我看的书脊的标题。

这个体验十分奇特,第二天清晨,我去拜访他的遗孀,问可否到友人书房去找点东西。书架下面放着幻境中的那个凳子,我还没走近,就望见书架上那五本红封套的书。我踩着凳子查看书名。那是左拉的小说。第二卷书名是《死者的遗产》。我对其内容不感兴趣。只有将书名与我的经验联系起来,才有重要的意义。

母亲去世之前,我做的梦也同样意义重大。当时我在台辛,听到她去世的消息,我很震惊,太突然了。她去世前一天晚上,我做了一个可怕的梦。我在一座浓密阴沉的原始森林中,看见巨树中间到处都是奇形怪状的大石块。一片粗犷的原始景色。突然,我听见一阵尖厉的口哨声,似乎响彻整个宇宙。我吓得两腿打战。紧接着,灌木丛发出呼啦啦的响声,一头张着可怕的大嘴的巨大猎狼蹿了过去。一看到这头猛兽,我全身顿时都凉了。我突然明白:它是奉荒野猎人之命去叼走一个人的灵魂。我惊骇万分,猛地醒来。第二天早晨,我接到了母亲去世的消息。

还从没有一场梦令我如此震惊。因为从表面上看,似乎是说魔鬼去抓她。但准确地说,这场梦表明,是荒野猎人或者绿帽人,在1月份的南风风

十一 论死后的生活

暴季节的那天夜里带着他的狼群出外打猎。那是瓦坦,即日耳曼人祖先的神明,把我母亲召唤到她的祖先那里去了。消极地说,是返回"野蛮部落",从积极方面说,是返回到了幸福的人之中。基督教传教士曾经把瓦坦变成魔鬼。正如罗马人理解的那样,瓦坦原本是一个重要的神,是墨丘利或者赫尔墨斯,是一种自然灵魂,化身为传说的预言家而复生,成为炼金术士所寻求的秘方。如此,这个梦的寓意就是:我母亲的灵魂被送进更加广阔的天地——那里超出基督教道德领域,是自性,她被送进融合一切冲突和矛盾的自然与灵魂的整体之中。

我立即乘夜班火车回家奔丧,一路悲痛,但是,我的内心却并不悲哀,原因很奇特:一路上,我都不断地听到舞曲、笑声和欢闹声,似乎正在举行婚礼。这与梦境中的惊恐印象形成强烈对比。这里充斥着欢快的舞曲,高兴的笑声,让我不可能全然沉溺于悲伤之中。虽然悲哀一次又一次几乎将我淹没,但是片刻之后,我又被欢乐曲调感染。我一方面感到温暖与欢愉,另一方面则感到恐惧与悲哀;我在这两种矛盾之中飘忽不定。

假设,死亡在一瞬间是以自我的观点来表现,而在下一个瞬间是从精神观点来表现,这一奇异现象是能够解释的。在前一种情况下,它是一种厄运,也是它常常留给我们的印象,似乎是凶恶而无情的势力要结束人的生命。

死亡确实是一件可怕而残酷的事。无论从肉体还是精神上的变化看,它都是残酷的:一个生命被拉走,只留下死亡的冷冰的沉寂。无法希求任何一种关系,因为一切桥梁在一击之下全部断绝。理应长寿者英年早逝,而凡夫俗子反而活到耄耋之年。我们无法躲闪这种残酷的现实。死亡的残酷和无常的真实,令我们痛苦,于是我们得出结论:上帝不慈悲,正义不存在,善意无处可寻。

但是,换个角度,死亡也是一件欢愉的事。从永恒角度来看,这是一场婚礼,一种神秘的结合。灵魂终于找到它遗失的一半,即将达到完整。在希腊石棺上,以跳舞的少女来表现欢乐的因素;而在埃特鲁斯坎的坟墓上,则是欢宴。虔诚的秘教长在老西蒙·本·约斋临终时,对他的朋友们说,他正在庆祝自己的婚礼。直到现在,在很多地区,还保留万灵节这一天到坟墓野餐的习俗。这表达了死亡是一种庆典。

母亲去世前几个月,即1922年9月,我做了一个预示她即将去世的梦。这场梦涉及我父亲,给我留下了深刻的印象。1896年父亲去世后,我一直没有梦到过他。现在他突然出现在梦中,就像远途旅行归来。他显得年轻了,还流露出父亲生前的权威。我和他一起走进书房，我非常愉快，因为能得知他这么长时间都在做什么。我很高兴期待着向他介绍我的妻子和孩子们，带他去看我的房子，告诉他在此期间我的境遇和我的成绩。我也想要向他说一说我近期出版的心理学著作。但很快我就看出这都不合时宜，因为我父亲显得若有所思，他想要从我这儿取走一点什么。我发觉了这一点，所以欲言又止，不谈我关注的东西。

过了一会儿，他说自己想听听我在婚姻心理学方面的见解。我正准备做一大篇讲演，论述婚姻的复杂因素时，我醒了。我没有确切理解这个梦，因为我从未想到它可能暗示母亲的去世，直到母亲突然去世时，我才明白。

父母的婚姻并不愉快，充满摩擦、困难和对耐心的考验。他们都犯过许多夫妻都会犯的错误。我的梦是母亲去世的先兆，因为父亲在走后26年又归来，向一位心理学家求教婚姻问题方面的最新见解和信息，因为不久以后他必须恢复这一关系。显然，由于他处在一种非时间性的状态之中，他的理解并未提高，因此，必须向活着的人请教，因为活着的人享有已经变化的时代带来的新的理解。

这个梦的信息就是如此。毫无疑问，如果探究其主观意义的话，会理解得更深；但是，为什么我正好在母亲逝世之前梦见她的去世，而没有预见到她的去世？这个梦显然是关系到我父亲的，随着我长大成人，我对父亲的同情感日益加深。

因为潜意识作为时空相对性的结果，比意识具有更好的信息来源。在涉及死后生活的神话方面，我们依赖于梦的微小启发，以及潜意识的类似的自发性提高。我们不能把知识的价值归属于这些幻境，更不用说证明。但是，这些价值和证明可以当作神话放大的恰当依据，向进行探索的智慧提供不可缺少的素材。如果割断与神话想象的媒介联系，心理就会受制于僵化教条。另一方面，与神话的这类萌芽过多接触，对于意志薄弱和好猜度的心理是一种危险，因为它们会被引向把模糊的暗示视为确凿的知识，把简单的幻境当作事实。

一个广泛流传的来世神话，由灵魂转世的观念和形象形成。在一个智慧文化高度复杂，又比我们古老的国家——在印度里，关于灵魂转世的观点被视为理所当然，就像我们认为上帝创造世界、存在着灵魂导师一样。有教养的印度人知道我们不赞同这些观念，但是他们不以为然。东方的灵魂论认为，生与死的轮回是永无止境的延续过程，就像一个永远向前滚动、却没有

十一 论死后的生活

终点的车轮。人活着、获得知识、死去、再生。只有佛才有关于目的的观念和战胜尘世的存在。

东方对神话的需求，需要一种有开始和目标的进化的宇宙创造论，但西方人不能接受这种静态的、封闭的、永恒循环的观念。显然，对于自然性质不存在一致的感觉，正如现代天文学家们对这一问题没有形成统一的观点，西方人也无法容忍静态宇宙毫无意义的观念。他必须设定它有意义。东方人则不需要做出这样的假设：他自己就体现了这种意义。西方人认为需要完善世界的意义，而东方人则力求在人身上实现这种意义，把世界和存在从自身消除（成佛）。

两者都有道理。西方人多外向，东方人多内向。西方人投射意义，认为意义存在于客体之中；而东方人则认为意义就在其本身。但是，意义既在外界又在自身。

再生的观念与羯磨观念分不开。重要的是人的羯磨是否具有个人性。如果有，那么，一个人投生时所具有的先定的命运就表现出了前世的修行，就存在人格的延续性。如果不是这样，在投生中所获得的是一种客观的羯磨，那么，这种羯磨就是包容进来的，而不是任何一种人格的延续。

佛的门徒曾向他询问过两次，人的羯磨是否具有人格性。每次佛都避而不答，而且忽视该问题。他说，明白此理无助于人解除虚幻。佛认为对其门徒而言，更为有益的是思考人生，也就是思考出生、生命、老年、死亡和苦难的原因和作用。

我的羯磨是否是我前世的结果，或者是否是我的祖先们的福报，是否我与生俱来就拥有他们的遗产，我无法解释。我是否是我祖先的生命的结合体？又是否体现这些生命？过去我是否以特殊的人格生活过，我在前世是否取得长足的进步，今天才能够寻求解决办法呢？我也不清楚。佛留下了这个没有回答的问题，我认为他自己也不知道。

可以想象，我可能在前世生活过，遇到过没能解决的问题；为完成前世没有完成的任务，我必须再生。我死的时候，我的所作所为会随我而去。我将带走一生中所做过的一切。重要的是要保证我不会空着双手。看来佛也考虑过这一点，因为他告诫信徒们莫为无益的思辨浪费时间。

我存在的意义就是生活向我提出的一个问题。或者，相反，我自己就是向世界提出的一个问题，我必须交出自己的答卷；否则我就要依赖世人的答案。这是一个超越个人生命的任务，我只有努力克服困难才能完成。也许这就是一个曾经吸引我的祖先的问题,但是他们没能回答。《浮士德》在结尾处没有答案,我对此印象颇深,原因也许在此。同样印象深刻的还有尼采没有解决的问题:令基督教徒感到困惑的生活中的酒神精神,或者,这是我的日耳曼人和法兰克人祖先们的活跃的瓦坦—赫尔墨斯精神提出的疑难谜语?

我所感受到的祖先生活的后果,或者是个人前世生活中所得的羯磨,大概同样也是一种客观的原型;这一原型现紧紧追逐着每一个人,尤其对例如神的三位一体在几个世纪中的发展,及其与女性原理的接触这样一个原型;或者,仍然没有对诺斯替教关于恶的起源做出明确回答,即基督教的上帝形象的不完整性,这一问题的答案是什么。

我也考虑到一种可能性:由于某个人的成就而造成世界产生出一个问题,因此他必须结出某种答案。例如,我提出问题和解答问题的方式可能不令人满意,某一个具有我的羯磨的人,或者我自己,就必须再生,以求给出一个更为完整的答案。也可能是这样:世界不需要这样的答案,我就不会再生,我就能够享有几百年的安宁,直到有朝一日,我又需要一个人,他对这些问题感兴趣而且可能重新卓有成效地完成这一任务。可能会有一段休息时间,直到我一生中所完成的工作需要重新接续。

我对羯磨问题很模糊,同样模糊不清的还有人的再生或灵魂转世问题。我"以自由和开放的心态"注意听取了有关再生的印度教义,并且细致观察我自己的生存世界,看是否在什么地方以某种方式存在指明转世的可信符号。当然,我希望在西方找到对于转世信仰的更多见证。信仰向我证实的只是信仰的现象,而不是信仰的内容。我必须从经验上揭示它才能接受。直到几年前,我都没有发现任何具有说服力的证据,即使我一直认真留意这样的迹象。但是近来,我在自己身上观察到一系列的梦,似乎是在描述一个已去世的熟人转世的过程。但是,我没有在其他人那里遇到过类似梦,因此没有比较的参照。这种观察是主观性的、单一的,我只能说其有存在的可能性,而不做深入研究。但我要承认,在这次经验之后,虽然还不能提出一种确定的见解,但我看待转世问题的眼光改变了。

如果假定生命"在那里"继续存在,那么,除了精神的存在,无法设想其他形式的存在,因为精神的生命不需要空间与时间。精神的存在,尤其是我们在此关注的内在的形象,提供了有关来世生活全部神话思辨材料,那种

十一 论死后的生活

生活就是形象世界的一种延续。因此，精神就可能是来世或者死者之国所在的那种存在。

根据心理学观点，来世生活似乎是老年人精神生活的逻辑延续。随着年龄的增长，观察、思考和内在形象在人的生活中所起的作用自然越来越大。"你们的老年人要做异梦。"这就指出，老年人的精神没有变呆滞或完全僵化，"妙药制备得太迟，因为耽搁，疾病已入膏肓"。到了老年，人的记忆开始展现在灵魂之前，在沉思之中，在过去的内在和外在形象之中辨认自己。这就像是为来世存在做准备，就像柏拉图认为哲学是对死亡的准备。

内在的形象使我免于沉湎在个人的回忆之中。许多老年人过多地沉溺于对往事的回忆。如果这是投射性的，并且转化成为形象，回忆可能是一种为了跳得更远而做的后退准备。我竭力寻找穿过我的生命进入世界、又离开世界的那条线索。

人们形成的对来世的概念大都是一厢情愿的想法和偏见。所以，来世一般被描述成为一个愉快的地方。但我并不认为我们死后都被引导到了某一个令人心旷神怡、鲜花盛开、绿草如茵之地。如果来世的一切都很愉悦和谐，那么我们和受到祝福的灵魂之间将会有某种友好的交流，再生前的状态会向我们映出善意和美好。死者与生者之间，为什么存在着无法逾越的鸿沟？至少有一半关于与死者邂逅的报告，讲述的都是与黑暗幽灵相遇的可怕经历；从规律上看，死者的国度都处在冰冷的寂静之中，对亲人的悲恸无动于衷。

我觉得世界极为一元，不存在对立规则完全消失的来世。那里也存在着自然，也是上帝的自然。我们死后将进入的世界既壮观又可怕，就像上帝，像我们所知道的全部自然一样。我不能想象痛苦全然消失。当然，我在1944年那次幻境中的经历，解除躯体负担，洞察内涵，给了我很大的慰藉。然而，其中也有黑暗和人情温暖的奇异消失。梦中我遇到的石块，是黑色的最坚硬的花岗岩。这意味着什么？如果在创世的土地上没有不完美现象，没有原始的缺陷，为什么还迫切需要创造，为什么渴望尚待完成的事物？为什么诸神毫不关怀人和创世、不在意无限的生死轮回？归根结底，佛把他的"空"与存在的痛苦对立起来，而基督徒则希望现世迅速终结。

在来世也可能存在某些局限，但是亡灵只能逐渐发觉解脱状态的界限。在"外界"某处，必定有一个决定性因素，一种制约着世界的必然性，是寻求死后终结的状态。这种创造性的决定因素，决定哪些灵魂再去转生。某些灵魂可能觉得三维存在比永恒存在更为幸福。但是，这取决于这些灵魂从其人世存在中带去多少完满性或者非完满性。

在灵魂达到理解的某一阶段时，三维生活的诱惑力很可能就不再有意义；既然更充分的理解已经毁灭了再现的欲望，灵魂也就无须再返回。这时，灵魂就从三维世界消失，而达到佛教徒所说的涅槃境界。但如果还需要安排一次羯磨，灵魂就会再陷入欲望之中，并再次转生，甚至可能因为它认为有某件事情仍须完成。

就我而言，造成我再生的一定是追求理解的强烈欲望，这是我的性格中最为强烈的因素。对理解的这种不知足的欲望，看来已经创造了一种意识，以寻求知道存在着什么，发生什么，并且根据不可知物的微弱启示，把各种神话概念合在一起。

我们缺乏证明我们自己的任何事物会永恒保存的具体证据。我们只能说自己精神的某一部分在肉体死后继续存在。我们也不知道，继续存在的事物是否还有自身的意识。如果必须就这一问题形成某种见解，我们也许可以研究从精神解体现象中了解的情况。大多数情况下，分裂的情况都表现成为人格形式，似乎情结能意识到其本身。因此，精神病患者听到的声音是人格化的。我在博士论文中曾研究过人格化情结的现象。如果我们愿意，可以把这些情结引申为意识延续性的证明。同样，在脑部受重伤之后和精神崩溃严重的状态下，从假死情况中得到的惊奇的观察结果，也符合这一假设。在这两种情况下，意识的完全丧失可能伴有对外在世界的种种感受和生动的梦的体验。因为他们的大脑皮层即意识中枢不发生作用，所以无法对这些现象进行解释。这些现象可能是意识能力的一种主观的顽强存在，甚至在明显的潜意识状态下。永恒的人，即自性，和存在于时间与空间中的尘世的人之间的棘手关系问题，可以通过我的两个梦来阐释。

1958年10月，我梦见自己在家中看到两个镜片形的圆盘发出金属亮光，圆盘在房屋上方画出一个弧线，沉入湖中。那是两个飞碟（不明飞行物）。然后，另一个物体直接向我飞来。那是一个圆透镜，就像望远镜的物镜。它在距我四五百码（约三四百米）处逗留片刻就飞走了。旋即又有一个东西从空中急速飞过来：这是一个有金属延伸物的透镜，延伸物引向一个箱子，那是一个幻灯。在六七十码（约五六十米）的地方，停在空中，向我射过一束光来。我在惊愕中醒来。梦境历历在目，我想："我们一直认为飞碟是我们的投射物。现在证明，我们是它们的投射物。我是这个幻灯映射出来的，是卡尔·荣格。但是，是谁在操纵这个工具呢？"

在此之前，有一次我曾梦到自性和自我的问题。在较早的梦里，我正在徒步旅行。我行走在山间小路，阳光高照，视野开阔。然后我走到路旁一间小教堂。教堂门半开着，我走了进去。祭坛上没有圣母像，也没有十字架，仅仅陈列着珍奇的花卉。在祭坛前面的地板上，我看见一个瑜伽信徒面对我盘腿而坐，正在深思。我仔细地看了看他，才发现他的相貌和我一样。我深感恐惧，惊醒过来，想道："他不就是设计我的那个人吗？他做了一个梦，就是我。"我知道，等他一醒来，我就不复存在了。

这个梦是我1944年病后做的，蕴含着这样的寓意：我的自性正在沉思，设计着我的尘世形体。换句话说，它拥有人的形体，以便进入三维存在，就像一个人穿上潜水服装潜入海水。当弃绝来世的存在，自性就带有一种宗教的姿态，就像梦中的教堂。在尘世形体中，它可以经历三维世界的各种经验，但只有通过更广泛的意识，它才向体现更进一步。

那瑜伽信徒的形体在某种程度上表现了我生前的潜意识完整性，还有远东，如梦中常见的那样，远东是一种生疏的、与我们自身相对的精神状态。那瑜伽信徒的沉思像幻灯"投射"了我的经验现实。我们一般都是反向看待这个因果关系，在潜意识的产物中，我们发现曼荼罗的象征，也就是表示完整性的图形和正方形的形体。任何时候，我们想要表现完整性，都使用这种形体。我们的根基是自我意识，我们的世界是集中于自我焦点上的光线范围。我们由此看待昏暗的暧昧世界，却永远也不知道我们看到的阴影形体多大程度是我们的意识造成的，或者具有它们自己的现实。肤浅的观察者只满足于第一种假设。但是，更为深入的研究表明，潜意识的形象并不源于意识，它具有意识自身的现实性和自发性。但是，我们却将其视为次要现象。

这两个梦的目的是颠倒自我意识和潜意识的关系，把潜意识表现为经验人格的制造者。这种颠倒的寓意是，在"另一方"的观念中，潜意识的存在是真实的，而意识世界则是一种幻觉，一种为特定目的而设计的表面的现实，就像梦一样，只要我们身处其中，它就是一种现实。这种状况显然近似于东方的"虚妄"观点。

因此，潜意识的完整性是所有生物事件和精神事件的真正精神导师。这是一条原理，它争取都能实现；在人的方面，则是获取全部的意识。获取意识，是最广义的文化，而自我认知则是该过程的中心和本质。东方人给自性赋予了不容置疑的神性意义，而根据古代基督教的观点，自我知识就是认识上帝的途径。

对人来说，关键问题是：人是否与某种无限的事物有关系。这是性命攸关的重大问题。我们只有知道真正重大的事物是否是无限的，才能避免专注于徒劳的活动上，避免集中在没有意义的目标上。因此，我们要求世界承认我们的个人品质、才能或者美。人越强调虚假的财富，就越缺乏对本质的敏感，而他的生活也就越不能得到满足。因为他只有有限的目的，所以就觉得受到限制，结果产生羡慕和嫉妒。如果我们理解并且感觉到，此生已经与无限有某种联系，欲望和态度就会发生变化。我们之所以重视某物，最终是因为我们所具备的本质。如果我们不具备这种本质，就会浪费生命。在我们与其他人的关系上，首要的问题也是这种关系是否体现了某种无限性。

只有我们与极限联系在一起时，才能获得对无限的感知。人的限制就是"自性"，它表现在这样的经验之中："我只是这样的！"对于我们狭隘地局限于自性这一情况的意识，才能够与潜意识的无限性相联系。这种认识会使我们感到自己既是有限的同时又是永恒的，既是此又是彼。认识到我们自己组合体中的独特性，才可以意识到无限。

在一个仅仅专注于扩张生存空间和不惜一切代价增加理性知识的时代，要求人意识到自己的独特性和局限性是一种最高级的挑战。独特性和局限性是同义词。如果没有它们，就无法感受到无限性，当然也不可能获得意识，而只是一种对它的幻影般的认同，醉心于自己是多数派和追求政治权力的贪欲中。

我们的时代把全部注意力都转移到了今生今世，因此导致人及其世界的妖魔化。独裁者的出现及其带来的全部灾难，都源于超级知识分子的短浅目光剥夺了人的超越感。与此类似，人成了潜意识的牺牲品。但是，人的任务却恰恰相反，即要意识到潜意识向上涌现的内容。人既不应该固执于自己的潜意识，也不应该被自己存在的潜意识因素同化，进而回避命运，即要创造越来越多的意识。就我们的认识而言，人类存在的唯一目的，是在黑暗之中点起火光。甚至可以认为，就像潜意识会影响我们那样，我们的意识的增长将反作用于潜意识。

十二　后期思想

有关我个人的任何传记，都必须考虑下述的思想。虽然这些思想会使人觉得太过于理论化，然而创造这种"理论"既是我自身的一部分，又是我的一种功能。

I

基督教中最令人印象深刻的是，其教义体系预见了在神里存在着某种变形物，一种"彼岸性"的历史转变过程。这种预言是以天庭发生纷争这种新神话的形式表现出来的，而这在创世的神话里便有暗示。在神话里，造物主的敌人——蛇出现了，它通过许诺增长有意识的知识（善恶兼有）诱使人走向歧途。其第二个暗示是天使降临人世间，这是潜意识内容对人类世界的最早侵犯。这些天使是些特殊的种属：他们只能一成不变而不可能再变成其他形式。他们只是些没有灵魂的生命体，什么也不代表，除了主人的思想和直觉。因此，堕落的天使都是"恶"的。这些天使创造了著名的"膨胀"效应（这种情形我们可以在自大狂妄的独裁者身上观察到）：他们与人结合而繁衍出一个巨人种族，最后，这些巨人竟企图吃掉人类。正如《以诺书》所言。

然而，这个神话的第三个暗示也是决定性的阶段，是上帝以人的形象最大限度地发挥自己的能力，即实现《旧约全书》里关于神的结合的观念与结果。早在基督教初始时期，化身为人的观念便已被升华到包括直觉出"基督与我们同在"的程度。这样，潜意识的完整性便深入内心体验的精神世界，而人就能知道进入自己真实形体里的一切。这是决定性的一步，无论对人还是造物主。对走出黑暗的人来说，造物主已经抛弃了黑暗的本质，变得尽善尽美了。

在1000年的时间里，这个神话一直无懈可击，又非常重要。直到11世纪，意识的进一步变化开始显现最初的迹象。从那时候起一直持续到20世纪末，不安与怀疑的征兆日渐增多。这时，世界性的大灾难的基本状态，已有目共睹。这一灾难最初是以意识受到威胁的形式出现的。这一威胁源自意识的狂妄自大，它断言："人及其行为之伟大是无与伦比的。"来世性即基督教神话的超然存在性失落，随之失落的则是这样的观点：完美只存在于来世。

造物主的另一面也随光明而来，那就是阴影，在12世纪达到了最高峰。基督教世界确实遇到了不少问题，邪恶的原则正在起作用，赤裸裸的不公正、独裁统治、说谎、奴役他人，以及良心的压抑。这种赤裸裸的邪恶，在俄罗斯民族中显然以永久性的形式呈现；但灾难性地第一次爆发则是在德国。邪恶的肆虐表明，基督教在20世纪已被破坏到何种程度。面对这种情形，已不再可能通过个人洁身自好这种委曲求全的办法减少邪恶，也无法把它从这个世界驱逐出去了。我们必须学会驾驭它，因为它会继续存在。目前我们仍然想不出有效的办法与它共存而又不会造成可怕的后果。

无论怎样，我们都需要重新确定方向，改变思想。接触邪恶便会招来屈从于它的巨大危险。因此，我们绝不能再屈从任何东西，甚至连善也不能。我们要屈从的善，已经失去其伦理属性。这并不是说善不好，而是屈从于它会招来麻烦。任何一种执迷或成瘾都不是好事，无论成瘾是酒、吗啡还是理想主义。我们不可能将善与恶绝对对立。善具有一种绝对命令的力量，而所谓恶则要坚决地杜绝。伦理行动的标准已不再是如此简单的看法。认识到恶的现实性，就有必要认识到善的相对性。同样，恶也会把两者改变成为统一的矛盾体的两部分。

实事求是地说，善与恶已不再不言而喻，两者都需要判断。所有的判断都难免有失误，我们无法相信做出的判断总是正确的。我们很容易成为误判的牺牲品。伦理问题也受这一原则影响，即我们对道德的评价拿不准的时候。尽管如此，我们仍然得做出伦理上的决定。善与恶的相对性并不意味这样的分类无效或不存在。做出道德判断的情形一直存在，其中还伴随着特征性的心理后果。就像在过去，我们在未来所做、所想的错误，一定会报复我们的灵魂。只有判断的内容才会受制于时空变化的条件，因而采取不同的对应形式。原因就在于，道德评价总是基于道德信条中明显的确定性，而这种道德信条又总是装作很明白何为善和何为恶。一旦我们知道这种基础的不确定性，从伦理上做决定便变成了主观的、创造性行为。只有得到上帝同意，我们才能相信其确实性，就是潜意识中自发的和决定性的冲动。伦理本身在善恶之间做出决定，不受这种冲动影响，对我们来说，只会变得更为困难。没有什么能使我们摆脱在伦理上做出的决定的折磨。尽管看来苛刻，如

十二 后期思想

果一定需要我们在伦理上做出决定，在某些情况下我们就一定得拥有自由，不因为那是众所周知的善而去做被人们认为是恶的事。换言之：我们绝不可屈从于这对立的任何一方。印度哲学为我们提供了一个有用的模式。在已知的情况中，道德信条便会被取消，于是个人便只好自行做出伦理上的选择。这种情况下，没有任何新鲜的东西；在心理学出现之前，这样的困难选择人所周知，并将其归入"职责冲突"的范围。

然而，个人根本无法形成这种意识，因而完全无法意识到自己有做决策的潜力。相反，他焦虑地不断左顾右盼，想找到外部法则与规定指导他摆脱无所适从的困境。除了普遍的人性缺点，指斥大都指向教育，而教育传授的都是老套的知识，只字不提对私人性体验的种种秘密。因此，教育想尽办法所做的便是去教授理想性的信念或行为规范；人们懂得这些，却永远无法做到；这些理想也被官员挂在口头，但他们心里却很清楚，他们本人从未达到这些高标准，也绝不想按此标准去做。但从未有人质疑这种教育的价值。

因此，要想得到有关恶的问题的答案，个人首先需要有自知之明，也就是最大限度地懂得自身的完整性，这一点很重要。他必须冷静知道自己为善能做到何种程度，又能做什么恶，并且还得小心提防，以免误认为一方是真实的，而实际上只不过是幻觉而已。善恶都是人的天性，而且两者都肯定会在他身上显露出来，如果他想象自己应该那样不自欺欺人地生活。

然而，尽管如今也有不少人对自己深有所知，却很难具备这种认知水平。这样的自知之明意义重大，因为通过它，我们便可以更接近本能中最根本的一层。那些先在性动因就在这里，对我们的意识做出的伦理决定形成最终制约。这个核心就是潜意识及其内容，我们无法做出任何终极性判断。我们对它的看法肯定是片面的，因为我们无法在认识方面理解其本质，并合理限制它。我们只能通过科学来获得大自然的知识，而这种知识则扩大了意识的范围；因此，深刻的自知之明需要科学，即心理学。谁也无法在缺乏光学知识的前提下，只是凭借善意，就造出一架望远镜或显微镜。

今天，我们之所以需要心理学，完全是由于它与我们的根本生存息息相关。我们对纳粹主义现象感到迷惑不解和束手无策，因为我们对人一无所知，或者对人的了解是片面的、歪曲的。如果我们有自知之明，就不会发生这种情况。我们面对恶这个可怕的问题时却对它一无所知，更不用说如何与之斗争了。即使我们明白，却仍然无法理解怎么会发生这种情况。一个政治家上台了，却天真骄傲地宣称他没有"作恶的想象力"。确实我们没有作恶的想象力,但我们却被恶玩弄于股掌之间。有些人不想搞清楚这一点,而另一些人则与恶同流合污。当今世界的心理状况就是如此:有些人自称基督徒,以为只要他们愿意,就能够把恶踩在脚下;另一些人则屈服于恶,再也看不到善。恶在今天已变成一个可以看得见的"大国"。有些人通过推理制定出教义而强大起来,而另一些人却由于缺乏与此情形相对应的神话而生病变弱。这种情况在基督教各国已经发生:这些基督徒沉睡了千百年,并错过了进一步发展神话的机会。在神话性观念中,有人表达了对生命的黑暗冲动的看法,其陈述却遭到拒听,弗洛拉的乔奇姆、梅斯特·埃克哈特、雅各布·波伊姆等很多人,长期以来一直被认为是蒙昧主义者。唯一的一线光明只有教皇庇乌斯十二世及其教义。但是当我提起这一点时,人们却不知道我所指的是什么。他们没有认识到,一种神话不再具有生命和继续生长,那就意味着死亡。

我们的神话已沉默无语,不再做出回答。过错并不在其本身,正如《圣经》里所描述的,错在我们。我们不但没有进一步发展它,反而压制任何这方面的企图。这一神话的原型有着大量的起始点及进一步发展的可能性。比如,基督就说过:"因此,你будете像蛇那样聪明,而像鸽子那样无害。"为什么人要像蛇那样狡猾?而这种狡猾和鸽子的天真无邪之间又有什么联系?"除非你们变得像小孩一样……"谁会思考实际生活中的小孩是什么样?主骑着驴凯旋般地进入耶路撒冷,他根据什么道德原则来证实他牵走的那头驴是有理的呢?而此后不久,他又如小孩子般发了一通脾气并诅咒无花果,这又是怎么回事?那不义的管家的比喻,是想要说明怎样的道德呢,启示录式的《耶稣语录》说:"人子啊,你如果知道你所做的是什么,你就有福了。如果你不知道,那你就该受诅咒,就是犯法了。"这如何深刻洞察我们自己的困境,又有怎样的深远意义?圣保罗忏悔说"尽管非我本意,我却作恶了",这究竟是什么意思呢?我不想再讨论《启示录》中那些望文生义的预言了,因为谁也不相信这些预言,而且所有的论题都使人觉得很尴尬。

对于诺斯替教徒所提出的老问题"邪恶来自何处",基督教世界一直没有做出过回答,而奥利金谨慎地提出魔鬼也可以赎罪的看法,却被视为异端邪说。今天,我们不得不再次面对这一问题;但是我们束手无策,犹豫彷徨,而且根本就没有想到过,我们虽然迫切需要一种神话,但什么神话都不会让我们免受苦难。由于政治局势和科学上的可怕,更不要说恶魔般胜利的结果,我们被秘密的恐怖事件及前途阴暗的预言震慑住了;可是我们却手足无措,只有极少数人才得出结论,这个被人遗忘很久的人的灵魂的问题又出现了。

十二　后期思想

　　神话的进一步发展很可能始于"圣灵"大量显现在使徒身上，这样他们就能成为上帝的子民，在他们之后接受了上帝的儿子身份的所有人也是这样；他们便得以分享这种确定性：他们并非地球上土生的动物，或者是获得两次新生的人，他们的根是具有神性的人。他们可以看得见的、物质性的生命存在这个世界上，但是正如基督教有关灵魂赎救的神话，不可见的、内在的人是来自并终将归于最初意象的完整性里，归于永恒的圣父。正如造物主是完整的，因此他所造的子民也应该是完整的。谁也不能从神具有完整性的观念里夺走什么。但谁也不知道，这样一种完整性却裂开了；光明的王国和黑暗的王国接踵而来。在基督出现之前，这种结果就已有明确预言了，在约伯的体验中，或在基督教时代紧随其后的流传很广的《以诺书》中，都能够观察到这种情形。这种形而上的分裂在基督教中显然也是久远的。在《旧约全书》中追随耶和华的撒旦，现在却成了神的世界永恒的对立面。他不可能被根除。因此，就无须惊讶在11世纪之初便有是魔鬼而不是上帝创造世界的这种信仰。这在堕落天使的神话里已经解释得很清楚。正是这些堕落的天使教会人类有关科学与艺术的危险知识，这一主调仍然回荡在漫长的基督教历史的后半期。这些古老故事的讲述者看到广岛又会说些什么呢？

　　具有幻想天才的雅各布·波伊姆认识到了上帝形象的矛盾性，因而推动了这个神话的进一步发展。波伊姆所画的曼荼罗，内圈分开构成两个背靠背的半圆，象征着分裂了的上帝。

　　既然教义认为，三位一体中的每一位都是上帝的完整体现，他也完整地出现在那溢出的圣灵的每一部分之中，因此每一个人便多少带有上帝及其子民的完整性了。上帝形象不是作为统一体而是以矛盾对立的形式进入人的身上，这样，上帝形象中黑暗的部分与认为上帝就是"光明"的看法便发生了冲突。这个过程正在我们的时代里发生，然而人文学科的教育者却没有认识到这一点，就其本职来说，他们本应有所了解。人们普遍觉得这些年我们已到达一个重大的转折点，但是人们却认为，这种转折只会与核裂变和核聚变或与宇宙火箭有关系，与此同时，却忽视了人们心灵中发生的一切。

　　从心理学的观点来看，只要表明上帝的形象是精神的基础，人类也日渐清楚这形象的分裂是一种深刻的一分为二性，甚至政治领域也会出现这种一分为二性，就会观察到心理上的补偿现象。这种补偿采取具有统一性的圆圈的象征形式，这种圆圈表示在精神之内对立双方的融合。我想提一下世界性的不明飞行物体的流言，早在1945年，我们便已开始听到这种流言了。

这些流言可能基于幻觉，也可能基于实际的现象。不明飞行物的说法通常是这样的：它们自其他星球飞来，或甚至说是来自第四维空间（相对论中的时间）。

20多年前（1918年），在调查研究集体潜意识的过程中，我发现存在一种类型相似的显然具有普遍性的符号——曼荼罗符号。为了确定我的发现，我花了十余年时间收集资料，然后才首次宣布我的发现。曼荼罗是一种原型性意象，它的出现被时代证实。它意味着自性具有完整性。这一圆形的意象代表精神基础的完整性，用神话的话来说，神性体现在人的身上。现代的曼荼罗与波伊姆的相反，它力求统一性。它所表示的是对心灵破裂的补偿，或者是预见这种破裂即将被克服。由于这一过程在潜意识之中发生，因而它便自己外显出来。在世界范围内流传的不明飞行物的故事，证明了这种情形，它们象征一种普遍存在的精神意向。

当分析疗法使"阴影"具有意识，就会造成分裂并引发对立双方的紧张状态，它们反过来便会在统一性中求得补偿。这种调整通过符号来实现。我们如果严肃地对待对立双方的矛盾冲突，或者它们严肃地对待我们，就会使我们的精神极度紧张。逻辑没有第三种选择证明是有价值的，看不到解决办法。如果一切都顺利，解决办法便像是主动地从其本性中显现出来的。只有这时，它才有说服力。它给人一种"天恩"的感觉。对立双方的对抗与冲突会逐渐产生解决办法，因此通常说来，它就是意识和潜意识的诸种因素的混合，因而也就相当于一个符号或硬币被分成可以精确地拼在一起的两半。它表示意识和潜意识协作的结果，并以曼荼罗的形式达到与上帝相似的形象；曼荼罗大概是一种完整观念的最简朴的样式，是在心灵中自发产生，代表着对立双方的斗争和妥协。最初纯属个人性质的冲突，很快就使人顿悟到，主观冲突只是普遍矛盾冲突的一个特例。我们的精神结构与宇宙结构一致，而在宏观世界发生的一切也同样发生在精神的微观世界和主观范畴。因此，上帝的形象便总是一种强有力的对立物的内心体验的投射。这一形象通过具体对象来象征，内心体验则从这种具体对象中取得最初的动力；而且从此时起，这种具体对象便带上了神秘意义，或者具有神秘性，这种神秘性具有压倒一切的特色。通过这种方式，想象力可以从具体性中解放出来，并试图把那不可见者的形象描绘成某种现象后面的东西。我不由得联想到曼荼罗的最简单的基本形式——圆形，还有最简单的（精神性的）等分这个圆的方法，即四等分，或二等分。

这样的体验对人能产生一种有益的也可能是毁灭性的作用。人无法把握、理解、控制这样的体验，也无法摆脱或躲开它们，因而便觉得它们是不

十二 后期思想

可抗拒的。由于认识到它们并不是产生于他那具有意识的人格,因此便将其称之为超自然力、魔鬼或上帝。科学则采用"潜意识"这个术语,等于承认对此一无所知,对精神的实质不了解,而认知的唯一手段就是精神。所以,超自然力、魔鬼或上帝的用语的确实性,既不能被否定也不能被证实。但是我们可以确认,与某种客观又显然在精神之外的东西的体验有联系的奇异感,确实存在。

我们知道,我们确实会经历某种不为我们所知的、异己的事物,就与我们知道我们自己并不去造梦或灵感,而它不知怎么就自动出现了。以这种方式发生在我们身上的事情可能就被看作是超自然的,或是源自魔鬼、上帝、潜意识。前面的三个术语包括并能唤起神秘性的情感特色,而潜意识却是平庸的,也更接近现实。这种观念包括经验的王国,也就是我们了解的平凡的现实。潜意识这个用语太过中性化和合理化,无法将想象力的作用发挥到最大。从根本上说,这个术语的创造是出于科学上的目的,它更适合没有任何形而上要求的不带感情色彩的客观观察,但对于超验性概念则不大适用,原因是后者带有论战性质,并因而产生狂热。

因此,我更喜欢"潜意识"这个术语,因为想用神话上的语言来表达,可以用"上帝"或"魔鬼"。"超自然力""魔鬼"和"上帝"不过是潜意识的同义词而已。也就是说,我们对前三者以及对后者所懂得的,其实都差不多。人们只是相信对前三者了解得更多,而为了某种目的,这种信仰比科学概念更有用、更有效。"魔鬼"和"上帝"的概念的好处在于可以使对立物更客观化,即把它人格化了。两者的情感特色给它们赋予生命和灵验性。爱与恨、恐惧与敬畏走上了对抗的舞台,成为一出戏。本来只是"展示"的东西,现在变成了"行动"。整个人都受到挑战并进入与现实的斗争中。只有到这时,人才能变得完整,"上帝才能诞生",也就是说,上帝进入人的现实里,并以"人"的形式而与人发生联系。通过这种化身的行为,人,也就是自我便内在地被"上帝"取代了,上帝变成外在的人;这就是耶稣所说:"看见了我的人也就看见了天父。"

这一点将神话术语学的缺点暴露无遗。根据基督教有关上帝的观念,一般认为他是全知全能、无处不在、大慈大悲的天父,是这个世界的创造者。如果这个上帝想变成人,他就得变空,以便他的整体能缩小到人的尺寸之内。即使如此,仍然存在难以明白的地方,人的框架为什么没有被上帝撑破。神学思想家便觉得有必要赋予耶稣以超乎常人的特性。最重要的是,他没有原罪的污点。正是因此而不是其他原因，他才至少是一个神化的人，或是个半神。基督教中上帝的形象是否能化身成经验性的人，这是有争议的。具有上帝一切外部特征的人，似乎只有极少适合于代表一位神，这两种情形很不相同。

　　神话最终必须严肃对待一神论，而没必要理会二元论。然而，官方对此虽大力挞伐，二元论却一直存在。并至今与万能的上帝一起成为永恒的黑暗敌对者。在这一体系之内，必须为库撒的尼古拉斯哲学上的综合敌对性及雅各布·波伊姆的道德矛盾性腾出地方来；只有这样，"唯一的上帝"才能拥有本应属于他的矛盾双方的完整性与综合性。实际上这样的情形确实存在，由于其特有的性质，对立的双方能够通过象征物维系在一起，从此便不再分离或冲突，而是相互补充并赋予生命以意义。这种情形一旦发生，自然之神或造物之神形象中凸显的矛盾性便很好理解了。反之，基督教真义的本质，上帝必须化成肉身的神话便可以理解成人创造性地正视对立的双方，正视那对立的双方在自性即人格完整性中的综合。造物之神形象中不可避免地存在内部矛盾，作为炼金术中对立物的组合或作为神秘的统一，可以在自性的统一性与完整性中获得妥协。在自性的经验里，取得妥协的不像以前那样是"上帝"和"人"这对立的双方，而是存在上帝形象内部对立的双方。这便是神圣的功德，或者说是人可以奉献给上帝的功德；由于这种光明可以从黑暗产生出来，因此造物主便可以意识到创造，而人则可以意识到自身。

　　这就是目标，或者是一个目标，它可以为人的创造赋予一定的意义。在几十年的时间中，在我之内慢慢形成的神话是一种解释性神话。我可以认可并礼敬这样一个目标，而这样的目标也能使我满意。

　　人具有思考的能力，因此得以脱离动物界。人通过头脑，证明大自然高度重视意识的发展。通过意识，认识世界的存在，拥有大自然，也就证实了造物主的存在。这个世界变成了一个充满各种现象的世界，因为要是没有有意识的思考，它就不会如此。如果造物主意识到自己，就不需要有意识的生物；也不可能出现这样的情形：无数物种和生物能历经千百万年才发展起来，是极为间接创造出来的、有目的的意图的产物。根据自然史我们知道，在千百万年吞噬和被吞噬的时间里，物种经历了杂乱的变化，其中又蕴含机遇。人类的生物学史和政治史是这同样的事情的一种更为微妙的重复而已。但是思想史的情形却截然不同。在这方面，思考着的意识奇迹地介入了，产生了第二种宇宙起源学说。意识的意义如此之大，使人们不禁怀疑，意义的要素是否掩藏在这些非同寻常而又显然没有意识的生物活动中。而且，通向证实它的道路最终似乎是偶然

十二 后期思想

的、无意的和并非预见的,在拥有不同智力的热血脊椎动物中找到的,却又不知为什么会有某种黑暗的冲动而意识到、感觉到并摸索到了。

在对人类及其神话意义的思考里,我并不敢自夸已说出了最终的真理。但是我认为,这就是在双鱼座那漫长时间结束之时,我所能说的话,而且还必须考虑水瓶座正在到来的那漫长的时间,这个星座在双鱼座的旁边像个人,是由两条头尾互相倒向的鱼组成。水瓶座似乎代表着自性。他以威严的姿态把水瓶里的东西倒进南鱼座的嘴里,而南鱼座则象征仍然没有意识的儿子。这潜意识的内容,经过二千余年,产生了一种未来,其特征由摩羯座显示出来:一种羊头鱼尾的怪物,象征高山和深海,是两种生活在一起而又有所区别的动物元素构成的一种对立组合。这种奇异的生物可以很容易成为"人"的一个造物神的最初形象,面向安索波斯。对此问题我只能保持沉默,如同我能随意运用经验性资料一样。所谓经验性资料,指的就是我所熟悉的其他人的潜意识的产物或历史文献。如果顿悟不是自然产生,苦思冥想就没有意义。只有我们拥有客观资料,就像我们拥有有关水瓶座漫长时期的材料那样,这种冥思苦想才具有意义。

我们并不清楚通往意识的过程可以延展多远,会导向何方。在创世故事里这是一种新的成分,我们没有可以指望的替代物,便无法知道它有什么固有的潜力,我们也无法预测人类的未来。它是否会与其他一度在地球上兴旺过但现已灭绝的物种具有相同的命运?生物学无法提出对未知情形的预测。

当我们构想出充分解释人在宇宙中存在意义的世界观时,需要通过神话来表述的需要便得到了满足,这种观点源自精神的完整性,基于意识和潜意识之间的互相作用。无意义性阻碍了人生的完美性,等同于疾患。意义可以使许多事物具有永恒性。科学永远不可能取代神话,而神话也不可能通过科学产生。并不是因为"上帝"是一种神话,而是在于这种神话揭示了人身上存在一种神圣的生命。发明神话的并不是我们,相反,神话是以"上帝的话"的形式来告诉我们的。但听到"上帝的话",我们也根本没有办法区别它是否与上帝不同,不同到什么程度。它使我们主动正视并接受它,此外,这种"话"也是我们熟知的,富有人情味。它并不受我们影响。我们无法解释灵感,我们只能感觉到,它不是我们推理的结果,也不知道从什么地方降临到我们头上。如果我们碰巧做了一个具有预见性的梦,怎么才可以把它解释成自己的能力呢?说到底,我们往往一无所知,直到过了一些时候,才明白那个梦表示某种预兆,或表示着对将来要发生的某种事物的预知。

这种"话"就发生在我们身上，我们容忍它，是因为我们自身就是一种深刻的不确定性的牺牲品。上帝是一个矛盾的统一体，这意味着，一切皆有可能。真与假、善与恶，都同样可能。就像德尔菲的神谕或一个梦那样，神话也存在歧义。我们不能也不应该指斥理性；同时也必须坚信，本能会帮我们。正如约伯很早就已明白，上帝正帮助我们反对他自己。"另一意志"通过它表达一切，即通过人的思想、言辞、意象甚至种种局限性产生。因此，当人开始生硬地以心理学术角度思考时，他便把自己看作是万物之源，坚信一切都源于他的意图，产生自他的自身。他像小孩一样天真地认为，他知道自己能力所及，并知道"他身上"具有什么。然而，意识的软弱及对潜意识的恐惧却始终妨碍他。因此，他根本无法把通过推理而得出的结论，与自发地涌上他心头的东西区分开。他无法客观对待自己，又不能认为自己是一种现象，这种现象是他在存在中发现的，无论好坏，他就是这种现象。最初，一切都是强加在他身上的，费了很大的气力，最后才成功地被他自己征服，并拥有一个相对自由的天地。

当找到通向自由之路时，他才认识到自己正面对着本能性的根基，这种根基是先天赋予，他无论如何也摆脱不掉。这种开始不只是出现在过去，还作为他存在的永恒的基础，与他共存，而且他的意识受其影响的程度，就像受他周围的物质世界影响的程度。

这些事实从内外两个方面向他进攻。他把它们归之于神的观念，借助神话来描述它们的作用，并把此神话说成是"上帝的话"，亦即说成是来自"彼岸"的神秘灵感与启示。

‖

强化人宝贵的个性化感觉，最好的方式就是个人发誓保守秘密。社会结构一产生，便显示出对秘密结社的需求。当没有真实的秘密存在时，便制造或虚构出只有特权阶层才能够参与的秘密宗教仪式。"玫瑰十字会"及其他许多社团，就是这样。具有讽刺意味的是，在这些伪造的秘密中确实存在着新入会者完全不知道的秘密。那些主要从炼金术的传统中来借取"秘密"的社团，就是这样。

在原始人阶段，秘密的意义关乎生死存亡，因为被众人分享的秘密，维系着整个部落的凝聚力。在部落中，秘密有效地补偿了个体所缺乏的凝聚

十二 后期思想

力,这种个性不断复归到这个群体其他成员的最初潜意识同一性里。实现人的目标,即意识到本身所特有的个人目标,因而便成了一种长期的且无济于事的教育过程。因加入社团而得以知道某些秘密让自己与众不同的人,本质上也是服从群体的同一性法则。所不同的是,这个群体的社会性。

秘密结社是通向个性化的道路上的中间阶段。个人仍然依靠集体组织实现自己的与众不同性,也就是说,他仍然没有认识到,自己有别于所有人及获得独立自主,是个人的任务。所有集体性的同一性,如加入某些组织的成员成分、支持各种各样的"主义"等等,会影响这一任务的完成。这种集体同一性是跛足者的拐棍、胆小者的盾牌、懒惰者的温床、不负责任者的保护所,但同时它也是穷人和弱者的庇护所、遇难海员的避难所、孤儿温馨的家、失落的流浪者与疲惫不堪的朝圣者的理想国、迷途之羊的羊群与带来安全的羊圈、提供养育的母亲。因此,把这个中间阶段视为陷阱是错误的;在未来很长的一段时间里,它成为唯一代表着个人生存可能的形式,在今天,个性似乎受到了前所未有的威胁。集体组织仍然是根本性的,因而许多人便认为它将是最终目标;要求在自主性的道路上,迈出更大步伐,这看起来像是狂妄自大、异想天开、难以实现。

尽管如此,也很可能会有这样的情形,即一个人出于充分的理由迈向通往更广阔天地的道路。很可能会有这样的情形,他面前摆满各种服饰,可以选择各种风尚习俗,但他却找不到自己所要的,结果只好独自前行,以自己为伴。他将像他自己的群体那样发挥作用,拥有着各种观点和倾向——这些观点和倾向不必一定沿着相同的方向前进。实际上,他会与自身发生矛盾,因为共同行动的需要而把他自己的多重性团结起来时,他也会遇到巨大的困难。即使外表受到中间阶段的社会形式的保护,他也根本无力防范内心的多样性。他自身内部团结的瓦解,可能导致他放弃希望,进而变得随波逐流。

正像秘密会社的新门人已经摆脱了不加区别对待的集体性一样,单独前行的个人也需要一种秘密,出于某种原因,他不能够泄密。这样一种秘密增强了他独自为个人目标而奋斗的力量。许多个人无法忍受这种孤独。他们是精神病患者,只好躲闪自己及他人,无法认真严肃对待人生。一般说来,他们最后会牺牲个人目标去适应集体性的一致,他们所处环境中的一切观点、信仰与理想都鼓励这一行为。此外,没有什么论点能够战胜环境。只有拥有一种秘密才能防止,否则便会不可避免地出现倒退;这种秘密不能泄露,是他害怕放弃,或无法用语言形容的,因而便显得像是胡思乱想的秘密一样。

在许多情况下，人是如此紧迫地需要这样一种秘密，以至个人无意中竟卷入他无法承担的观念与行动中来。他这样做，既非任性亦非自大，而是源于一种迫切的需要，但他本人无法理解这种需要。这种需要以可怕的命中注定的方式落到他身上，也许是他第一次亲眼看到存在着某种异己的东西，比在他最为个人化范畴之内的他人更强有力。尽管在他自己的范畴之内，他是主人。雅各的故事就是一个生动的例子，他与天使摔跤，结果导致臀部髋骨错位，却得以避免了一次谋杀。在幸运的日子里，人们从没有怀疑过雅各的故事。如果有个当代的雅各，人们对他便难免会别有用意地一笑了之。他可能也不愿去讲这种事情，特别是他想维持自己关于耶和华信使的本质的私人观点时。这样，他便会发现不管愿意与否，他都拥有一个无法与人讨论的秘密，这会让他偏离集体。除非他能终生成功地伪装，否则，他思想上的保留必将昭然于世。但是企图两者兼顾，既适应其所在群体，又追求个人目标，这样的人只会变成精神病患者。现代的这位雅各，大概会为自己掩盖这样的事实：天使毕竟是两者中的强者，事实也是如此，从来没有人说天使最后是瘸着腿走掉的。

因此，在其内心魔鬼的驱赶下，人终于跨过了中间阶段的范围，真正进入那"无人涉足过与无法通行的区域"。这里没有路标给你指示道路，也没有遮风挡雨的屋顶，更没有任何栖身之所。当遇到了前所未见的情形时，比如职责的冲突，却没有先例可以指引。在大多数情况下，冲突虽然没有发生，过程却一直在持续，也会迅即在刚觉察到这种冲突时便结束。我无法责备那拔脚就走的人，但我也无法赞同他为自己的软弱与胆怯找借口。因为我的藐视不会对他造成更大的伤害，所以我也很可能这样说，关于这样的屈服条件，我实在不认为有什么值得赞扬的。

一个人如果面对一种责任的冲突，能尽职尽责去处理，而且还有位法官日夜坐着判断他行为的是非，他很可能发现自己处于一种孤立的境地。现在，在他的生活里确实有一种无法讨论的真正秘密，只是因为他卷入了一场永无休止的内心审判；在这场审判中，他既是自己的辩护律师，又是无情的审判者，此时再也没有世俗的或是精神上的法官能够使他重新安然入梦了。如果不是他早已厌烦这样的法官所做的判断，他本不会使自己卷入这样一场冲突中，因为这种冲突总是以更高意义上的责任感为前提。正是这种性质，才使拥有者不去接受一种集体性做出的决定。在这种情况下，法庭便变成了秘密宣布判决的内心世界。

这种情况一旦发生，个人的精神便被赋予更大的意义。这种重要性不仅

十二　后期思想

是他那著名的和为社会所规定了的自我的中心，它还是衡量自身价值大小的尺度。没有任何东西会像这种对抗所造成的内心冲突那样，促进意识的成长。如果原告的起诉书中提出了意料之外的事实，被告一方就得找到新的证据来才行。在此过程中，很大一部分外部世界便进入内心世界里，而通过这一事实，外部世界变得衰退，或被释放了。另一方面，内心世界却被抬高到做出伦理决定的法庭的地位，变得身价大涨。而曾一度是明确的自我却失掉了原告的特权，它不得不学会扮演被告的角色。自我的感情变得矛盾和不明确，陷入进退维谷的境地。它开始意识到高于它本身的一种对立性存在。

绝不是每一种责任的冲突，也许一种也没有，都会真的被"解决"，它是可以被论证、权衡与被抵消，而且这种情形可以一直继续到世界末日。那决定总是在那儿，就像是某种意外的产物。实际生活不可能虚悬于永久不变的矛盾状态中。对立双方及它们之间的矛盾不会自动消失，即使它们在采取行动的冲动前一度屈服。它们不断地威胁人格的统一性，并一再使生活变得复杂。

洞察危险与痛苦，很可能使人决定留在家里，绝不离开家的安全与温暖，因为这些东西可以提供保护，避免内心受到压迫。不必离开父母的那些人最安全。然而不少人却发现自己被推上了个性化道路。根本用不了多少时间，他们就会认识人的本能中的正反两个方面。

正如一切能量均源于对立，精神也拥有内在的向性，这是其活力的前提，赫拉克利特早有此认识。无论是理论还是实践，向性都是一切生命体与生俱来的。与这种不可抗拒的力相对立的是自我那脆弱的统一性。这种统一性历经千年并且借助于很多保护性措施才得以产生。一种自我之可能，可能源于这样的事实：所有的对立双方都竭力维持一种平衡状态。这种情形发生在起因于热与冷、高与低等冲撞所出现的能量交换里。潜藏于意识中的精神能量是先于生命而存在，因此它最初是潜意识的。当它靠近意识时，最初以投射的方式出现在超自然力、神祇、魔鬼等形象里，这些形象的神秘似乎便成了最主要的能量来源。就事实而言，只要人们接受这些超自然的形象，情形就是这样。但随着这些形象的消逝，自我，即经验性的人，便会拥有这一能量源，而且在下述这一含糊的、表述最充分的意义方面确实如此：一方面，人类竭力想抓住能量，占有它甚至设想已经占有它；而另一方面，人类却又为其所占有。

可以肯定，只有当意识的内容被看作是精神存在的唯一形式时才会出现这种古怪的情形。哪里有这种情形存在，哪里就无法制止由于投射作用而产生的自满。但由于潜意识精神的存在，投射的内容便可以被接纳进先于意识的先天本能里。它们的客观性与自主性因此得以保存，同时避免自满。先于意识而存在并协调它的各种原型，便以在现实中所实际扮演的角色而出现，即以意识先验的结构形式而出现。无论从哪种意义上说，它们并不代表存在于它们自身之内的各种事物，恰好相反，它们可以代表据以表达与领悟的形式。当然，制约各种观念的特殊性的这些原型并非唯一的。它们只是说明了观念的集体性成分。作为本能的一种属性，也带有能动的特性，拥有一种特定的能量，引起或促使固定形式的各种行为或动机。也就是说，在某些情况下，它们具有一种占有性或强迫性的形式（神秘性）。将其解释为魔鬼，也十分符合它们的本性。

　　如果有谁认为，事物本性的任何一个方面，可以如此改变，那未免过于轻信语言。无论我们赋予其什么名字，实际事实都不会改变，只是我们自己会受到影响。如果有人把"上帝"设想成"纯粹的无"，那么无论如何也不会与有一种至高的原理的事实发生关系。我们还和以前一样一无所获；名称的改变不会改变任何东西。如果新名称意味着否定，只不过是我们对现实采取了错误的态度而已。另一方面，给未知事物起一个肯定的名字，可以使我们采取对应的肯定态度。因此，如果我们把"上帝"称为"原型"，就等于我们对于他的真实性质一无所知，而只是让人知道，"上帝"在我们的精神中占有了一个位置而已；这个位置先于我们的意识而存在，我们不能认为上帝是意识创造的。我们没有使上帝远离我们或将其消除掉，而是使他更接近于可以被体验的范围内。后一种情况绝不是无关紧要的，无法被体验的事物很容易被怀疑是不存在的。这种怀疑是很吸引人的，因而所谓上帝的信仰者在我重建那原始的潜意识的精神的企图里，便什么也看不见，只剩下无神论。或者说，不是无神论，便是诺斯替教——但不是潜意识那样的精神现实。如果潜意识的确是其他的存在，那它一定包含我们有意识的精神早期的各个过化阶段。人及其全部的荣耀是在"创世"的第六天创造出来的，其间并没有任何预备阶段，这种假说在今天毕竟是太简单化、太不合时宜了，很难让人满意。对此，很多人总的看法是一致的。但对于精神，不合时宜的观念却仍然顽固地存在着：没有比精神更早的存在，它就像白纸，出生时便得到新生，变成它所想象的样子。

　　意识是种系发生性和个性发生性的附属现象。随着时间的推移，这原本很明显的事实最终被人们认识。正如躯体在解剖学上有着千百万年的史前历史，精神系统也是一样。正如现代人人体的每一部分仍表示进化的结

十二 后期思想

果,到处都显现着其较早阶段的各种痕迹,精神上也是这种情况。意识从一种动物式的状态开始进化,这种状态是潜意识,同样的演变过程在每一位孩子身上都会重复一次。在其有意识之前,小孩的精神就像是白纸一张,可以被塑造成任何存在。精神已经以一种可以让人认出的个人的方式发挥作用。此外,还具有人所特有的所有本能,以及高级功能的各种先验基础。

自我就产生在这一复杂基础之上。在整个生命期间,自我便在此基础上养育。当这基础不再起作用时,便进入停滞状态,然后就是死亡。精神生命及其现实性有着至关重要的意义。与它相比,外部世界都是次要的,如果缺少了能够操纵它的内源性冲动,世界是否存在又有什么关系呢?从长远来看,有意识的意志不能取代生命本能。这种本能源自内部以难以抗拒的冲动、意愿或命令出现在我们身上。我们如果称其为个人的魔鬼,在远古时便已这样做了,这至少恰当地表达了这种心理状况。而我们如果采用原型的概念来试图稍为接近地界定已经被魔鬼掌握的我们的那个点时,我们并没有失去什么,而只是更接近生活的本源。

作为一个精神病学家(灵魂的医生),我信奉这种观点。因为我关注如何帮助病人再次找到他们健康的基础。做到这一点,需要大量各种知识。医学毕竟也以相似的方式向前发展。它所取得的这些进展,并不是通过发现某种独特的治疗窍门和简化治疗方法来实现。相反,它发展成了一门极其复杂的学科,不是由于它从其他学科中借用了某些东西。因此,我并不关心证实什么东西适合别的什么原理的事。我只是试图把这些知识很好地为我所用。自然,如何报告这样的应用及结果,对我来说是义不容辞的责任。因为在人们把一门学科的知识转移到另一门学科中,并应用在实践中时,便会揭示出一些新的情况。X光如果一直只是物理学家的财产而没有被用到医学上,我们的知识便会少许多。然而还有这样的情形,放射疗法在某些情况下会产生危险的结果,医生对此感兴趣;但物理学家却不一定。因为他们对放射性的应用,方式和目的完全不同。当医生指出不可见光线具有某些有害的或受人欢迎的特性时,物理学家也不会认为医生侵犯了他的领地。

比如,如果我把历史学或神学的知识应用到心理疗法上来,它们的方式自然会不同,得出的结论也不会是限于它们特定的学科结论,因为在不同领域,它们为不同的目的服务。

因此,在精神的动力学里潜藏着向性的事实意味着,在广义上,对立双方的整个问题及其随之而来的宗教与哲学方面都被纳入了心理学的讨论范围之中。这些方面不可避免地失去了在它们自己领域内所具有的自主性，因为它们是按照心理学上探讨问题的方式探讨的；也就是说，不再从宗教或哲学真理的角度来看待它们，而是检验它们在心理学上的可信性和意义。如果把它们自认为的"独立真理"弃之不顾，那事实仍然是：从经验性来看，也就是从科学性上来看，它们主要是精神现象。这一事实不容争辩。它们自认有理，也与心理学的方法一致。这种方法并不认为这一要求是不合理的，相反，在处理它的时候尤其需要考虑。心理学不容许做出类似"只是宗教上的"或"只是哲学上的"的判断，尽管实际上，我们对经常听说某种东西"只是哲学上的"这种指责已经习以为常，在神学方面尤其如此。

所有可以通过想象的表述都源于精神。除了个别方面，精神像是一个动态的过程，不仅赖于对立双方所构成的基础，还有赖于对立两极之间的能量的交流。"原则不应超出必要的范围"，这是逻辑上的普遍法则。因此，既然以能量的方式做出的阐释已证明是一条普遍正确解释各门自然学科的原则，那么我们也可以将其应用在心理学中。可以提出别的观点而又具有牢固的事实做基础的情形并不存在。此外，精神及其内容所具有的对立性或各向性，也已通过心理体验而得到证明。

现在，如果精神的动力学观念正确，那么所有试图逾越精神的向性界限的表述，如具有形而上的真实性的表述，如果它们企图声称包含所有正确性，那就一定是悖论。

精神不能超越自身。它无法确立任何绝对真理，因为其向性决定了这种表述具有相对性。如果精神在某一领域确实宣布了绝对真理，比如说，"上帝就是运动"或"上帝就是至高无上"，它就必然会掉进其本身的对立双方的一方或另一方。因为这两种表述同样可以说成是"上帝就是静止"或"上帝就是一切"。精神便会因片面性而解体并失去其认知能力。它变成了一种没有反应性的（因为没有反应能力）精神状态，每种状态都认为自己是合理的，因为它看不到，或尚未看到另一种状态。

这样说并不等于价值判断，而只是想指出，越过这条界限的事经常发生。这的确不可避免，正如赫拉克利特所说的："万物都在流动之中。"紧随论点之后的是对立面，而在两者之间则产生了第三个因素，以缓和矛盾，在此之前，第三因素无法感知。在此情况下，精神再次只是表现其对立的特性，而且确实根本没有超越自己的范围。

在我竭力描述精神的各种局限性时，我无意去暗示只有精神是唯一的

十二 后期思想

存在。只是就感知和认知而言，我们的视野不可能越出精神之外。科学证明，非精神性的、超验的事物存在。但是科学也证明，要把握这种事物的真正性质多么困难，特别是在感知器官不起作用或缺乏时，或恰当的思维方式并不存在以及仍有待于创造时。在我们的各种感觉器官及人造的这种器官都无法证实一种真实事物的存在时，困难就更为巨大了，因而人们难免上当，断言根本不存在该物。我绝不去做这种过分草率的结论，因为我向来都不认为我们的感官能感知所有形式的存在。所以，我甚至冒险假设，原型的具形现象——具形是典型性的精神事件，可以建立在精神性基础之上，也可能只在部分精神的存在基础之上，而且存在形式可能完全不同。由于缺乏经验数据，对于这种存在形式我并不理解，但人们通常将其称为精神形式。从科学观点来看，它不是我所认为的物质性的。对此，我必须承认自己的无知。但只要各种原型作用于我，它们就是真实存在的，即使我并不知道它们的真正本性是什么，我的看法也仍然如此。这当然不但适用于各种原型，而且总的说来还适用于精神的本性。无论其本身要阐述什么，绝不会越出自己的范围。所有的理解及所有能理解的，本质上都是精神性的，我们也在这种程度上无可奈何地被禁锢在一个纯属精神的世界之内。尽管如此，我们仍有充分的理由去假定，在这道帷幕之后存在仍在活动并影响我们的，尚未被理解的绝对之物，特别是无法做出可被证实性说明的精神现象时。有关可能性或不可能性的表述，只有在专门化的领域里才是可靠的。此外，它们只能是夸夸其谈的假设。

客观来看尽管不允许在缺乏充足的理由时，凭空做出某些表述，然而也有某些表述，虽没有客观的道理，却还得做出来。其道理是心理动力方面的，也就是通常叫作主观的并被看作是纯个人的那种道理。这样也会犯一种错误，即是出自孤立的原因且只是个人动机的激发，还是一般性发生且出自一种以集体的方式出现的动力模式。在这种情况里，它就不应被归入主观性方面，而应归入心理客观性方面。因为数量不明的个人发现自己是由于一种内心冲动而做出同一种表述，或觉得有必要持某一观点。既然原型并不只是一种不活跃的形式，而是特有能量的一种真正的力，而它被认为是这种陈述的动因，并应作为其原因来理解。换句话说，做出这一表述的并不是个人本身，而是通过他来讲话的原型。如若这些表述被压制或弃之不理，医学上的经验及常识就会证实，精神方面的疾病正在积聚，并将会以精神病症状表现出来，或没有精神病症状的个人，会以集体性幻觉的形式表示。

原型性表述是以本能为前提，与理性无关。它们既不基于推理，也无法靠合理的论据来排除。它们向来是世界观的一部分,正如莱维·布吕尔提出的很贴切的称谓,即集体复现表象。当然,自我及其意愿在实际生活中发挥了很大的作用;但自我意愿最大程度受到原型过程的自主性和神秘性的干扰。对于这种干扰的方式,自我无所觉察。只要宗教可以从心理学角度探讨,宗教的本质就是对这些过程的实际考虑。

在这方面,事实本身迫使我注意,除了反映领域,还有另一个同样广大的(如果不是更广大的话)领域,推理性理解和表象的推理方式,却几乎找不到可以把握得住的东西。这个领域就是厄洛斯的王国。在古典时代,当这类事情得到恰当理解时,厄洛斯便被认为是这样一位天神:其神性超越了人的范围,既无法理解,也无法以任何方式表现出来。我愿意像先前许多人们尝试的那样,冒险评价这个魔鬼,他的活动范围,上达天堂下至地狱;但要找到足以表达"爱"的自相矛盾时,我却犹豫了。厄洛斯是一个宇宙进化论者,是所有高级意识的创造者与父母。有时候,我觉得,保罗所说的"虽然我用人和天使的语气说话,可是却没有爱",可以当作一切认知及神性本身精华的首要条件。无论学者如何阐释"上帝就是爱",这句话都证实了神性复杂的对立性。在医疗实践中及生活中,我经常面对关于爱的问题却一直无法解释。我只好像约伯一样"用手捂住嘴巴。我已经讲过,绝不回答了"(《约伯书》)。这句话包含着最大的和最小的、最远的和最近的、最高的和最低的,而我们无法讨论其一方面而不讨论另一方面。任何语言都不足以解释这种自相矛盾。人们不管说什么,都表达不了其全部含义。只有整体才有意义,谈论部分总是过多或是过少。爱能"化生万物",也能"忍受万物"。这句话说出了一切,多一个字都多余。从深层意义说,我们都是源自宇宙"爱"的牺牲品和工具。把爱放在引号内,是为了表示,我并不是为了表达欲望、喜欢、宠爱、希望,及相类似的情感,而是把它作为某种高于个人的东西,即一种统一的且不可分割的整体来用。人是其中一部分,因而无法把握这个整体,反而完全受它摆布。他可以同意或反抗它,但却总是被它掌握并被局限在它的圈子里。他依赖它并靠它维持自身。爱既是他的光明,又是他的黑暗,但无法看到它的目的。"爱无息日"无论他是用"天使的语气"还是用科学的精确性来说,都追溯了从细胞开始向下直到其最深处源泉的生命。人可以给爱起各种名字,把他所掌握的一切名字都加在爱的头上,可最后他仍然会使自己陷进无穷无尽的自欺欺人之中。如果他还算聪明,就会就此罢休。给未知物起一个莫名其妙的名字,就是说,把它称为上帝,这是对他的臣服,承认他的不完美以及依附,但同时又是一种证明,他可以在真理与谬误之间自由选择。

回　顾

　　我无法接受人们说我聪明或是个智者。一个人从溪流中舀一帽子的水，这能有多少呢？我并不是那溪流，而只是站在溪边的人，并且什么也没做。其他人也站在同一条溪流旁边，但他们大多数人发现得做点什么。我却没做任何事。我从来不认为自己是那种必须留意樱桃是长在花梗上的人。我站着观赏，赞美着大自然的变化无穷。

　　有一个美妙的故事，讲的是一个大学生跑去问拉比："在古代，曾有人看见过上帝的真容。为什么现在的人看不见了呢？"拉比答道："因为现在没有谁能够把头垂得那么低了。"

　　从溪流中舀水，一个人必须把头垂低才行。

　　我和大多数人的不同之处在于：那"起间隔作用的墙壁"对我来说是透明的。这些墙在别人眼中却是不透明的。他们根本看不见墙后的东西，便认为后面什么都没有。某种程度上，我能够觉察到看不见的地方正发生着的事情，这使我内心有一种确然性。这是什么也看不见的人所无法拥有的，他也无法做出结论，或者即使得出结论也不敢相信。我不知道自己为何能够觉察到生活之流。很可能是潜意识本身，也可能是我早年时所做的各种梦，它们从一开始就为我指明了方向。

　　认识到隐蔽着的各种过程，这很早便对我与这个世界的关系产生了影响。这种关系无论在我童年时还是在今天基本都未发生任何变化。我觉得自己的童年是孤独的，现在仍然觉得如此，因为我知道很多事，并且还暗示另外一些事，而其他人对这些事显然一无所知。孤独并非由于我身边没有人，而是因为我无法与人交流我认为重要的事，或者保留某些别人无法容忍的观点。这种孤独始自我早年做过的梦的体验，而在我研究潜意识时到达高峰。一个人要是比别人懂得多，就会变得孤独。但孤独并不一定对友谊有害，毕竟再没有谁能比孤独的人更能感受到友谊的重要，而只有每个个人都记住了自己的个性，并不使自己混同于他人时，友谊才能与日俱增。

拥有一种秘密，获得一种对未知事物的预感，很重要。它使生活充满某种非人格化的东西，充满神秘。一个人要是从未有此体验，便错过了某种重要的事。他必须感觉到，从某些方面来说，自己生活在一个神秘的世界里；必须感觉并体验到事情的发生，却无法解释；必须感觉到并不是所有的一切都可以预见。出人意料及难以置信在这个世界常有。只有感受到这些，生活才完整。从一开始，这个世界对我就是无穷的，无法掌控的。

与自己的观念共存时，我遇到过不少麻烦。我心中有个魔鬼，最后证明它的存在起了决定性作用。它压倒了我，要是我有时拒绝或显得无情，那是因为我正处于这魔爪之中。任何东西，一旦得到，我便立刻厌烦。我会急忙转移到其他事物上，去追逐我的幻觉。我的同时代人无法理解那些幻觉的意义，他们所看见的只是一个匆匆赶路的傻瓜。

我得罪过很多人，因为我一看出他们并不理解我，一切就结束了：我必须向前。除了我的病人，我对人缺乏耐心。我必须服从内心的规则，它强加到我头上并不给我选择的自由。当然，我并非总是屈服。如果一个人前后行事不一贯，他将如何处世呢？

只要与我的内心世界有关联的人，我便会不断地出现在他们身边并与之密切交往；但是之后，又可能发生分手的情形，因为维系我与他们在一起的东西消失了。我不得不痛苦地接受这种意识，但他们依然继续存在，甚至在他们再没有什么东西可以跟我说时也一样。许多人激起了我身上活动着的人格感觉，但这只当他们出现在心理学的曼荼罗之内时才这样，不久，当聚光灯打到别处，就什么也看不见了。我可以对许多人产生强烈的兴趣，不过一旦我完全了解了他们，魔力便消失了。我因此树敌不少。一个富有创造性的人对自己的生活没有多少掌控力，他并不自由。他是自己身上的魔鬼所驱赶着的俘虏。

一种强大的力

可耻地把我们的心夺走，

因为天神个个要人献祭：

谁要是拒绝上供，

谁就难得善终。

这，就是荷尔德林所言。

缺乏这种自由，是我此生的一大遗憾。我常常觉得自己仿佛身在战场，口里说道："亲爱的同志，现在您倒下了，我却必须继续前进。"因为"一种强大的力可耻地把我们的心夺走"。我的确喜欢您、爱您，可我不能止步不前。这确实令人伤心。而我自己就是那牺牲品；我无法止步不前。这魔鬼掌管所有事情，让人一一经历，而且还受到祝福，前后不一致。与我的"不忠诚"形成鲜明对比的是，我却能保持信仰。

　　或许我可以说，我比别人更需要人，但同时我又不怎么需要人。当魔鬼起作用时，一个人总是行事过头或者不及。只有它一动不动时，一个人才能达到中庸。

　　这个具有创造性的魔鬼随心所欲地摆布我。我计划周详的事情往往结局却最坏，尽管并非总是这样。我觉得，为了求得补偿，我是彻头彻尾的保守派。我从祖父的烟叶壶里取出烟叶，装满烟斗。我还保存着他那登山手杖，这手杖的顶端镶有一只羚羊角，是他从蓬特雷西纳带回来的，他是一个刚开设的疗养地的首批客人之一。

　　我对自己一生的历程感到满意，我的生活充实，使我受益良多。我本不指望有如此大的收获。不是因为别的，而是出乎意料的事不断发生。我要是另外不同的人的话，很多事情也就有所不同了。但是该发生的事还是发生了，这一切都因为我就是我。很多事情产生了预期的结果，不过并不总是对我有益。但是事情都自然地、命定地发展着。我后悔由于固执而做了许多蠢事，但没有这种气质，我又无法实现目的。因而我既失望又不失望。对他人失望，对自己失望。我从他人那里学到了许多惊人的本事，取得了超过自己期望的成就。我无法做出最终判断，因为生命现象和人的现象实在太深奥。我年纪越大，越感觉懂得少，对自己本身的洞察或了解也越少。

　　我对自己既感到惊奇、失望，又感到快慰；既感到沮丧、消沉，又感到喜不自胜。我是同时集所有这些感觉于一身，恰到好处。我无法做出是否有价值的终极性判断；我无法对我本人及我的一生下个断语。没有什么事情能让我确信无疑，也没有什么一成不变的看法，对任何事情都没有。我只知道自己降临人世间并存在着，而且自己是被裹胁着前行。我存在于某种未知的事物之上。尽管有这样的不确定性，我却感觉到其中潜藏着的稳定性，而我也是以连续性的方式存在。

　　我们所出生的世界野蛮而残忍，同时又圣洁而美好。哪一种成分更重要,或者是否有意义。如果无意义性占压倒优势,生活的意义性便会随着我们每一步的发展而逐渐消逝。但情形并非这样。就像所有形而上学的问题一样,大概这两者都是正确的:生活既有意义又没有意义。但我却抱有这样的期望:有意义会占上风并将战胜无意义。

当老子说"众人皆明,唯吾独懵"时,他所表达的就是我在年老时的感受。老子是个有着与众不同的洞察力的人,他看到并体验到了价值与无价值性,而且在生命行将结束之际希望复归本来的存在,回到那永恒的、不可知的意义中去。这位老者见多识广,其原型永恒地正确。在理智的每个层次上,都会出现这种类型,而其特征总是相同,无论是老农夫或是像老子那样伟大的哲人。这就是年老,一种限制因素。然而我心里还是充满了各种东西:植物、动物、云雾、昼夜、人的永恒等等。我对自己越不确定,与万物有着密切关系的感觉就越强烈。实际上,为时如此长久的与世隔绝的那种疏远感,仿佛已经转移进了我的内心世界,并揭示出一种对自己的陌生感,这实在是出人意料。